ソーシャル・キャピタル
の
フロンティア
―― その到達点と可能性 ――

稲葉陽二／大守 隆／近藤克則
宮田加久子／矢野 聡／吉野諒三
［編］

ミネルヴァ書房

はじめに

　世界中の人々は6次の隔たりでつながっているというスタンレー・ミルグラムの論文「小さな世界問題」が発表されたのは1967年のことであった。第1回目はカンザス州ウイチタの住民からマサチューセッツ州ケンブリッジに住んでいる神学校の学生の妻へ，第2回目はネブラスカ州オマハからマサチューセッツ州ボストンに勤務先がありシャロンに住んでいる株式仲買人へ，それぞれ文書入りのフォルダが一体何人を経由すれば届くだろうかという実験であった。もちろん，始点となる人は目標人物とは全く無関係であった。実際に到達したケースを観察し，ミルグラムは平均5人を経由して届いている，つまり無作為に選ばれた個人の間を連結するには，平均してたった5人の媒介者がいれば十分であると結論づけた。日本でも三隅穣二と木下富雄がこれを追試しミルグラムとほぼ同様の結論を得ている。(1992「「世間は狭い」か？――日本社会の見えない人間関係ネットワークを推定する」『社会心理学研究』7, 1, 8-18頁)

　ミルグラムの実験の30年余り後，2000年にハーバード大学のロバート・パットナムが『孤独なボウリング――米国コミュニティの崩壊と再生』を著し，アメリカにおける社会関係資本が損なわれていると主張した。世界中の人々はつながっているというのに，どうしてそうなるのか。まことに不思議である。いずれにせよ，社会関係資本の実態をきちんと把握する必要がある。そうした思いで日本でも多くの研究者が社会関係資本を研究対象とするようになったと思われる。そして，社会関係資本研究は世界中，しかも多くの専門領域で拡がりをみせた。本書はその到達点を分野別にまとめた論文サーベイである。幸い多数の研究者の参加を得て本書をまとめることができた。本書の共編著者は全員，いわば日本における社会関係資本研究の草分けであり，皆さんの協力に深謝したい。また何よりも，社会関係資本研究のメンターとして今も研究の場を提供

i

してくださっている統計研究会会長宮川公男先生のご支援とご指導に感謝したい。

　また，本書は，社会関係資本に興味のある学生・研究者の皆さんへの手引書も兼ねている。各章末にリーディングリストを掲載しており，第1章のリーディングリスト記載文献は，社会関係資本を学際的に多方面から扱ったもので，社会関係資本研究を全体から概観するためのものである。また過去の研究発展の推移も分かるようになっている。第2章以降のリストは，それぞれの専門分野での基本書が掲載されており，リーディングリストを手掛かりにすれば，社会関係資本に関するより深い理解が得られるはずである。

　なお本書は文科省科学研究費補助金（研究代表者山内直人「ソーシャル・キャピタルの統計解析と公共政策に関するフロンティア研究」）と2009年度サントリー文化財団研究助成金（研究代表者・稲葉陽二）の助成を得て実施したワークショップにおける報告をもとにしている。助成に心から御礼申し上げたい。最後に，編集の労をとっていただいたミネルヴァ書房の音田潔氏，ワークショップの雑事，原稿の編集・構成などを担当してくださった緒方淳子氏，両氏のご尽力なしには本書は存在し得なかったことも銘記させていただきたい。

　　2010年10月

　　　　　　　　　　　　　　　　　　　　　　　　　　水道橋の研究室にて
　　　　　　　　　　　　　　　　　　　　　　　　　　　　　稲葉　陽二

第3刷発行にあたって

　2013年12月26日，本書の共編者である宮田加久子先生が58歳でご逝去されました。先生の高い学識と高潔なお人柄を思うと，そのあまりに早い旅立ちに無念でなりません。残された我々は，先生の研究者としての志をついで，その成就にむけ，一層の研鑽に励んでいきたいと思います。ご冥福を心からお祈り申し上げます。

　　2013年12月

　　　　　　　　　　　　　　　　　　　　　　　　　　　　　稲葉　陽二

目　　次

はじめに

序　章　ソーシャル・キャピタルとは …………………稲葉陽二……1
 1　はじめに ………………………………………………………………1
 2　論者・領域による定義・対象の違い ………………………………3
 3　ソーシャル・キャピタルの概念整理 ………………………………4
 4　おわりに ………………………………………………………………7

第1章　座談会──ソーシャル・キャピタルの多面性
    ……稲葉陽二・近藤克則・宮田加久子・矢野　聡・吉野諒三……11
 1　はじめに ………………………………………………………………11
 2　さまざまな領域における研究の推移と評価 ………………………13
 3　ソーシャル・キャピタルの意義 ……………………………………21
 4　おわりに ………………………………………………………………28

第2章　政　治 ……………………………………………坂本治也……37
 1　はじめに ………………………………………………………………37
 2　ソーシャル・キャピタルが政治に与える影響 ……………………39
   （1）民主主義体制　39
   （2）政府の統治パフォーマンス　41
   （3）政府に対する信頼　42
 3　政治がソーシャル・キャピタルに与える影響 ……………………44
   （1）政治体制・変動　45
   （2）政　策　47
 4　おわりに ………………………………………………………………48

iii

第3章 経済 ……………………………………………… 大守　隆…55

1. はじめに …………………………………………………………………… 55
2. 経済学からみたソーシャル・キャピタル ……………………………… 56
3. マクロ経済的効果 ………………………………………………………… 61
4. ミクロ経済的効果 ………………………………………………………… 65
5. 経済的諸要因のソーシャル・キャピタルへの影響 …………………… 67
6. 経済とソーシャル・キャピタルの相互依存 …………………………… 69
7. 世界経済の主要課題とソーシャル・キャピタルの含意 ……………… 71
    - （1） 資本主義のガバナンス　71
    - （2） グローバリゼーションと世界金融危機　72
    - （3） 新興国の台頭　73
    - （4） 地球規模の諸問題と国際的な市民活動　73
8. おわりに …………………………………………………………………… 74

第4章 経営・ネットワーク理論 ………………………… 金光　淳…81

1. はじめに――経営における社会ネットワーク ………………………… 81
2. 経営ではソーシャル・キャピタルをどうみるか ……………………… 82
3. 経営分野におけるソーシャル・キャピタルの到達点 ………………… 87
    ――閉鎖性と構造的空隙のはざまで
4. おわりに …………………………………………………………………… 98

第5章 開発論 ……………………………………………… 坂田正三…109

1. はじめに …………………………………………………………………… 109
2. 不完全市場とソーシャル・キャピタル ………………………………… 110
    - （1） 情報獲得のためのソーシャル・キャピタル　110
    - （2） リスクシェアリングのためのソーシャル・キャピタル　111
    - （3） 協調行動を起こさせるメカニズム　112
3. 公共財とソーシャル・キャピタル ……………………………………… 113
    - （1） 市場の失敗，政府の失敗を補うソーシャル・キャピタル　113

　　　　（2）共有資源の利用のためのソーシャル・キャピタル　115
　　4　コミュニティと国家の開発におけるソーシャル・キャピタル……116
　　　　（1）ボンディング，ブリッジング，リンキング
　　　　　　ソーシャル・キャピタル　117
　　　　（2）「ミクロ」と「マクロ」のソーシャル・キャピタル　119
　　5　おわりに ……………………………………………………………121

第6章　NPO／コミュニティ ………………………… 西出優子…129
　　1　はじめに ……………………………………………………………129
　　2　サーベイの手法 ……………………………………………………130
　　3　数字で見るNPO論におけるソーシャル・キャピタル ………131
　　4　NPO論におけるソーシャル・キャピタル研究 ………………133
　　　　（1）日本における関心の高まり　133
　　　　（2）NPO論におけるソーシャル・キャピタル研究の国際的広がり　134
　　　　（3）どのような研究手法が用いられてきたか　135
　　　　（4）ボンディング vs. ブリッジングなソーシャル・キャピタル　136
　　　　（5）ボランティアや寄付，NPO・市民活動と
　　　　　　ソーシャル・キャピタル　137
　　　　（6）NPOの多様な活動分野におけるソーシャル・キャピタル　139
　　　　（7）NPOの経営と組織におけるソーシャル・キャピタル　140
　　　　（8）NPO論における公共政策とソーシャル・キャピタル　142
　　5　おわりに ……………………………………………………………143

第7章　犯　罪 …………………………………………… 高木大資…151
　　1　はじめに ……………………………………………………………151
　　2　ソーシャル・キャピタルと犯罪の関連に関する先行研究 ……152
　　3　ソーシャル・キャピタルによる犯罪抑制のメカニズム ………154
　　　　――犯罪学理論との関連
　　　　（1）社会解体理論　154
　　　　（2）アノミー理論　155
　　　　（3）緊張理論　156

4　ソーシャル・キャピタルによる負の効果 …………………………… 157
　　5　犯罪がソーシャル・キャピタルに与える影響 ………………………… 160
　　6　おわりに …………………………………………………………………… 163

第8章　教　育 ……………………………………………………… 露口健司…173
　　1　はじめに …………………………………………………………………… 173
　　2　ソーシャル・キャピタルの構造 ………………………………………… 174
　　3　ソーシャル・キャピタルの次元と指標 ………………………………… 175
　　4　ソーシャル・キャピタルの機能 ………………………………………… 178
　　　（1）直接効果　178
　　　（2）相補的効果　182
　　　（3）階層要因（人種・民族・SES 等）による調整効果　182
　　5　ソーシャル・キャピタルの決定要因 …………………………………… 184
　　　（1）階層要因――人種・民族・SES 等　184
　　　（2）階層以外の決定要因　185
　　　（3）転居と転校　186
　　6　おわりに …………………………………………………………………… 187

第9章　情報通信技術 ……………………………………………… 柴内康文…197
　　1　はじめに …………………………………………………………………… 197
　　2　ソーシャル・キャピタルとメディア――パットナムの論点を中心に … 199
　　　（1）「テレビの影響」のメカニズム　199
　　　（2）インターネットのもつ課題　201
　　3　現時点での到達点 ………………………………………………………… 202
　　　（1）研究方法について　202
　　　（2）テレビの影響――実証的展開　203
　　　（3）インターネットの影響――全体的影響と個別サービスごとの検討　206
　　4　おわりに …………………………………………………………………… 210

第10章　健康 …………………………………… 高尾総司…217

1　はじめに …………………………………………………………… 217
2　最低限押さえておきたい事項 …………………………………… 218
　（1）　ソーシャル・キャピタルの定義　218
　（2）　ソーシャル・キャピタルの構成要素　219
　（3）　準拠地域（分析単位）の問題　222
　（4）　ソーシャル・キャピタルの健康への負の影響の側面　223
　（5）　ソーシャル・キャピタルが健康に影響を及ぼすメカニズム　223
　（6）　主観的健康（self-rated health）の取り扱い方　224
　（7）　マルチレベル分析の必要性　225
3　世代ごとにみる現時点での到達点と今後の課題 ……………… 226
　（1）　幼児の世代における研究のまとめ　227
　（2）　子ども（学生）の世代における研究のまとめ　228
　（3）　働き盛り世代における研究のまとめ　230
　（4）　高齢者世代における研究のまとめ　234
4　おわりに …………………………………………………………… 236

終　章　ソーシャル・キャピタルのダークサイド ……… 稲葉陽二…245

1　はじめに …………………………………………………………… 245
2　ワーレンの悪いソーシャル・キャピタル論 …………………… 245
3　アスレイナーの「不平等の罠」 ………………………………… 248
4　グラエフの規範論とフィールドの格差拡大論 ………………… 249
5　「しがらみ」をどう考えるか …………………………………… 250
6　組織ぐるみの犯罪をどう考えるか ……………………………… 251
7　「コネ」の悪用 …………………………………………………… 252
8　おわりに …………………………………………………………… 254

索　引　257

序章　ソーシャル・キャピタルとは

稲葉陽二

1　はじめに

　社会関係資本（Social Capital）が本格的に研究され始めてほぼ四半世紀が経過した。社会学のネットワーク論として考えれば，その歴史はさらに古く半世紀を超える蓄積がある。学術ハンドブックが刊行されれば，新たな研究分野として認知されたと考えられるが，2008年には『社会関係資本ハンドブック』（原題：*Handbook of Social Capital*）がオックスフォード大学出版会から，2009年にはエドワード・エルガー社から上梓された。名実ともに新たな学問領域として確立しつつある証であろう。

　しかし，学者が研究対象としてとらえるはるか以前から「絆」に象徴される社会関係資本の価値やコミュニティの特性が，市場を通さなくとも人々の行動に影響を与えることは広く認められてきた。日本でも，聖徳太子の十七条憲法には「和を以て貴しとなす」とある（大守，2004，77）。人国記にも，国によって人の気質が異なるとあるから，社会関係資本を扱っているとも言えよう。

　また，社会関係資本は，異なった言葉ですでに古くから研究の対象でもあった。信頼や規範については多くの先人の業績があるし，ネットワーク論も同様である。学問としては既存の概念の焼き直しの側面もある。しかし，社会関係資本という用語は明らかに多数の人々から受け入れられてきた。世界銀行（以下，世銀）を拠点に社会関係資本を論じてきたマイケル・ウールコックは2010年の"*Annual Review of Political Science*"に「社会関係資本の勃興と一般化1988-2008」（原題：*The Rise and Routinization of Social Capital, 1988-2008*）と題する論文を寄稿している。その中で，「social capital」の引用回数が，2008年に

は「政党」と肩を並べたと指摘している。社会関係資本という言葉がこれほどまでに一般化してきたのは、それが特定の学者の造語ではないため、学問領域を越えた学際的研究・議論の場を容易に提供できたこと、さらに多くの人々が直感的に理解できる概念であったことによるものであろう。

いずれにせよ、当たり前であった社会関係資本が改めて研究対象となること自体が時代の変化を反映している。第2次世界大戦後の社会経済環境の変化は誠に目まぐるしく、かつ複雑化し、とても単一の学問では理解できない事象が次々と生じている。学際的な研究がさまざまな分野で求められているが、社会関係資本は市場を通さない外部性を伴うものであり、外部性はあらゆる事象にみられるので、学際的な研究が特に大きな意味をもつ分野である。上記のエドワード・エルガー社のハンドブックのサブタイトルは「社会学・政治学・経済学のトロイカ」でありその表紙は3頭立ての馬車（トロイカ）の写真が飾っている。[1]

しかし、社会関係資本の学際性はそれら3つの学問領域にとどまらない。本書では、社会関係資本研究の現状を、社会学、政治学、経済学に加えて、ネットワークを中心とした経営学、社会疫学、教育学、NPO論、犯罪心理学、情報化、開発論の観点からそれぞれの分野の専門家による論文サーベイとオリジナル研究の紹介を行っている。また第1章では、研究の過去の推移、現状、課題について、社会心理学、経済学、社会疫学、社会福祉論の専門家たちが座談会形式で論じている。

なお、本書のタイトルは当初「ソーシャル・キャピタル」ではなく「社会関係資本」としたが、「ソーシャル・キャピタル」に変更している。本文では「社会関係資本」となっているが、本書では両者は同義として併用している。日本でも「ソーシャル・キャピタル」という表現が広くいきわたっているが、socialという言葉には社交という意味もあり、社会関係とした方がより正確にこの概念を表現していると考えたためである。

本書の目的は、社会関係資本の学際的研究の一層の促進である。社会関係資本は学際的な理解を得やすいのだが、それぞれの専門領域で研究が進むにした

がい，論者の間で定義や対象に微妙な違いがみられるようになっている。

2　論者・領域による定義・対象の違い

社会関係資本の定義はさまざまだが，その基本的な構成要素としてはいくつかの強力な異論はあるものの，広義でみれば「社会における信頼・規範・ネットワーク」を含んでおり，平たく言えば，信頼，「情けは人の為ならず」「持ちつ持たれつ」「お互い様」といった互酬性の規範，そして人やグループの間の絆を意味している。

稲葉（2005）は「信頼・規範・ネットワーク」に「心の外部性」を加えて，社会関係資本を「心の外部性を伴った信頼・規範・ネットワーク」と広く定義しているが，論者や専門領域で若干の違いがみられる。たとえば，ナン・リンやロナルド・バートなどのネットワークに焦点を当てる論者は，社会関係資本を個人に帰すると考えるものが多い。また，信頼はネットワークの結果としてとらえて社会関係資本に含めない論者が多い。

一方，ロバート・パットナムをはじめとする互酬性の規範や信頼に重きを置く論者は，個人ではなく社会全体の協調的な行動に重点を置く傾向があり，彼らは社会全般に対する信頼である一般的信頼を議論の基礎に据える場合が多い。たとえば，エリック・アスレイナーやフランシス・フクヤマは基本的に一般的信頼を軸に経済成長，不平等，腐敗などを論じている。

また，社会全体やコミュニティのまとまりの良さを凝集性（cohesion）という言葉で表しているが，イチロウ・カワチら健康と社会関係資本との関係を論じる社会疫学の論者は，社会関係資本を論じる場合，主に凝集性に重点を置き，ネットワークを社会関係資本から外して議論する場合が多い。一方，社会学，社会心理学，経営学などの他のほとんどの分野では，むしろネットワークが社会関係資本の基本的な構成要素である。

3　ソーシャル・キャピタルの概念整理

　社会関係資本の定義には，社会関係資本が個人に属するとする考えと，社会関係資本は人や企業が活動している場に存在しているという2つの考えがあることを紹介したが，両者をまとめて考えて，広義の社会関係資本ととらえることもできる。この場合，社会関係資本，つまり「社会における信頼・規範・ネットワーク」は，公共財，私的財，クラブ財の3つに分類できる（表序-1参照）。

　信頼・規範などの価値観は，社会や広範なグループに関するものである場合が多いが，それらは多くの場合，対象となるメンバー全体への信頼や規範であり，特定の個人に対する信頼・規範ではない。こうした社会全般に対する信頼（一般的信頼）・規範などは，経済学で言う消費における非排除性や消費の非競合性といった，公共財の性質をもっている。非排除性とは文字通りその財を消費することを物理的に排除できないということで，国防サービスなどはその典型である。消費の非競合性とは，空いている道路のように，特定の個人がその財を消費しても他人が消費できる量が減ったりしないことを言う。フクヤマは『Trust』（『「信」なくば立たず』加藤寛監訳）の中で，日本を高信頼社会としているが，この場合の信頼は特定の個人だけ享受できないようにしたりすることはできないし，1人の個人が第三者を信頼したからと言って，他の個人が享受できる信頼が減るわけでもない。

　一方，ネットワークは基本的に個人や企業などの間に存在するから私的財としての性質をもっている。また，ネットワークが特定の規範と結びつくと，特定のメンバーの間だけで消費の非競合性をもつ準公共財としてのクラブ財の性質をもつ。特にクラブ財としての社会関係資本は，その規範の内容として多くの場合互酬性を含んでいる。

　上記の定義は，図序-1に示されるように対象の範囲（ミクロかマクロか）と性格（構造的なものか価値観などの認知的なものか）に分けて考えることもできる。

序　章　ソーシャル・キャピタルとは

表序-1　社会関係資本の定義

私的財としての社会関係資本	個人間ないしは組織間のネットワーク
公共財としての社会関係資本	社会全般における信頼・規範
クラブとしての社会関係資本	ある特定のグループ内における信頼・規範（含む互酬性）

（出所）　稲葉（2005）。

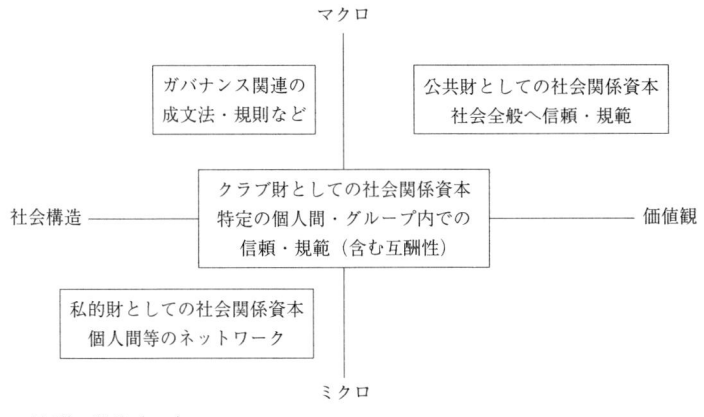

図序-1　社会関係資本の概念整理——3つの社会関係資本

（出所）　稲葉（2005）。

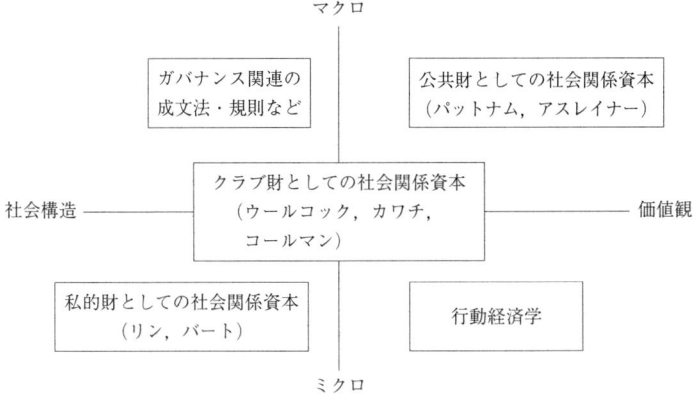

図序-2　論者別にみた社会関係資本

ネットワークは基本的にはミクロであり、また構造的なものであるから図序－1で左下の第3象限に示される。社会全体に対する信頼・規範はマクロであり、心の中で生じている認知的なものであるから、図序－1では右上の第1象限に示される。また、特定の個人やグループ間のネットワークに基づく信頼・規範はその中間に示される。

　図序－2は、図序－1の分類に社会関係資本の主要な論者の立場をプロットしたものである。パットナム（Putnam, 1992 ; 2000）の議論は多岐にわたるが、社会全体に対する信頼である一般化信頼を中心に据えた上で、クラブ財としての社会関係資本をも扱っている。また、アスレイナー（Uslaner, 2002 ; 2008）やフクヤマ（Fukuyama, 1995）は基本的に一般的信頼を議論の基礎に据えている。対照的にバート（Burt, 1992 ; 2005）やリン（Lin, 2001）は、私的財としての社会関係資本を基礎にクラブ財としての社会関係資本をも概観する。また、教育心理学のコールマン（Coleman, 1988）や世銀のウールコック（Woolcook, 2000）、社会疫学のカワチら（Kawachi et al., 1997 ; 2003 ; 2008）は両者の中間でクラブ財としての社会関係資本に重きをおいて研究している。また、行動経済学の論者は主に個人の行動を研究対象としているので、図序－2では右下の第2象限を中心にしているように思われる。

　このほか、社会関係資本を市場との関係でみると、社会関係資本を公共財ないしはクラブ財としてみる論者は当然、社会関係資本を市場の失敗を補完するものとみる傾向が強い。たとえば、稲葉（2008）は、社会関係資本の外部性について通常の外部性との違いを5つ挙げ、その中で市場との関係について以下のように指摘している。

「（社会関係資本は）心の外部性であるから、あえて市場に内部化しないことに価値があるケースが多い。通常なら外部性は、外部経済にしろ外部不経済にしろ、制度的工夫により市場に内部化できる。公害なら、排出者に課税するか、補償金を出してやめさせるかの施策がある。市場に内部化させる対応が可能であり、かつ資源配分の効率性の観点からも妥当である。

しかし，社会関係資本における外部性は，『心の外部性』だからこそ，多くの場合は市場に内部化しないことに大きな価値がある。他人から好意を受けて，すぐに財布を取り出して支払うのでは意味がないのである。友人の自宅に招かれたからといって，その好意に対して現金を支払ったりしないし，逆にそんなことをすれば社会関係資本は崩壊してしまう。社会関係資本の外部性は，市場で内部化してしまえば，人の心を踏みにじることになり，社会関係資本そのものを毀損してしまう可能性が高い。つまり，社会関係資本における外部性は市場に内部化はできるが，むしろ市場を補完するものとして内部化しないほうが良いことが多い」(稲葉，2008，16)。

一方，社会関係資本を私的財，特にネットワークとしてみる論者は，基本的に市場における社会関係資本の価値を重視する。

4　おわりに

以上，社会関係資本の研究について，専門領域や論者による違いを概観した。ただ，違いはあるが，基本的には皆同じ方向を向いている。つまり人々や組織の間に生まれる協調的な行動を分析するという課題に取り組んでいる。また，社会関係資本（ソーシャル・キャピタル）という用語は学問的な厳密性には欠けるが，誰でも感覚的に受容でき議論に加われる良さがある。ウールコック(Woolcook, 2010) も，社会関係資本の意義はさまざまな議論を巻き起こした点にあるとしている。学術的な厳密性を求めることは重要だが，厳密性を追求するあまり，結果的に権威主義に陥ったり，社会の現実にそぐわない独りよがりな議論を展開するようでは意味がない。社会関係資本は，実務家を含めた多分野の論者が議論に参加できる基盤を提供し，常に社会全体の広い見識によって検証される良さをもっている。本書も幅広い議論とその意義を検証する一助となれば幸いである。

注
(1) 本章のここまでの部分は「少子高齢化時代のソーシャル・キャピタル特集の発刊にあたって」『行動計量学』第37巻第1号，1頁を加筆したものである。

参考文献

稲葉陽二（2005）「ソーシャル・キャピタルの経済的含意——心の外部性とどう向き合うか」『計画行政』日本計画行政学会，第28巻4号，17-22頁。

稲葉陽二（2008）「ソーシャル・キャピタルの多面性と可能性」稲葉陽二編著『ソーシャル・キャピタルの潜在力』日本評論社，11-22頁。

大守隆（2004）「ソーシャル・キャピタルの経済的影響」宮川公男・大守隆編『ソーシャル・キャピタル——現代経済社会のガバナンスの基礎』東洋経済新報社，77-122頁。

真壁昭夫（2010）『行動経済学入門』ダイヤモンド社。

依田高典（2010）『行動経済学』中公新書。

Burt, R. (1992) *Structural Holes: The Social Structure of Competition*, The Harvard University Press.（安田雪訳［2006］『競争の社会的構造——構造的空隙の理論』新曜社）

Burt, R. (2005) *Brokerage & Closure: An Introduction on Social Capital*, Oxford University Press.

Castiglione, D., J. W. Van Deth & G. Wolleb, (Eds.) (2008) *The Handbook of Social Capital*, Oxford University Press.

Coleman, J. S. (1988) "Social Capital in the Creation of Human Capital" *American Journal of Sociology*, 94, S. 95-120.

Fukuyama, F. (1995) *Trust*, Free Press.（加藤寛訳［1996］『「信」なくば立たず』三笠書房）

Kawachi, I., B. P. Kennedy, K. Lochner & D. Prothrow-Stith (1997) "Social Capital, Income Inequality, and Mortality" *American Journal of Public Health*, 87 (9), pp. 1491-1498.

Kawachi, I. & L. Berkman (Eds.) (2003) *Neighborhoods and Health*, Oxford University Press.

Kawachi, I., S. V. Subramanian & D. Kim (Eds.) (2008) *Social Capital and Health*, Springer.

Lin, N., K. Cook & R. S. L. Burt (2001) *Social Capital*, Aldine de Gruyter.

Putnam, R. D. (1993) *Making Democracy Work: Civic Traditions in Modern Italy*, Princeton University Press.（河田潤一訳［2001］『哲学する民主主義——伝統と改

革の市民的構造』NTT 出版）

Putnam, R. D. (2000) *Bowling Alone: The Collapse and Revival of American Community*, Simon and Schuster.（柴内康文訳［2006］『孤独なボウリング——米国コミュニティの崩壊と再生』柏書房）

Svendsen, G. T. & G. L. Svendsen (Eds.) (2009) *Handbook of Social Capital: Troika of Sociology, Political Science and Economics*, Edward Elgar.

Thaler, R. & C, Sunstein (2008) *Nudge: Improving Decisions About Health, Wealth, and Happiness*, Yale University Press.（遠藤真美訳［2009］『実践行動経済学——健康，富，幸福への聡明な選択』日経 BP）

Uslaner, E. M. (2002) *The Moral Foundations of Trust*, Cambridge University Press.

Uslaner, E. M. (2008) *Corruption, Inequality and the Rule of the Law*, Cambridge University Press.（稲葉陽二訳［2011］『不平等の罠』日本評論社）

Woolcock, M. (2000) *The Place of Social Capital in Understanding Social and Economic Outcomes*, The World Bank.

Woolcock, M. (2010) "The Rise and Routinization of Social Capital, 1988-2008" *Annual Review of Political Science*, 13, pp. 469-487.

第 1 章　座談会——ソーシャル・キャピタルの多面性

稲葉陽二・近藤克則・宮田加久子・矢野　聡・吉野諒三

　社会関係資本研究を行っている異分野の研究者が集まり文字通り学際的な意見交換を行った。社会関係資本研究の推移と今日の社会における社会関係資本研究の意義と課題を語り合った。予定していた時間では足りず，後で大幅に，メールのやり取りを通して，追補することとなった。【まとめ　稲葉陽二】

　日時：2009年11月1日　15時から16時半
　場所：金城学院大学（社会政策学会第119回全国大会会場）
　出席者【発言順】：宮田加久子（明治学院大学），吉野諒三（統計数理研究所），
　　　　　　　　　矢野　聡（日本大学），近藤克則（日本福祉大学）
　司会：稲葉陽二（日本大学）

1　はじめに

　稲葉陽二（以下，稲葉）：今日はお忙しいところをお集まりいただき，ありがとうございます。今まで社会関係資本が議論されてきて，すでにアメリカの議論から始まり20年の歴史があり，日本でも10年の歴史を積み重ねてきました。そこでまず，過去の社会関係資本研究の評価についてお話していただきたいのですが，アイスブレイカーとして私から，過去の研究の大雑把な推移について話をさせていただければと思います。
　過去の社会関係資本ブームの先鞭をつけたのは，やはりロバート・パットナム，政治学の分野かと思います。政治学の先生方がさまざまな観点から社会関係資本の研究をされて，それとともに昔から社会学，社会心理学，ネットワー

ク論では社会関係資本という言葉は使わなくとも，ほとんど同じ概念で研究が進んでおりました。政治学の方々の大きな流れがあって，他方でもともと社会学の大きな流れがあります。さらに社会学から派生したネットワーク論では，ロナルド・バートをはじめビジネススクールで盛んになってきたという，2つの車の両輪のような流れがあったように思えます。

　ただその後，1990年代半ばから非常に大きな流れになった分野が，社会疫学という医学の分野です。メディカルスクールで社会関係資本というものの価値を認めようとする人々が出てきました。端的に言えば，ハーバード大学のイチロウ・カワチやリチャード・ウィルキンソン，マイケル・マーモットいった研究者たちの議論に集約されてくるかと思いますが，そういう医学系の人々による社会関係資本の議論というのは，それなりに人々の感覚と合う面があったのではないかと思います。

　一方，日本で言いますと，社会関係資本研究の大きな流れを作られたのは，大阪大学の山内直人先生の研究室かと思います。NPO論，それから日本のコミュニティやアメリカのコミュニティの再生が叫ばれていますが，コミュニティの再生という分野で社会関係資本というのはやはり大きなキーワードとして扱われてきました。日本の場合には，社会関係資本論としてはNPO活動，それからコミュニティの役割という意味で，大阪大学グループの貢献というものが大変大きかったのではないかと思います。私自身は格差論から社会関係資本の研究に入って，今は高齢化社会への影響という分野を扱いつつありますので，社会疫学の先生方と一緒にやっております。

　ただ1つ私が少なくとも日本の現状について残念に思うのは，教育の分野での社会関係資本で，ジェームズ・コールマンを嚆矢として大変大きな問題提起をされており，社会関係資本と教育との因果関係は双方にかかるものだと思いますが，非常に重要な分野であるにもかかわらず，日本では割合，社会関係資本の研究がなおざりにされてきたような気がします。もちろん私は門外漢ですから傍からみているだけであって，必ずしも正確でないのかもしれませんが，少なくとも一般的にみても，日本の教育学における社会関係資本というのは十

分な認知を得ていないように思います。そういう意味で全体をみてみますと，日本の社会関係資本研究を中心に行っている方々は，社会学の流れと，社会疫学の流れの2つが大変大きいように思えます。ただ繰り返しになりますが，その他の分野，教育や経済学など，さまざまな影響をもつ分野があるはずなので，もう少しきちんと認識されてもいいのではないかと思っております。

2 さまざまな領域における研究の推移と評価

稲葉：私の方から大雑把な研究の推移を紹介しましたが，宮田先生は社会関係資本研究の現在までの展開を，どうご評価されていますか。

宮田加久子（以下，宮田）：社会関係資本の研究はパットナムが有名ですが，それ以前から社会学では，階級構造再生産の隠されたメカニズムの説明に社会関係資本を用いたピエール・ブルデューや，社会の結びつきを強める機能を社会関係資本がもつことを強調したコールマンの研究がありました。その後，ナン・リンやロナルド・バートを中心とする社会的ネットワーク理論の中でも，社会関係資本という概念がいろいろと研究されていました。ただ，それらの理論での社会関係資本は，「社会的ネットワーク間に埋め込まれた資源」と定義され，個人が社会関係資本をどのように形成するのか，また社会関係資本をどのように活用することで，個人が目的を達成したり精神的健康が向上するのかというミクロレベルの効果に焦点が当てられました。

つまり，そこでの社会関係資本は，特定のネットワークを形成している人々が活用することで利益を得られる私的社会関係資本と言えるものだと思います。それらの研究では社会関係資本の定義や測定方法も定まりつつあり，かつ社会的ネットワーク構造や，そこでの位置やネットワークの性質によって，社会関係資本へのアクセス可能性がどのように異なるのかなどについて，具体的な知見が多く得られています。ただ，それらの研究では，社会関係資本を社会的ネットワークに特化して考えることや，ミクロの効果に焦点を当てているために，社会関係資本研究の矮小化にもつながりかねないと，私個人としては危惧

しています。

　それに対してパットナムは，社会的ネットワークだけではなく，信頼や互酬性の規範といった認知的社会関係資本にも注目をしています。その研究に刺激を受け，社会学でも従来から，信頼の研究を行ってきたカレン・クックらなどのグループが社会関係資本の理論に注目するようになってきました。同質の社会的ネットワーク内で信頼や互酬性の規範が形成されるという話だけではなく，どのようにして，多様な異質の社会的ネットワークから一般化された信頼が形成されるのか，というメカニズムを説明する試みなどが行われています。そして，社会的ネットワーク論の研究者とも一緒に研究を始めている点は評価できると思います。

　同時にパットナムは，公共財としての社会関係資本，マクロな現象としての社会関係資本に注目しています。これについても，社会学では公共財の研究は古くから行われていますが，理論社会学という分野として，ミクロ現象を実証的に研究するグループとはあまり交流なく進められています。ただ，ミクロ・マクロの相互関係については，最近，社会学や社会心理学でも関心をもつ人々が増えてきましたので，今後，社会関係資本をキーワードとして研究が進んでくれることを期待しています。

　稲葉：ありがとうございます。それでは，宮田先生と同じ社会心理学をバックグラウンドにして国民性の国際比較をされている吉野先生はいかがですか。

　吉野諒三（以下，吉野）：私はすべての社会関係資本研究の推移をカバーしているわけではありませんが，国際比較調査の中での方法論の開発，それに基づいた国際比較調査研究の中，社会関係資本も重要なテーマとして扱ってきた立場から申します。

　各国の立場や状況において，それぞれの社会関係資本研究の力点の違いなどの問題があります。最初は社会関係資本研究がアメリカ発でありましたが，それが各国に及び，政治や経済を含む他の種々の問題と同様に，グローバリゼーションの反動で，アメリカ流の研究の仕方や視点だけではいけないということが，社会関係資本の分野でもよくわかってきました。自然な流れではあり，ま

ず，それが大きな成果とみてよいと思います。

　そのような流れの中で，自分たちの国の歴史的な背景，社会的な背景，政治経済の背景に鑑みて，「社会関係資本」をどのようにとらえ，どのように活用できるのか。活用する以前に，そもそも「社会関係資本」をどのように測定できるのかという問題がありますが，アメリカ流のやり方を用いても，必ずしも測定できないかもしれません。日本人の場合も社会関係資本それ自体はしっかりと現実にあるというのが，これまで現実の社会に入り込んで調査研究を続けてきた方々の実感です。しかし，同じ操作的定義や方法では必ずしもとらえることができないかもしれません。

　アメリカ発の研究では，ソーシャル・ネットワークを社会関係資本と同一視することがしばしばありました。しかし，政治あるいは自分の病気のような重要な相談事ができる人々の数を，アメリカ人は数名まで上げるが，日本人は0か1人となることが多いことがわかっています。これでは，バラツキ（分散）が少なすぎて，統計量や尺度としては用いることは難しいと言えましょう。このような問題があり，研究者の皆さんは，ご苦労なさってきたと思います。

　とは言うものの，いろいろな国によって社会関係資本のさまざまな側面をとらえる工夫がなされ，確かに「社会関係資本」と呼ぶべきものがあるだろうなということが実感としてわかってきたと言えましょう。これは，研究の各ステップが一段落し，次のステップへ行くというような一直線の流れではなく，前に進んだり後に戻ったりしながら，少しずつ進むのだと思います。

　「社会関係資本」の現実社会との関係では，近藤克則先生のお仕事のように，公衆衛生や医学の分野が一番進んでいると思いますが，それも完璧な定義が成立するのを待って進むというのではなく，どんどん現実社会への関与を先に進め，社会関係資本の理論を活用した「地域介入プログラム」を遂行する中で，経験的に得られる知見を反省して，また最初の定義に戻るようなことを，幾度も繰り返されているだろうと思います。他の研究者の方々も，近藤先生のような医療や保健衛生の分野ほどではございませんが，そういう行きつ戻りつの流れで，研究を進めてきたと思います。

稲葉：矢野先生は社会関係資本の研究の推移を，どのようなご評価をなさるでしょうか。

矢野聡（以下，矢野）：私は社会関係資本に直接かかわった研究を続けているわけではなく，これに対しては評論家的なコメントしかできません。しかしパットナムをはじめ，一連の研究から社会関係資本の代表的な著作や論文を拝読しますと，やはりアメリカは1980年代から抱えた根本的な問題，体制の問題，経済の問題，そして社会関係が変容していく問題，こういった問題に対してのある種の警鐘のようなものが現れてくるような気がします。ちょうど同じ頃，アメリカでは政治思想の一つとしてコミュニタリアリズムの道徳哲学の議論にも，社会関係資本と類似した思考が出てきますし，パットナムの問題意識にもそういう規範性の創出のようなものがあったのだろうと推測することができます。

日本において，我々もまた1990年の重苦しい時代を経験し，2000年頃に顕在化した格差社会の中に現在あります。プラザ合意以降凋落し続けたブレトン・ウッズ体制，すなわち唯一の強国としてのアメリカの沈殿化，これに伴う不況と政治的自信のなさが招いた考え方でもあると思うのです。当時のアメリカでは，かなり上位の管理職でも明日首を切られる不安があるという社会の中で，経験せざるを得なかったという深刻な問題でもあったのです。

日本においても，今まさに絶対に失職しないと言われていた公務員でもクビになる恐れがあるし，渡りなどの天下りが許されない時代になり，また大企業もかなり上部の管理職もまた部下のカットをしないという理由から責任を取らされて辞めさせられるということが容易に起きている中で，我々は安定した社会経済秩序というものをもう一度再構築して，これに見合った指標化されたものを，何とか激動した中で育ってきた我々の代で作り上げて後世に残さなければならないのではないかと思います。こういった問題が社会関係資本の研究の動機づけの一つになって，ここ10年にわたって近藤克則先生や吉野諒三先生，稲葉陽二先生らの研究者に触発されて，日本においては今まさにスタートラインに立って，これから日本的展開が行われていくのではないか，と私はそのよ

うな気がしています。

　稲葉：近藤先生は，社会関係資本を10年間研究されてきたわけですが，研究の進化，推移，そして現状の評価というところでお話いただけますか。

　近藤克則（以下，近藤）：最初はアメリカで非常に面白い研究が出てきて，研究者の一部が直観的に「いかにもありそうだ」，それが事実だとすれば今までの考え方・パラタイムが変わるようなインパクトをもつものだと感じました。そこから，あちこちの分野で一気に研究が広がったのだと思います。その後，研究が増えたのは素晴らしいことですが，それで全体が見えてきたのかという問いの立て方をすると，まだまだだと感じています。

　社会関係資本と健康指標との関連が実証されてきていますが，社会関係資本の概念は，幅広くて，構造的・認知的，認知にも信頼感・互酬性，結束型・橋渡し型，垂直型・水平型など多次元があり，それらをマトリックスで考えると，実にいろいろな側面・要素があります。たとえば，社会関係資本に20の側面・要素があったとすると，それらとある健康指標との関連を分析すれば，5％の危険率で1つくらいは有意な結果が出てしまうわけです。研究者は，多くの分析結果の中から，「これぞ真実だ」と信じるものを選んで発表していますが，どうしてもきれいな結果が出なかった分析結果は発表されにくいというパブリケーション（出版）バイアスがあります。

　そのことまで考えると，発表されている研究論文を集めても，一体どのくらい現実社会を正確にとらえているのか，そのことに決着がつくのには，もう少し時間をかけて多くの研究を蓄積しないとわからないと思っています。ただ最近では，批判に応える形で，方法論の洗練化，より多面的な分析，より概念や定義を絞った上での吟味，そういったものが進み，アメリカ以外の国で，社会関係資本の重要性を裏づけるような成果が数多く発表されています。それらは「アメリカではたまたまそういった現象があったけれども，他の国では見られない」というほど怪しいものではなさそうです。次々と報告が出ていますので，真実の一面をとらえはじめている，それは表面的かもしれないし，たぶんまだ一部分にすぎないと思いますが，その一端はとらえはじめているというのが今

の状況なのだと考えています。

　また矢野聡先生のお話を聞いていて，社会関係資本というのは実証研究だけで解明が進む性質のものではないということを再認識しました。「あるべき社会の姿」あるいは「規範」という面でも人々の心に響くものがあったので，これほど注目されたという側面があります。その意味では，実証研究で裏づけを取っていくことは必要ですが，「それで検証できないものは存在しない」などとは言えない性質の問題ではないかと私も思います。ミクロレベルの実証研究だけではなく，制度・政策論，規範科学，理論研究などで多面的に意味をとらえる必要がある。実際に，これほど学際的にも，世界銀行や内閣府など政策においても注目され取り上げられている概念が他にあるでしょうか。そういう意味でも，とてもインパクトがある概念だと思います。

　吉野：近藤先生が実証の問題を取り上げてくださり，ちょうどよいので私も付け加えていきます。近藤先生自身の「介入プログラム」のような現実の社会政策については，見かけ上は科学性を装いながらも，本当は十分な妥当性を欠いた奇妙な指標などで評価しようとするのではなく，その介入プログラムを実行すること自体が，まず，高く評価されるべきであると思います。

　ここ10年ほどでしょうか，エビデンス・ベースト・メディスン (evidence-based medicine, EBM) とか，エビデンス・ベースト・ポリシーメイキング (evidence-based policy-making, EBP) が重要であると言われています。これを私は，「質の高い実証的データに基づいて政策立案のための判断するのはよいことであり，まったくそのとおりだ」と思っていました。

　しかし，これは私が勘違いしていたようで，医療の人々の一般の学術研究をみていると，そんな話ではなく，「実験や調査のデータを取り，それを統計的検定など有意差を出すこと」を実証的データと称しているものが多いようで，科学的態度が矮小化されているようだと気づきました。

　日本では戦後早くから，統計の本当の専門家たちは統計的検定など，現実には強すぎる数学的仮定に基づいた統計技法の使用を批判してきました。世論調査のように，大規模なデータに実験計画法に基づく統計的検定などをしてしま

えば，現実には関連のないもの，効果のない要因までも有意差あり，効果ありと判定されてしまうのです。[1]だから本当の実証的な意味での相関（科学的な意味での相関）などを云々するのと，狭い統計技法の意味での相関などを云々するのは，別の話であることに留意しなければなりません。

医療統計では，倫理的問題などから大規模な統計的無作為標本抽出は難しいので，強すぎる仮定を用いていることには注意しながらも，統計的には問題が多いのがよく知られている少数標本に対する統計的技法（実験計画法に基づく統計学）を援用してきたはずでした。しかし，医療統計学が現実から独り歩きし，数学に走りすぎている懸念があり，他方で，近年，医療分野でも大規模標本を扱うケースが現れるようになりましたが，そのような場合でも，相変わらず，少数標本に対する統計的技法を用いて得た誤った結論が論文として出回っているようです。

我々の社会関係資本の研究では，難しい問題は，大規模標本を用いても1つの統計的な指標でうまく効果を示すのは難しいし（あるいは大規模標本の方が各種の効果が重複し打ち消され），逆に「効果」を示している論文を見ると，本当に社会関係資本の効果かどうかが不明であることが多いのではないかという懸念があります。

結局のところ，研究成果の評価に関しては，矢野聡先生が強調されているように，実証と理論の問題が重要でありましょう。このとき，我々が求める実証とは，先に触れた「実証的証拠に基づいた医療」のような狭い意味での「実証」ではなく，本当の意味での社会貢献の意義を考えた時に，それを世の中が受け入れてくれるという意味での実証でありましょう。それをリードするのは，規範，狭いアカデミックの理論ではなく世の中をリードするような規範とか理論が必要でしょう。

私の調査グループでは「データの科学」と称し，理論や仮説を表には明示しないで，質の高い調査データを収集，解析した結果を示し，「言いたいこと」が自然に浮かび上がってくるような，そういう思想を強調してきました。しかし，逆の言い方をするとデータの断片だけからは，下手をすれば，逆の結論が

導かれてしまうこともあり得ます。データの断片は全体の真実とは言えず，やはり，外に明示するか否かは別にして，ジグソーパズルのピースを全部まとめ上げるような理論が上の方にないと，まとまらないものでありましょう。そういったことを皆さんの社会関係資本の研究から感じました。

稲葉：規範の重要性ということですね。矢野先生いかがですか。

矢野：まさに，そこが私の言いたかったことであります。社会政策学会が他の経済関係の学会と違うところは，ある種の政治性や価値規範のようなものを学問の中に取り入れて，百数十年存続してきたということがありまして，ただそれも1つのイデオロギーである以上は，社会全体をミスリードするといったダークサイドもまた可能性としてあるわけです。この混迷や不安というものを，どのようなしかるべき科学的な手法で解決できるかについて，論争を通じて積み重ねて考えていく手法は重要だと思います。我々は社会が直面している問題に対して的確ではないにしろ，それに最も適切と考えられる回答を多面的な形で用意する準備を常に怠らないようにしていく努力をしなければなりません。

こういう中で，日本の社会関係資本研究者が直観的にこの概念の重要性に着目し，そしてこれを深められているのが研究の現状だと私は理解しています。こういった一連の過程が社会科学全体にかかわり，ささやかでも貢献をする責任が大いにあると私は考えています。この意味からあえて規範理論の面で社会関係資本について，今コメントさせていただいたということでございます。

宮田：規範というお話が出ましたが，私も最初はインターネットの利活用の実態とその社会的影響を実証することに興味があったのですが，社会関係資本の研究に出会ってからは，インターネットを介して社会関係資本の豊かな社会を築く事を目標に，そのためにはどのようなインターネットの利活用が良いのかを考えて研究をしています。インターネットは何にでも使えるメディアであるため，余計にそのように考えることが多いのだと思います。ただ，その時に，日本社会にふさわしい社会関係資本とは何かと考えることが増えました。オンライン上でも仲間内だけで集い，コミュニケーションを繰り返すことで強い紐帯を築き，相互信頼を高め，互酬性の規範の意識が高いオンライン・コミュニ

ティを作れば，安心して交流できますが，イノベーションは生まれにくいし，排他的になって異質な人への寛容性が低下していきます。

一方，誰でも参加できるようなオンライン・コミュニティは，多様な知識や情報，価値観をもった人々が交流することでイノベーションは生まれやすくなりますが，紐帯が弱く信頼が低いのでだまされる危険性も高く，フリーライダーも発生しやすいという問題があります。いわゆるパットナムの言うボンディングとブリッジングの社会関係資本のどちらでもインターネットを介して涵養できる可能性があるのですが，どちらが日本社会にふさわしいのか，そのためのインターネットのありようはどのようなものが良いかを考えていく視点が必要だと思っています。

3　ソーシャル・キャピタルの意義

稲葉：それでは次に，社会関係資本研究の意義についてご意見を伺いたいと思います。吉野先生からお願いします。

吉野：これまで社会関係資本の定義自体がいろいろ問題とされてきました。ここではそれをさらに繰り返すことはしませんが，社会関係資本を研究なさる人の立場や視野，目的に応じて，その定義の意味や意義が決まってくるものだと思います。

皆さま方の研究を眺めてみると，稲葉陽二先生や矢野聡先生の経済や政策に密接に関連する分野の方々，近藤克則先生のような社会疫学の分野，私のような社会調査の分野の研究者がいて，論文を書く際は，それぞれの分野のパラダイムの中でそれに従った形の発表をしなければならないという制約がありましょう。しかし，アカデミックな分野の制約を乗り越えて社会関係資本の深い意義を考えると，端的に申しますと，「社会関係資本」なるものが仮に実体的なものに直接には対応できなくても，たとえば，近藤克則先生の介護予防のための「地域介入プログラム」のように，現実の社会の中で成果が出ていれば，それでもう，その役割は果たせているという意義のとらえ方がありましょう。

たとえば私の場合は，各国の国民を対象とした「国民性の国際比較」研究をしていますが，「国民性」の定義というものは，学術的にも曖昧なものとして，また政治的にも人種差別などの過去の微妙な問題にも関係し，いつも問題になります。「国民性」を詳細に検証しようとすると，いろいろな立場の人の議論があり，皆が納得する満場一致の定義はありませんが，一応それぞれの立場をわきまえて，作業仮説程度の定義は一応置いて，調査の方法論やデータの解析などを進めています。しかし，最終的に国民性にまつわるさまざまなことがわかってしまい，仮に「結局，国民性など幻想かもしれないけれど，それに関するいろいろなことがわかった」，そしてさらに「この研究成果に基づいて，各国の人々の相互理解の情報となり，紛争が避けられ，経済的な協力も促進されるようになった」というようなことがあれば，それで役割を十分に果たせていることになると思います。最初の定義や理論など，どうでもよいものとなりましょう。
　このような意味で，それぞれの立場の人が，今後，社会関係資本というテーマに対して，どういうアプローチをして，現実の社会に対してどういう成果を見せていくかが重要なことだと思います。

稲葉：それでは矢野先生は，社会関係資本研究の意義をどのようにとらえていらっしゃいますか。

矢野：私は社会政策，政治福祉思想みたいなものを専門で扱っていますが，私がやはり憂慮しますのは，1980年代から1990年代にかけて我々が経験した失われた10年，それから世界各地で起こった政治的な大変動，すなわち社会主義諸国の崩壊，バルカン半島地域の国家分裂と紛争，それにアフリカ・中東地域の戦争といったものを目にしながら日々過ごしているわけです。しかしそこからは，幼い頃にテレビでみたアメリカの中産階級のバラ色の姿，すなわち車や電化製品を獲得し，それに囲まれていれば幸福感に浸れた感覚や，1960年代から丸の内のビルが煌々と夜中まで火を灯していた「頑張りさえすれば豊かになる」，こういった先輩たちの努力の状況とは明らかに違う，目標のない世界が登場したわけです。これからどうこの社会が変わって，我々はそれに対してど

う心理的な落ち着きや安定を求めなければいけないのかという問いかけが、特に今の日本社会において重要なことなのだろうという感覚、問題意識があるわけです。

そこにタイミングよく、と言いますか、社会関係資本という概念が現れ、そして、これが今日の資本主義では計測できない宗教や価値規範、つまり我々がこれまでの生活の中で行動、思考の根拠としてきたものに近い概念、そういったものを理論化、あるいは数量化しようという動きは、実は今我々が当面し困惑している問題を解決する鍵の一つになるのではないか、これを深めることは実は我々が無意識に頑張ってきて、そして疲弊しぶち当たった壁を突き破ってくれる1つの希望になるのではないか、こういう直感で思想的な掘り下げをしてみようと思い立ったことが、私が社会関係資本にかかわっている大きな理由なのです。

稲葉：社会関係資本研究の意義という話を今，吉野先生と矢野先生からいただきましたが，近藤先生のお立場からはどのように社会関係資本研究の意義をとらえていらっしゃいますか。

近藤：私は社会関係資本と健康との関連を主に研究しています。このテーマが注目を浴びるようになった背景あるいは意義として4つほど指摘できます。

1つは，社会疫学の登場です。健康は食事・運動など生物学的な因子によって説明できるとする考え方に対し，「健康の社会的決定要因（social determinants of health, SDH）」が、従来考えられてきたよりも重要であることが1980年代以降明らかにされてきました。その象徴が、WHO（世界保健機関）のレポート「健康の社会的決定要因」などです。それに伴い「健康の社会的決定要因に関する疫学」として社会疫学が登場してきました。そこで扱われる多くの「健康の社会的決定要因」の一つとして，社会関係資本が注目を浴びました。

2つ目は、健康格差への対策になるのではないかという関心です。健康の社会的決定要因や社会疫学への関心が高まった一つの理由は，社会階層間における健康格差が広がっているとわかってきたからです。この健康格差の実態や機序の解明が，社会疫学発展の一つの原動力でした。健康格差は「いのちの格

差」を意味しているため，「放置すべきでない」という反応を引き起こしました。EUでは対策が論じられ，国レベルで数値目標を掲げて健康格差の是正に取り組む動きまで出ています。その対策の一つの手がかりとして，社会関係資本が着目されています。

3つ目に，経済格差の拡大が国民全体の健康水準に悪影響を及ぼすという「相対所得仮説」への関心に伴うものです。経済格差の拡大が健康に影響する経路として，所得の不平等（経済格差）が拡大すると，その社会における社会関係資本が毀損され，その結果として国民の健康水準に悪影響が及ぶとする仮説が提示され，それを支持する実証研究も蓄積されてきています。想像力をたくましくすると，社会関係資本を豊かにすることで参加型民主主義が促進され，社会連帯が強まることで社会保障が拡充して格差の是正が進む。それがそこに暮らす人々の健康水準向上にも寄与するかもしれない，というわけです。

4つ目に，メタボリック症候群予防や介護予防などにおけるポピュレーション戦略の基礎理論としての関心です。早期発見・早期治療が有効であった感染症や一部の癌の予防においては，危険因子をもつハイリスク者を発見し，その人々に介入するハイリスク戦略が奏功してきました。しかし，現在問題となっている生活習慣病や介護予防においては，ハイリスク戦略が期待されたほど効果を挙げていません。予防医学においては2つの戦略——ハイリスク戦略とポピュレーション戦略があるとされ，ハイリスク戦略の限界が明らかになるにつれ注目されてきたのが，ポピュレーション戦略です。人口集団全体に影響を与える環境要因を明らかにして，その環境要因に介入することによって人口集団全体の健康水準を改善しようという戦略です。それを具体化するためには，人口集団全体に影響を与える環境要因を明らかにすることが必要であり，その一つの要因として着目されたのが社会関係資本です。私たちもAGES（Aichi Gerontological Evaluation Study, 愛知老年学的評価研究）プロジェクトの一環として，このポピュレーション戦略に立つ介護予防の試みとして社会関係資本に着目した地域介入研究に取り組んでいます。

これら4つの要素は，相互に関連し合いながら，社会関係資本と健康への関

心を呼び起こしてきたのだと考えています。

　稲葉：それでは宮田先生は，社会関係資本研究の意義をどうとらえていらっしゃいますか。

　宮田：社会関係資本研究には，アカデミックな意義と社会的な意義があると思います。

　私の専門は社会心理学ですが，ずっとメディア・コミュニケーションを中心に研究をしてきました。特に，パソコン通信の時代からコンピュータネットワークを使った対人コミュニケーションに興味をもっています。たとえば，インターネットで直接会ったことがない人ともコミュニケーションができるようになり，社会的ネットワークは拡大するのか，また，インターネットを通じて形成される対人関係の質はどのようなものかなど，インターネットを利用する個人の心理・行動といったミクロ現象に関心をもち，多くのインタビューや質問紙調査を行ってきました。

　ただ，研究を進めれば進めるほど，2つの不満をもつようになりました。1つは，これらの個々の知見を統合して説明するための理論がないことです。もう1つは，個人の態度や行動への影響というミクロ現象がマクロ現象にいかにつながっていくのか，ミクロとマクロの相互関係を説明する研究が少ないことでした。その時に，社会関係資本研究に出会いました。

　社会関係資本研究の枠組みで考えると，インターネットは人が集う場を提供するメディアであって，多様な社会的ネットワークが形成され，そこでのサポートの交換や知識の共有を通じて，利用者個人が身体的精神的健康を得られたり，富や評判を得るなどの目的を達成できるという個人レベルの効果（ミクロ現象）だけではなく，下位文化の形成や，市民参加やエンパワーメントを通じての民主主義の推進や，経済の発展などの社会レベルの効果（マクロ現象）が期待できることが考えられます。

　その一例がリナックスというUNIX互換のパソコン用オペレーティングシステム（OS，基本ソフト）です。リナックスは1991年にヘルシンキ大学の大学院生（当時）リーナス・トーバルズ氏によって開発されましたが，その後，フ

リーソフトウェアとして公開され，「誰でも自由に改変・再配布することができるが，改変・追加した部分はGPLというライセンス体系に基づいて無償で公開しなければならない」というルールに基づいて，世界中のボランティアの開発者によって改良が重ねられました。そして，リナックスは，オンライン上の公共財となり，誰でも無償で利用ができるようになり，パソコンだけではなく携帯電話にも組み込まれるようになり，社会的に普及し，経済効果ももたらしました。

このように，多様な人々がつながり，信頼を育て，互酬性の規範を形成することで，情報や知識，技術という資源を形成し共有することができたこと，それを活用することで経済的効果や社会的効果，それも資源形成にかかわった特定の個人にだけではなく社会全体に効果を与えたことなど，ミクロとマクロ現象の間の動的な相互依存関係を考える枠組みになるという点が，アカデミックな面での社会関係資本研究の意義だと思っています。

一方，インターネット研究とのかかわりの中で社会関係資本研究の社会的意義を考えると，インターネットを人と人をつなぐメディア，人々が集うメディアとして位置づけ，その利活用を考えるようになったことだと思います。インターネットはどのように利用するのかによってその効果は異なりますが，近藤先生がおっしゃった健康問題でも，インターネットを使った健康情報の取得やセルフヘルプグループの存在は役立つと思いますが，そのためにはどのような仕組みのメディアであるべきかなど，システムの開発をするエンジニアにとっても，有意義な示唆が得られたと思います。また，最近では政治参加のためのメディアとしてインターネットが注目されていますが，これも単に選挙キャンペーンのメディアではなく，市民が議論するメディアとするためには，社会関係資本研究の視点に意義があると思っています。

稲葉：私からも社会関係資本の意義ということで，追加でお話をさせていただきます。

私自身はアメリカにもう10年以上前の1994年から1997年，ですから非常に前になりますが，3年ほど在住しまして，過去20年にわたって賃金が上がってい

ない，むしろ下がっている，そしてそれとともに所得の格差が確実に広がってきているという状況を見まして，本当にびっくりしました。

　私は経済成長というものはそもそも一人ひとりの生産性が上がって，生産性の向上がそれぞれの所得に反映され，少ない労働時間で高い所得を得て余暇を各人が楽しむ，享受するために生産性の向上があると思っていましたし，現実にそのような姿になっていると思ったわけですが，アメリカではそうはなっていなかったのです。アメリカの1960年代はまさにそういう夢が実現しましたが，全く逆のことが1970年代以降のアメリカで実に20年にわたって起こっているということに衝撃を覚えました。この衝撃を『中流が消えるアメリカ』（稲葉陽二，日本経済新聞社，1996年）という本にまとめましたが，どうも日本ではこれに対する問題意識が大変薄いように思えました。この本は1996年に出した本でしたが，同じ頃，経済学者の橘木俊詔先生が日本でも経済格差の問題を提起された新書を書かれました。それに対して当時の若手の学者を中心に，データの使い方がおかしいという議論が行われました。ただ私からすれば，日本の主流派の経済学者の先生は，木を見て森を見ない議論をしておられる，なにかおかしな話をしているように思えました。

　格差はむしろ経済活力の源泉だと言わんばかりの議論をされていることに大きな違和感をもちましたが，ちょうどその頃，社会関係資本という議論をしていらっしゃる先生方がいることを知りました。その分野ではさまざまな学際的な研究になりますが，格差というものが社会関係資本に大変悪い影響を与えているのだという議論が多く出ておりました。そういう意味で，社会関係資本の研究には格差論から入りました。現実に社会関係資本という観点からみると，格差というものの問題点が大変大きく，わかりやすい形で浮き彫りにできるのではないかと思います。

　これが1つ社会関係資本の意義かと思いますが，さらに言えば，社会関係資本という言葉は大変学際的な言葉で，パットナムの本によりますと1916年にウエストヴァージニア州のリダ・ハニファンが使ったと書いてありますが，昔から同じような概念はずっとあったわけで，この本の編者である大守隆先生も

おっしゃっているように，聖徳太子の十七条憲法でも「和を以て貴しとなす」とあります。まさに社会関係資本の重要性というのは，あらゆる人が理解している事柄ですが，そういう言葉ですのでさまざまな分野の人が，割合自由なスタンスで議論に参加して考える糸口を作ることができる。そういう意味では大変便利な概念ではないかと思います。そうした観点からしますと，社会関係資本は，なんらかの規範性というものをもっていると思います。単にネットワークがよいということではなく，善し悪しの判断がどこかに潜んでいる，そういう意味で皆がある意味根本的な善し悪しの判断を前提として，学際的に，肩書，職場を越えていろいろな議論ができる，そういう便利な概念であると思います。それが第2の価値なのではないかと思います。

4　おわりに

　稲葉：それでは最後に社会関係資本の今後の研究課題ということで，それぞれご意見をいただければと思います。

　吉野：社会関係資本研究の課題については，すでに，これまでの皆様のお話の中で明確に浮き上がってきたのではと思います。「規範」と「実践」，目指すべき規範を明確にし，そのもとで現場での実践で成果を明確に挙げていくことでしょう。

　その際に，いたずらに，安易な「統計指標」や「統計手法」に頼らずに，実践の成果や効果を評価していくべきでしょう。アメリカのような多民族社会では政治的に複雑な利害がからむために，逆に，なるべく単純な指標や尺度でものを測り，数値化し，それを利用することを目指します。研究者の能力を学術研究の論文の数で測り，学術雑誌の質も単純な数値化をしています。私の所属する統計数理研究所の先人たちは，「数量化理論」を発展させ，人文社会の分野で従来は数量化されがたい対象にも適切な数量化ができることを示してきました。しかし，その発明者の故・林知己夫の「数量化」の極意の一つは，「数量化すべきでないものを数量化するな」でありました。林先生は，「アメリカ

流の社会心理学は，愛情まで数量化している馬鹿がいる。それは畳の上の水練みたいなものだ。愛情は実践あるのみだ」と強く，その研究方法論を非難していました。

アメリカの心理学では，心に思っているだけのことは外部から観測不能であり，科学の対象にはなり得ないとして，「心」が追放され，外部からも観測可能な「行動」のみが科学的心理学の対象であるとされた時代がありました。

学生時代に初めて講義でそれを聞いた時は，なぜ，そのような馬鹿な考えをしたのか不明でした。しかし，その後，アメリカの大学院で同じことを聴講した時は，同じ文化を共有している人同士ならば微妙なニュアンスを伝えるコミュニケーションが可能であっても，それが期待できない多民族社会では，そのような考えが自然に生まれ，したがって人々は自分の権利を守るために常に声高に叫ばねばならず，数値化された明確な基準を求める態度を取り，しばしば幼稚な数値化が行われる事情も，暗黙の内に了解されてきました。

しかし，日本も含め長い歴史のある国では，少なくとも学術的研究でそのような稚拙な数値化，行動主義的アプローチに固執する必要はありません。「本当に大切なものは目には見えない」という星の王子様のセリフは，先に述べたように「数量化理論」の極意の一つです。

最後に，具体的な「実践」を目指すために，現在直面している社会的課題に対する社会関係資本の視点からのアプローチとして，少子高齢化の問題に対して示唆的な「沖縄モデル」について触れておきます。

日本行動計量学会の学会誌『行動計量学』の特集号[2]で「高齢者の社会関係資本」をテーマに原稿を書きました。詳細は，特集号をご覧いただきたいと思いますが，私は長寿者の多い沖縄についての片田順氏の「長寿のシマ沖縄の高齢者たち」（青柳まちこ編『老いの人類学』世界思想社，2002年）も振り返ってみました。そして，沖縄では「老い」を，それ自体価値あるものと見る考えがあり，高齢者ほど伝統文化に包まれていく。老人も死ぬまで心身に応じて働き社会に貢献する場があり，生きがいと収入を見出しながら，それぞれの人が役割をもっている。そして高齢者を大切にする国は，子どもも大切にされる。少子高

齢化は憂うべきことではなく，人々の QOL（生活の質）を真剣に考えて方策を練ることが必要であろうと思うようになりました。社会関係資本などという言葉がない時代でも，社会関係資本の科学的測定などなくとも，社会関係資本が確実に存在し，機能してきた地域や時代があるのです。これが本当に各地，各国で再認識されるためには，我々がいかに貢献できるか考えるべきでしょう。

矢野：先ほど稲葉先生がおっしゃったように，教育分野における実証研究の開発も重要です。またすでに社会関係資本の理論は，社会疫学の研究の上で承認を得ている程度に重要性が知られた研究となっています。ただこれが時代を代表しうる，より広い規範概念として注目されるためには，介護・福祉の分野に実証研究の場を広げて，より深化を図っていく必要があると思います。社会関係資本の社会疫学と介護・福祉分野への「橋渡し」は，すでに近藤先生が試みているところですが，この一層の進展を期待したいです。

ところで，すなわち教育，保健医療そして介護・福祉の領域は，2000年代の初めに，小泉純一郎内閣によっていわゆる「官製市場」として，民営化の格好のターゲットになったものです。新自由主義思想に強い影響を受けた政府の会議メンバーや閣僚によって，株式会社化や規制緩和が盛んに叫ばれました。結果として例外的に「経済特区」の中で「株式会社大学」や「株式会社診療所」が立ち上がりましたが，ご存知のように成功とはいきませんでした。この結果が語る意味合いは，従来の新自由主義によってこの分野を言い表すことの不可能さ，無謀さの証明にほかなりません。この領域こそ，社会関係資本による説明が重要だと思います。

ただ今回は視点を変えて，介護・福祉の分野では，介護保険制度の実施によって在宅サービスが民営化も許され，現在数多くの事業体が参入しています。すでにこの制度が発足して10年になりますが，介護労働の過酷さと低賃金の問題は別としても，あるいは内包するものかも知れませんが，営利事業所におけるケア・サービスから見た社会関係資本の重要性を探る研究が必要かな，と思っています。つまり，介護保険制度による指定事業者のかかわりが深い地域における信頼，互酬，利他性等の要素は事業者が少ない地域とどのように異な

るのか，について調査するのも，興味深いテーマであると考えます。もし有意に差が出れば，「企業サービスによる福祉活動」という，従来の指標では見出せなかった独自領域を見出すきっかけになる可能性があるからです。

宮田：研究の課題としては以下の3つがあると思っています。

第1には，提案型の研究をしていく必要があると思います。たとえば，私が専門としているコンピュータ・コミュニケーションの分野で言えば，インターネット関連の開発や利活用は社会的文脈によって異なりますので，日本社会にふさわしい社会関係資本とは何か，そのためにはどのようなインターネットの開発や利活用が必要なのかを考え，社会に提案していくことが必要だと思っています。矢野聡先生のおっしゃるように，すでに社会政策学会では提案型研究が一般的なのかもしれませんが，社会心理学や社会学は実証研究としていろいろな知見が蓄積されてきて，社会政策に結びつくようなインプリケーションもありますが，実際に施策の提案はあまり行われてきませんでした。しかしながら，皆様が指摘なさっているように社会関係資本の研究の知見は，今私たちが直面しているさまざまな社会問題を解決するための鍵ともなり得るので，施策提案を行うための研究という視点をもつことが課題ではないかと思っています。

第2は，ミクロ・マクロの相互作用の視点をもった実証的研究がもっと多く行われることが必要だと思っています。すでに述べたように社会心理学や社会学では，ミクロレベルは実証研究が，マクロレベルは理論研究が担当，という感じで，ミクロ・マクロのダイナミックな相互作用を研究したいと思う研究者は多くても実際には困難でした。もちろん，すでに他の研究分野，たとえば社会疫学ではそのような視点からの研究が行われているのかもしれませんが，稲葉陽二先生や吉野諒三先生がご指摘なさったよう教育場面などでも，コールマンが行ったようなマクロとミクロの相互作用として教育格差に実証的に挑むような研究をもっと増やすことが課題だと思います。

第3に，従来の社会関係資本の研究は，地理的空間を伴う地域コミュニティでの現象だけを検討していましたが，コミュニティの解放（地理的範囲に限定されない傾向）やグローバル化が進む中，特定の空間を越えて形成・活用される

社会関係資本という視点が重要になるでしょう。稲葉先生がご指摘されているように，すでに多くのNPOでは，共通の問題意識をもっているが地理的には離れた所にいる人々が一緒に活動し，その資源がさまざまな面で社会関係資本として機能している例はたくさん見受けられます。また，コンピュータ・コミュニケーションの研究という文脈で言えば，インターネットが特定の地域社会での社会関係資本だけでなく，より広い社会的ネットワーク，場合によっては国を越えた社会的ネットワークの中に蓄積される社会関係資本を涵養したり保持したりできるという視点での議論が必要だと思っています。もちろん，インターネットでも特定の地域の人々だけが参加できるオンライン・コミュニティであれば，地域の人々のネットワークを密にし，お互いの信頼を高め，ある種監視社会的な安全な町を作るという効果をもつことが可能かもしれませんが，それは対面で行う従来の町内会活動などの機能を補完することだと思います。ですが，それ以上に地域を越えた人々とインターネットを通じて社会的ネットワークを形成できれば，より広い範域での社会関係資本の形成につながると期待されます。もちろん，その場合，何を単位に社会関係資本を測定すればいいのかなど問題は多いのですが，今後の課題として考えていくべきだと思っています。

　近藤：先生方のお話を伺っていて，どこかで読んだ言葉を思い出しました。「個人のオリジナリティなど高がしれている。偉大なのは時代がもつオリジナリティである」という主旨の言葉です。お三方（吉野・矢野・宮田）が挙げられた「実証と規範・実践・提案との関係」「ミクロとマクロの相互作用」「地理的空間以外における社会関係資本」への着目の3つは，同時代を生きている社会関係資本研究者の多くが共感する課題ではないでしょうか。

　健康の領域で言えば，1つ目の実践や提案，言い方を変えれば介入研究は，「今までの方法ではダメだから良さそうなことを試してみよう」という実践上の関心だけでなく，因果関係の解明という科学的な関心からも重要です。大規模なデータを使った実証研究で確認できるのは，「関連」にすぎません。社会関係資本と健康で言えば，「社会関係資本が豊かだからそこに暮らしている

人々の健康水準が高くなる」という方向の影響だけでなく，逆に，「健康な人が集まっているコミュニティだから社会関係資本が涵養される」という「因果関係」もあると思います。社会関係資本の場合，大規模な実験は難しく，多くの因子が複雑に絡み合っていますから，自然実験ができる幸運に恵まれない限り，観察研究だけでは因果関係を解き明かすのは難しいと思います。それが，効率が悪く，無謀かもしれないと思いつつも，介入研究に挑戦した理由です。実証のためにも，実践が必要なのです。

「ミクロとマクロの相互作用」で言えば，今までの「個人（ミクロ）レベルの因子で健康が規定されている」というパラダイムで研究が蓄積されてきましたが，大規模データとマルチレベル分析という手法が使えるようになったことで，ミクロレベルの因子をコントロールした上でも，どのような地域・社会・国・時代に暮らしているのかというマクロレベルの因子の影響を検証できるようになってきています。これらを蓄積することが，課題の一つだと思っています。これを進めるには，大型のプロジェクトを組んで成果を挙げるために必要な研究者の世界の社会関係資本の質の高さが問われてくると思います。

「地理的空間以外における社会関係資本」については，これまで地域社会を分析単位とした実証研究が中心に進んできたのは，それに適した大規模データがあったからだと思っています。特に働き盛りの男性では，職域や業界における社会関係資本の方が，「帰って寝るだけ」の地域の社会関係資本よりも，メンタルヘルスに及ぼしている影響は大きいと思います。子どもや学生にとっては学校における社会関係資本も重要でしょう。研究のしやすさという意味でも，社会関係資本と教育のパフォーマンスやメンタルヘルス，いじめなどを対象とする教育分野での研究に期待しています。さらに家族や親族というレベルにも社会関係資本はあるように思えます。

1点加えれば，よく言われることですが，社会関係資本にも存在している光と影の両面の研究です。人間には束縛から逃れ，自由を求めてきた歴史があります。その結果，社会における結束や連帯が希薄化し，それが行きすぎたと感じている人が増えた。その背景があって，社会関係資本への関心や期待が大き

くなっている。しかし，元に戻すことはできないでしょうし，結束や連帯も行き過ぎれば息が詰まる。内向きの結束力が高すぎて組織犯罪が生まれるなど，負の側面もあることは明らかです。ちょうどコレステロールの研究が進み，善玉と悪玉のコレステロールが区別され，別々に測定されるようになったように，社会関係資本についても，善玉と悪玉の区別をどうするのかも研究課題だと思います。私たちの AGES プロジェクトのデータでも，垂直型と水平型社会関係資本に分けて分析したら，健康に良い関連を示すのは，水平型だという結果が得られています。この点も，さらに掘り下げたいと思っています。

　稲葉：今後の課題について，最後に私の方から1つ，お話をさせていただこうと思います。

　社会関係資本は，その有効性，実効性を本当に実証しようとすると，かなり難しいと思います。そのような意味では，実験室的な状況を作るほかないですが，その観点から近藤克則先生はまさに武豊という町で介入の実証研究をされておられます。ただ，実証は実証で大変重要だと思いますが，先程，吉野諒三先生，近藤克則先生，矢野聡先生からもお話がありましたように，研究するからにはそもそも何らかの価値判断があって研究をするということです。

　私は2007年の日本経済学会の共通論題のディスカッションの時に，パネリストの中で格差問題の専門家と言われる方が，「貧困は経済学上の問題だけれども，格差は経済学上の問題ではない」とおっしゃったのには大変驚きました。それならば，この先生は少なくとも過去20年間経済格差についてさまざまな実証研究の論文を発表されているわけですが，その御研究は一体何であったのかと思います。経済学上問題がないことを20年間も経済学者がやっていたとするならば，それはおかしな話だと思います。そういうところのおかしな対応は，学問として正しいのでしょうか。やはり我々は，人々にとって何らかのプラスになることをやっているという確信があるから，毎日の研究活動をやっているのではないでしょうか。そういう観点から見ると，私は社会関係資本というのは実にまっとうな議論をしていると思います。

　価値判断としては，まさに先程「和を以って貴しとなす」と言いましたが，

そもそも聖書を読んでも社会関係資本を強調している話はいくらでも出てくるわけです。それから先日はトマス・アクィナスの研究書（佐々木亘（2008）『共同体と共同善——トマス・アクィナスの共同体論研究』知泉書館）を頂いて，その本にもまさに社会関係資本と同じような表現が出てきます。つまり，古今東西あらゆる分野を通じて社会関係資本の重要性というのは誰しもが認めるところであって，そしてそれを何とかうまく形成していこうというのは誰から見ても決しておかしな話ではないと思います。そういう意味では，やはり我々はもう少し価値判断というものを前に出してもいいのではないかと思います。もちろんそれは一方的な思い込みではいけないわけで，まさに矢野聡先生がおっしゃったような，逆にそれが教条主義に陥って，社会関係資本のダークサイドそのものの悪影響を生むという話ではいけないとは思いますが。

　勿論，社会関係資本で全ての問題が解決できる訳ではありませんし，むしろ社会関係資本のために事態が悪化するケースもあるかもしれません。しかし，社会関係資本の議論を通じて，既存の学問や政府の施策の盲点とでも呼べる部分，特に市場メカニズムで解決しきれない問題を考える契機が得られるように思います。今日は，お忙しい中，ありがとうございました。

（以上）

注
(1)　世論調査にはそれ相応の統計的検定方法がある。
(2)　日本行動計量学会『行動計量学』第37巻第1号。

リーディングリスト
稲葉陽二（2007）『ソーシャル・キャピタル——「信頼の絆」で解く現代経済・社会の諸課題』生産性出版。
　——一般読者向けにわかりやすく社会関係資本の有用性を論じた入門書。社会関係資本の多面性を網羅している。

宮川公男・大守隆編（2004）『ソーシャル・キャピタル——現代経済社会のガバナンスの基礎』東洋経済新報社。
　——日本で初めて社会関係資本を学際的にまとめたもの。パットナム，アスレイナー，ノリスなどのアメリカの論者の論文も収録している論文集。
Castiglione, D., J. Van Deth & G. Wolleb (Eds.) (2008) *The Handbook of Social Capital*, Oxford University Press.
Svendsen, G. & G. L. H. Svendsen (Eds.) (2009) *Handbook of Social Capital The Troika of Sociology, Political Science and Economics*, Edward Elgar.
　——1990年代から2000年代にかけての社会関係資本研究の到達点と課題を，最先端の研究者たちがまとめた論文集。
Halpern, D. (2005) *Social Capital*, Plity.
　——社会関係資本の多岐にわたる分野への影響を，2000年頃までの研究論文をもとに一般読者向けに解説したもの。
Ostrom, E. & T. K. Ahn (Eds.) (2003) *Foundations of Social Capital*, Edward Elgar.
　——1840年のトクヴィルに始まり1990年代末までの社会関係資本に関する主要論文を再録した論文集。過去の主要論文を読むのに便利。
Putnam, R. D. (2000) *Bowling Alone: The Collapse and Revival of American Community*, Simon and Schuster.（柴内康文訳［2006］『孤独なボウリング——米国コミュニティの崩壊と再生』柏書房）
　——社会関係資本を論じた古典。必読書ではあるが批判も多く，ただき台・ベンチマークとして大変有用。パットナムによるベストセラー。
Woolcock, M. (2010) "The Rise and Routinization of Social Capital, 1988-2008", *Annual Review of Political Science*, 13, pp. 469-487.
　——世界銀行を舞台に社会関係資本を論じてきたマイケル・ウールコックが1980年代後半から20年間の，社会関係資本研究の基本的な流れとその成果を概観した論文。

第2章　政　治

坂本治也

1　はじめに

　政治学は社会関係資本研究の「老舗」である。周知のように，現在の社会科学における社会関係資本ブームは，政治学者ロバート・パットナムによる一連の研究をきっかけとして始まったからである。

　パットナムは，イタリアの州政府にみられる統治パフォーマンス上の差異は，「調整された諸活動を活発にすることによって社会の効率性を改善できる，信頼，規範，ネットワークといった社会組織の特徴」と定義される社会関係資本の地域差によって説明されることを説得的に論じた（Putnam, 1993）。また，アメリカにおける社会関係資本の減退現象，および社会関係資本が州ごとの経済・社会状況に与える影響などについて，膨大な統計データを用いた分析を行った（Putnam, 2000）。この2つの研究は，今日の社会関係資本研究の出発点をなすものとして，あまりにも有名である。

　パットナムの社会関係資本研究は，どのような意義があったのであろうか。政治学上で考えれば，少なくとも次の2つの点が指摘できる。

　第1に，政府の統治行為の成否を説明する上で，社会的要因は無視できない重要な変数であることを再発見した点である。

　もともと政治学では，マルクス主義，集団理論（group theory），政治文化論などの隆盛にみられるように，政府の成功と失敗を社会構造の側から説明する社会還元論的な発想が強く存在していた。しかしながら1980年代以降，「国家を取り戻せ（Bringing the State Back In）」（Skocpol, 1985）の標語で知られる国家・制度論の台頭によって，社会構造からある程度自律した政治家や官僚など

の政治エリートの意思決定や行動，あるいは政治エリートの選好と行動パターンを規定するさまざまな政治制度の違いこそが，政府運営の帰結を大きく左右する，という見方が次第に強くなっていった。

これに対してパットナムの社会関係資本研究は，民主的政府を機能させる上では，やはり市民の意識・態度ないしは人間関係のあり方が重大な影響を与えることを再度明らかにするものであった。端的に言えば，政治学の分析の中に「社会を取り戻せ（Bringing the Society Back In）」というメッセージを発することによって，国家・制度論が軽視しがちであった社会的要因の重要性に再び政治学者の目を向けさせたところに，パットナムの研究の意義があったのである。

第2に，社会の自律的統治能力の重要性を「集合行為のジレンマ」解決という観点から根拠づけた点である。

政治学の世界では1990年代中葉より新たな統治のあり方を提起するものとして，「政府なきガバナンス（governance without government）」の議論が大きな注目を集めるようになった（Kooiman, 1993；Rhodes, 1997）。これは，財政赤字の増大，政策課題の複雑化，ニーズの多様化といった状況下で次第に行き詰まりをみせるようになった伝統的な政府中心の統治に代わって，政府以外の企業・民間非営利組織・個々の市民が，本来的に有する自治力を活かしつつ，新たな統治主体として公共領域に参入していく側面をとらえた議論である。より良き統治を実現する上では，政府の統治能力に頼るばかりでなく，社会の自律的統治能力を最大限活かしていくことこそが重要である，というのが「政府なきガバナンス」論のエッセンスである。

パットナムの社会関係資本研究は，この「政府なきガバナンス」論の妥当性を集合行為論の観点から説明したところに意義があった。社会関係資本の蓄積が豊かであれば，人々の間の自発的協調は促進され「集合行為のジレンマ」はソフトに解決される。つまり，社会関係資本さえあれば，社会の自律的統治能力は高まり，政府の政策に拠らずとも貧困や非行・犯罪といったさまざまな社会問題の改善を図っていくことは可能なのである。以上の点について，パットナムは明快な理論的説明を与えたと言える。

パットナムの研究に触発されて，以後の政治学では，社会関係資本をテーマとして扱う研究がさまざまな形で行われるようになった。本章では，政治学における社会関係資本の先行研究を，分析対象・分析方法・現時点での到達点といった観点から広くレビューする。それによって，社会関係資本と政治の関係がこれまでどのような切り口で分析されてきたのか，また今後の課題はどのような点に求められるのか，について論じていきたい。

2　ソーシャル・キャピタルが政治に与える影響

　政治学における社会関係資本研究は，大別すれば2つのタイプがある。それは，① 社会関係資本が政治に与える影響を分析する研究，② 政治が社会関係資本に与える影響を分析する研究の2つである。ここからうかがえるように，社会関係資本は政治に影響を与える独立変数であると同時に，政治によって影響を受ける従属変数でもある。本節ではまず①の研究についてみていくことにして，②の研究については次節で扱うことにしたい。
　社会関係資本は政治に一体どのような影響を与えるのであろうか。先行研究では，(1) 民主主義体制，(2) 政府の統治パフォーマンス，(3) 政府に対する信頼，といった政治的変数が従属変数に取り上げられることが多い[1]。以下，それぞれ詳しくみていこう。

(1) 民主主義体制

　世界価値観調査（World Values Survey）のデータに基づけば，社会関係資本の蓄積が豊かな国は，概して民主主義体制を長年にわたって維持してきた国であることが多い。逆に，社会関係資本の蓄積が乏しい国は，東欧の旧共産主義国あるいは南米やアフリカ大陸の新興国など，権威主義的体制を経験した国であることが多い（Rossteutscher, 2008）。
　この事実からうかがえるように，社会関係資本には民主主義体制への移行，ないしその維持・発展に寄与する効果があるのではないか，との主張がある[2]。

たとえばピッパ・ノリスは，フリーダム・ハウスの民主化スコアと世界価値観調査のデータを用いて，社会関係資本（特に一般的信頼）と民主化度合いの間には正の相関がみられることを示し，社会関係資本が民主主義体制を促進する効果をもつことを論じている（Norris, 2002）。同様にロナルド・イングルハートは，41カ国のデータから重回帰分析を行い，一般的信頼は，民主主義体制継続年数（1920〜1995年の間）に対して，経済・社会発展レベルを統制した上でもなお有意なプラスの影響を与える変数であることを実証している（Inglehart, 1997）。

　さらにパメラ・パックストンは，より包括的な国際比較データを用いた実証分析を行っている。それによれば，「民主主義体制→社会関係資本」という逆の因果もうかがえるものの，「社会関係資本→民主主義体制」という因果関係がデータから支持されるという。同時に，より広いコミュニティに開かれた結社の存在は民主主義体制促進にプラスに働くが，逆に閉鎖的な体質をもつ孤立した結社の存在はマイナスに働く，という分析結果も示されている（Paxton, 2002）。

　以上のように，社会関係資本は民主主義体制を促進する効果をもつとの分析結果が存在する一方で，それを否定するような見解も他方で存在している。

　シドニー・タローやディラン・リレイは，イタリアのファシズムは社会関係資本が豊かな地域を中心に広まったという歴史的事実を指摘し，社会関係資本が非民主的政治の促進のためにも利用される可能性を論じた（Tarrow, 1996；Riley, 2005）。

　同様にシェリ・バーマンは，ドイツのナチズム台頭の局面においても，社会関係資本が全体主義運動の動員基盤として利用された事実を指摘している。そして，結局のところ社会関係資本には，民主主義を維持・発展させる効果もあれば，それを崩壊に導く効果もあるという「中立的増幅効果」がみられるのであって，どちらに作用するのかは政治的制度化が強固になされているか否かという政治的文脈に左右されるとしている（Berman, 1997）。

　以上の否定的見解は，特定の事例に限定して分析を行っているものではある

ものの，社会関係資本の「負の側面 (dark side)」を扱ったものとして注目に値しよう。

(2) 政府の統治パフォーマンス

　同じように民主主義体制を採用している政府の間にも，成功と失敗がみられるのが常である。では，民主的政府の統治パフォーマンス上の差異は，一体何によって規定されるのであろうか。この点は，まさにパットナムのイタリア研究 (Putnam, 1993) の主題であった。同書は社会関係資本こそが政府の統治パフォーマンスの高低を規定する重要な変数であると結論づけた。

　パットナムと同様に，社会関係資本が政府の統治パフォーマンスを高める効果をもつことを実証したものとしては，以下の研究がある。

　ステファン・ナックは，アメリカの州政府の統治パフォーマンスと社会関係資本の関係を定量的に分析した。そこでは，財政運営・資本運用・人材管理・成果志向の行政経営・IT化などの側面から評価された各州政府の格付けに対して，ボランティア行動者率，国勢調査での回答率，一般的信頼，「良き政府」推進団体 (good government groups) への参加率などの社会関係資本を示す変数がそれぞれプラスの効果をもつことが実証されている (Knack, 2002)。

　トム・ライスは，アイオワ州内の114のコミュニティを対象にしたサーベイを実施することで，市民の主観的な地方政府評価は市民が認識するコミュニティ内の相互信頼，政治的平等，市民的積極参加などのレベルによって説明されることを示した (Rice, 2001)。

　その他，ナックやライスと同様の結論は，ドイツの小・中規模自治体 (Cusack, 1999) やハンガリーのロマ（ジプシー）自治政府 (Schafft & Brown, 2000) などを対象にした研究でもみられる。

　一方，パットナムの結論を否定するような研究も存在している。レナータ・セーラはインドの州レベルの比較分析を通じて，パットナムの主張がインドにおいては妥当しないことを示した。16の州政府の保健政策におけるパフォーマンスの違いは，州民の読み書き能力の違いによって大部分説明され，投票率や

市民意識サーベイの結果から操作化される社会関係資本の観点からは説明されないという (Serra, 1999)。

同様に坂本治也は，日本の地方政府を題材に定量的分析を行うことによって，社会関係資本は行政改革度などで測られる統治パフォーマンスと有意な関係をもたないことを示した。そして，統治パフォーマンスを高める重要な市民社会の変数は，社会関係資本ではなく，むしろ「政治エリートに対する適切な支持，批判，要求，監視の機能」と定義される「シビック・パワー (civic power)」の方である，という代替的仮説を提起している (坂本, 2010)。

以上のように，社会関係資本が政府の統治パフォーマンスを高める効果をもつかどうかについては，肯定的立場に立つ研究と否定的立場に立つ研究が並立した状態にあり，さらなる研究の進展が望まれている。

今後，研究の焦点となるのは，政府の統治パフォーマンスをどうとらえ，どのように操作化するのか，という点であろう。多くの先行研究では，統治パフォーマンスについての十分な概念的検討や適切な操作化があまり行われていないからである。

この点，米独両国において都市間比較を行ったマーギット・タヴィッツの研究は大いに参考になる。タヴィッツは，他の研究のように統治パフォーマンスを一次元的には扱わずに，地域開発政策や政策革新などの側面から測られる「政策活性化 (policy activism)」と財政運営・人材管理などの側面から測られる「行政効率性 (administrative efficiency)」の2つに分けて，別々に検証を行った。計量分析の結果，社会関係資本は，「政策活性化」に対してはプラスの効果をもつが，「行政効率性」に対しては有意な関係をもたないことを明らかにしている (Tavits, 2006)。この研究のように，統治パフォーマンスの評価をより精緻化・分節化していくことは，今後の重要な研究課題となろう。

(3) 政府に対する信頼

1970年代以降，多くの先進民主主義国において，人々の政府に対する信頼 (trust in government, 以下，政府信頼) の低下がみられるようになった (Dalton,

2005)。特に日本では，伝統的に他国と比べて政府信頼が低く，さらに1980年代から1990年代にかけての政治家の汚職や官僚の不祥事などが影響した面もあって，かなり深刻な政治不信に陥っているとされる (Pharr, 2000)。

そもそも政府信頼の低下が生じることは，なぜ問題なのか。これにはいくつかの理由がある。まず，政府信頼が失われれば，納税義務意識の低下や公職者を目指す優秀な若者の減少が起こり，政府の資源調達はより困難になる。さらに，遵法意識の低下が起こり，統治の効率性が損なわれる恐れもある。そして究極的には，民主主義体制自体の正統性が疑われて，民主主義体制の崩壊を招いてしまうかもしれない (Nye, 1997)。つまり，政府信頼の低下は，民主主義がうまくいっていないことの現れであると同時に，それ自体がさらなる民主主義の機能不全を引き起こす一要因となってしまうのである。

社会関係資本には，この政府信頼を向上させる効果があると言われる。両者の関係を説明するロジックは，以下の2つのように説明される (Brehm & Rahn, 1997 ; Putnam, 2000 ; Keele, 2007)。

第1に，さまざまな自発的結社への参加あるいはインフォーマルな社交は，政治的関心や政治参加意欲を高め，政治的有効性感覚 (political efficacy) を養うため，結果として政府信頼の向上につながる。

第2に，一般的信頼が高い者は，他者がルールを破ったり「ただ乗り (free ride)」したりする意図をもたないという期待をもっており，その期待は政府の担い手に対しても同様に適用される。また，自分だけではなく他者も法令を遵守すると信じることができるため，安心して政府の決定を受け入れることができる。ゆえに，一般的信頼が高まれば政府信頼も向上する。

社会関係資本が政府信頼を高めるかどうかについては，政府信頼のデータが比較的豊富に存在することもあって，定量的分析が多様な形で進められている。

たとえばジョン・ブレームらは，全米社会調査 (General Social Survey) のデータを用いた個人レベルの分析を行い，一般的信頼は政府信頼に対して，収入・人種・生活満足度・経済状況などの諸変数の影響を統制した上でもなお有意なプラスの影響を与える変数であることを実証している。ただし，市民的積

極参加(civic engagement)は政府信頼に対してむしろマイナスの影響を与えていること,および「政府信頼→一般的信頼」という逆の因果も有意であるため内生性(endogeneity)の問題が排除できないことも分析結果から同時に示されており,社会関係資本の政府信頼を高める効果が十分な形で立証されているわけではない(Brehm & Rahn, 1997)。

一方,スーザン・ファーは日本のJEDSデータを用いて,ブレームらと同様の個人レベルの分析を行っている。そこではさまざまな種類の集団への加入状況(重複加入状況を含む)と政府信頼の関係が調べられているが,分析結果から社会関係資本の政府信頼を高める効果は確認されないとしている(Pharr, 2000)。同様の結論は,日本の地方政府に対する信頼を扱った野田遊の研究でもうかがえる(野田,2009)。

このテーマに関する最新の成果の一つであるルーク・キールの研究は,アメリカのマクロデータを用いた時系列分析を行うことによって,先行研究の大きな欠点であった内生性の問題および政治状況変数(統治パフォーマンス,支持率,スキャンダルなど)の統制欠如の問題を解決した上でのより頑健な分析結果を提示しており,大いに注目される。そこでは政府信頼の増分に対して,t-1時点の市民的積極参加と一般的信頼がいずれも,さまざまな政治状況変数を統制した上でもなお有意なプラスの影響を与える変数であることが明らかになっている(Keele, 2007)[3]。

以上のように,社会関係資本が政府信頼を高める効果をもつかどうかについては,一定の実証的証拠が蓄積されている状態にある。

3　政治がソーシャル・キャピタルに与える影響

社会関係資本は政治に影響を与えると同時に,政治から影響を受けるものでもある。パットナムが主に分析したのは「社会関係資本→政治」という「ボトムアップ」の側面であったのに対し,その後の政治学における研究では「政治→社会関係資本」という「トップダウン」の側面に焦点を当てることが多く

なっている (Skocpol, 1996)。

では，具体的に政治はどのような経路で社会関係資本に影響を及ぼしているのであろうか。大まかに分類すれば，(1) 政治体制・変動，(2) 政策，という2つのパターンがある。以下，それぞれ詳しくみていこう。

(1) 政治体制・変動

前節でみたように，社会関係資本は民主主義体制を促進し，それを機能させるものだとされるが，他方で社会関係資本が豊かに創出されていくためには，民主主義体制の成立自体が前提条件になるという指摘がある。

マーガレット・リーヴィーは，一般的信頼が世の中に広まっていくためには民主的国家の役割が必要不可欠であると主張する。国家が整備する法制度およびそれを遵守させるために用いる強制力（coercion）は，人々の財産や契約関係，あるいはマイノリティの権利や団体結成の権利を保障するものとなる。また，国家はルールを破った者に対して一定の制裁を加える。この国家による確実性の高い保障と制裁が存在しなければ，人々は安心してお互いを信頼することができなくなり，いちいち自分で情報を収集して相手が信頼に足る人物かどうかを判断しなければならなくなる。そして，国家が適切に法制度の運用を行うためには，国家自体が信頼に足るものでなければならない。人々に政治的自由が広範に与えられる民主的国家は，その点で最も信頼に値する統治システムと言えるのである (Levi, 1998)。

以上のリーヴィーによる理論的説明は，実証分析においてもある程度支持されている。前節でもみたように，個人レベルで「政府信頼→一般的信頼」という因果関係が存在すること (Brehm & Rahn, 1997)，あるいは国レベルで「民主主義体制→社会関係資本」という因果関係が存在すること (Paxton, 2002) は，それぞれ定量的分析によって実証されている。

一方，まったく逆のことを指摘する研究もある。ナターリア・レトキらは，安定的で信頼できる法制度やそれを作り出す政府のアカウンタビリティが欠如した非民主的な体制下においてこそ，一般的信頼は制度的信頼の「代用品」とな

るためにより人々から必要とされて豊かになると主張する。反対に，民主主義体制や市場経済への移行は，一般的信頼を「締め出す（crowding out）」効果があるのだという。実際レトキらは，共産主義体制から民主化した直後の中・東欧11カ国のデータを分析することによって，この仮説を実証している（Letki & Evans, 2005）。またマーク・ハワードが実証しているように，旧共産主義国では人々の結社参加もそれほど活発になっていないが，この事実も民主主義体制への移行が直ちに社会関係資本を高めるわけではないことの証左となろう（Howard, 2003）。

以上は政治体制の影響をとらえた研究であるのに対し，他方で戦争やテロといった政治変動が社会関係資本に与える影響をとらえた研究も存在している。

シーダ・スコチポルはアメリカのさまざまな結社の歴史を丹念に分析することによって，パットナムが社会関係資本の基盤として称揚する米国赤十字やコロンブス騎士団などのメンバーシップ結社（membership associations）は，大半が南北戦争や2度の世界大戦という大規模戦争を契機として結成され，さらに戦時体制に積極的に協力することで，戦中・戦後の期間に組織を拡大していったことを明らかにしている（Skocpol, 2003）。同じく鹿毛利枝子は，日本の青少年団体・婦人団体・社会サービス団体などの歴史を調べることで，日本でも第2次世界大戦後に急激な結社参加の増加がみられることを実証している（鹿毛, 2007）。

これらの見解は，戦時動員によって高められる人々の愛国心，連帯感，奉仕的態度，参加意欲などが，戦後の結社参加の活性化に結びつくことを指摘するものである。

同様の論理から，2001年の9・11同時多発テロがアメリカの社会関係資本に与えた影響を分析した研究もある。そこではテロ発生直後に行ったサーベイの結果から，9・11テロはアメリカの社会関係資本の水準を劇的に増加させるものではなかったことが明らかになっている（Putnam, 2002）。

以上のように，政治体制や政治変動は社会関係資本に一定の影響を及ぼしていると考えられる。

（2）政　策

　パットナムが指摘したように，社会関係資本は政府の政策出力を高めるものである。しかし，まったく逆に，政府が立案・実施する各種政策が社会関係資本の水準に影響を与えることも同じようにある。

　スザンヌ・メトラーはアメリカの G.I. 法を題材に，政府の社会福祉政策が社会関係資本に好影響を与えたことを指摘する。退役軍人のための教育・就労支援法であった G.I. 法によって，低所得層であっても高等教育を受けることが可能になり，結果として起こった教育レベルの底上げは，1950-60年代の市民的積極参加や政治参加の拡大につながった。さらに，G.I. 法の恩恵を受けた者の間では，社会的責任を果たすことに対する義務感や自分自身が社会に包摂されている意識の高まりがみられ，それらも市民的積極参加・政治参加のさらなる拡大にプラスに作用したという。以上の点を，メトラーは退役軍人を対象にしたサーベイやインタビューの分析を通じて実証している（Mettler, 2002）。

　社会福祉政策が社会関係資本の創出にプラスに働く可能性については，イギリスの社会関係資本の歴史的推移を扱った研究（Hall, 2002）などでも同様に論じられているが，さらに一歩議論を進めたものとしてステファン・クムリンらの研究がある。

　クムリンらは，高福祉国家として知られるスウェーデンを題材に，福祉政策はその種類によって，社会関係資本を創出することもあれば，破壊することもあると主張する。彼らは個人レベルのデータから，ニーズ・テストを行った上で給付対象者を決定する選別主義的（selective）福祉政策は一般的信頼に対してマイナスの影響を与え，逆に給付対象者を特定の者に限定しない普遍主義的（universal）福祉政策は一般的信頼に対してプラスの影響を与えることを実証している。そして，このような違いが現れるのは，選別主義的福祉政策では給付を決定する公務員の側に裁量の余地があるために「公平な手続きや取り扱いが行われていないのではないか」という疑念や不信感を市民がもってしまうが，普遍主義的福祉政策ではそのようなことは起こらず「手続的正義が守られている」と市民が感じるためだ，と解釈している（Kumlin & Rothstein, 2005）。

以上のように，社会福祉政策が社会関係資本に与える影響の分析については一定水準の研究蓄積が存在しているのに対し，他領域の政策についてはそれほど本格的な研究が進められているわけではない。

たとえば，コミュニティ政策や市民参画制度（Petro, 2001），あるいはニューアーバニズム（New Urbanism）に基づいた都市政策（Sander, 2002）などが社会関係資本の創出に役立つことを指摘する研究は一応存在している。しかしながら，いずれの研究も限定的な事例分析に基づいて結論を導いており，検証としては不十分である。今後の体系的な分析が待たれるところである。

4 おわりに

政治学における社会関係資本研究の今後の課題とは，一体どのような点に求められるのであろうか。本章を閉じるにあたり，特に重要と考えられる点を2つ指摘しておきたい。

第1に，社会関係資本と自由・平等・公平・寛容といった諸価値との関係を明らかにしていくことである。パットナムの統治パフォーマンスの考え方は，効率的（effective）で応答的（responsive）な統治こそ「良き政治」という発想を基礎にしている。しかしながら，民主主義政治が追求すべき価値とは決してそれに限定されるわけではない。「良き政治」を実現するためには，自由（liberty），平等（equality），公平（fairness），寛容（tolerance）といった諸価値を推進していくことも同じように重要である。

ゆえに，社会関係資本はそれら諸価値を推進することに役立つのかどうかといった点も同じように明らかにされていくべきであろう。この側面の研究は，いくつかの先駆的業績（Putnam, 2000 ; Cigler & Joslyn, 2002 ; Uslaner, 2004 ; Hero, 2007 ; Iglič, 2010）を除き，現時点ではそれほど十分には進められていない。今後の本格的な研究発展が期待されるところである。

第2に，社会関係資本と政治の間の因果関係を推定する際に発生する，内生性の問題をいかにして解消していくのかを検討することである。

第 2 章 政 治

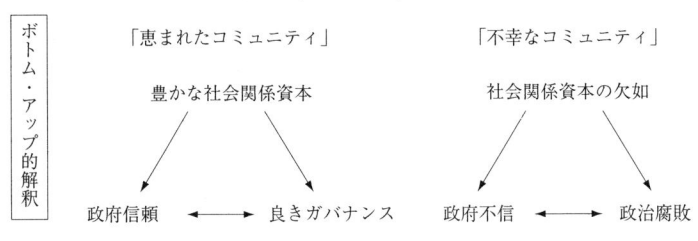

図 2-1 社会関係資本，政府信頼，政府のパフォーマンスの関係

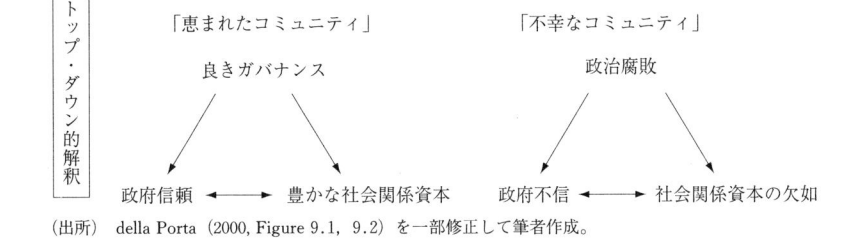

```
ボトム・アップ的解釈
                「恵まれたコミュニティ」              「不幸なコミュニティ」
                   豊かな社会関係資本                 社会関係資本の欠如
                    ↙        ↘                    ↙        ↘
              政府信頼 ←→ 良きガバナンス         政府不信 ←→ 政治腐敗

トップ・ダウン的解釈
                「恵まれたコミュニティ」              「不幸なコミュニティ」
                    良きガバナンス                      政治腐敗
                    ↙        ↘                    ↙        ↘
              政府信頼 ←→ 豊かな社会関係資本    政府不信 ←→ 社会関係資本の欠如
```

(出所) della Porta (2000, Figure 9.1, 9.2) を一部修正して筆者作成。

　本章を通じて明らかにしてきたように，社会関係資本と政治は相互に影響を及ぼし合う関係にある。社会関係資本は政治を強化するものであるが，同時に政治によって強化されるものでもある。「タマゴが先か，ニワトリが先か」という関係のように，両者の間の因果関係は循環しているのである。
　そのような関係にあるがゆえに，社会関係資本が政治に与える効果，あるいは政治が社会関係資本に与える効果は，常に誤認ないし過剰推定される恐れがある[4]。
　たとえばドナテッラ・デラポルタ (della Porta, 2000) が指摘しているように，社会関係資本の効果と言われているものは，実は見せかけの関係であって，「良きガバナンス／政治腐敗」という変数こそが真に重要であるのかもしれない（図 2-1 参照）。もちろん，逆もしかりである。
　ゆえに，内生性の問題をいかにして取り除きながら，社会関係資本と政治の間の因果関係を明らかにしていくのかが，今後の研究の大きなポイントとなる。この点，すでに紹介したキール（Keele, 2007）の分析手法は大いに参考になるだろう。

注
(1) その他,社会関係資本が政治参加の促進に与える影響を分析する研究もある（たとえば，La Due Lake & Huckfeldt, 1998）。ただし，パットナムが社会関係資本の指標として投票率を用いているように，政治参加は社会関係資本概念自体に包摂されるものと考えることもできる。ゆえに，本章では取り上げないことにした。
(2) 「社会関係資本」という言葉は用いないものの，政治学では半世紀ほど前より，人々の結社への参加や一般的信頼は民主主義体制を支える重要な要因であると指摘されてきた（たとえば，Almond & Verba, 1963）。ただし，体系的な実証分析はあまり行われていなかったと言える。それが本格的に行われるようになったのは，社会関係資本研究が広まった1990年代以降である。
(3) ただし，t時点の市民的積極参加と一般的信頼の増分はいずれも有意ではない。ゆえにキールは，社会関係資本の政府信頼を高める効果は，短期的に現れるものではなく，長期的に現れるものだと解釈している。
(4) これは政治学に限らず，経済学や公衆衛生学など他のディシプリンでの社会関係資本研究にも当てはまる深刻な問題点である。豊かな社会関係資本が経済発展や健康増進をもたらすのか，あるいはもともと裕福で健康な人々がより積極的にネットワークに参加し他者を信頼しているだけなのか（これらは豊かな社会関係資本の「原資」となる），どちらの因果にもそれなりの理論的根拠と実証的証拠が存在している。ゆえに，社会関係資本が経済活動や健康に与える効果も常に誤認・過剰推定される危険性をはらんでいる。

参考文献

鹿毛利枝子 (2007)「日本における団体参加の歴史的推移——第二次世界大戦のインパクト」『レヴァイアサン』41号, 45-73頁。

坂本治也 (2010)『ソーシャル・キャピタルと活動する市民——新時代日本の市民政治』有斐閣。

野田遊 (2009)「地方自治体に対する信頼と地方自治」『地方自治研究』24巻1号, 13-25頁。

Almond, G. A. & S. Verba (1963) *The Civic Culture : Political Attitudes and Democracy in Five Nations*, Princeton University Press.（石川一雄ら訳 [1974]『現代市民の政治文化——五ヵ国における政治的態度と民主主義』勁草書房）

Berman, S. (1997) "Civil Society and Political Institutionalization", *American Behavioral Scientist*, 40 (5), pp. 562-574.

Brehm, J. & W. Rahn (1997) "Individual-Level Evidence for the Causes and Consequences of Social Capital", *American Journal of Political Science*, 41 (3), pp.

第 2 章 政 治

999-1023.
Cigler, A. & M. R. Joslyn (2002) "The Extensiveness of Group Membership and Social Capital : The Impact on Political Tolerance Attitudes", *Political Research Quarterly*, 55 (1), pp. 7-25.
Cusack, T. R. (1999) "Social Capital, Institutional Structures, and Democratic Performance : A Comparative Study of German Local Governments", *European Journal of Political Research*, 35, pp. 1-34.
Dalton, R. J. (2005) "The Social Transformation of Trust in Government", *International Review of Sociology*, 15 (1), pp. 133-154.
Della Porta, D. (2000) "Social Capital, Beliefs in Government, and Political Corruption", In Pharr, S. J. & R. D. Putnam (Eds.) *Disaffected Democracies : What's Troubling the Trilateral Countries ?*, Princeton University Press, pp. 202-228.
Hall, P. A. (2002) "Great Britain : The Role of Government and the Distribution of Social Capital", In Putnam, R. D. (Ed.) *Democracies in Flux : The Evolution of Social Capital in Contemporary Society*, Oxford University Press, pp. 21-57.
Hero, R. E. (2007) *Racial Diversity and Social Capital : Equality and Community in America*, Cambridge University Press.
Howard, M. M. (2003) *The Weakness of Civil Society in Post-Communist Europe*, Cambridge University Press.
Iglič, H. (2010) "Voluntary Associations and Tolerance : An Ambiguous Relationship", *American Behavioral Scientist*, 53 (5), pp. 717-736.
Inglehart, R. (1997) *Modernization and Postmodernization : Cultural, Economic, and Political Change in 43 Societies*, Princeton University Press.
Keele, L. (2007) "Social Capital and the Dynamics of Trust in Government", *American Journal of Political Science*, 51 (2), pp. 241-254.
Knack, S. (2002) "Social Capital and the Quality of Government : Evidence from the States", *American Journal of Political Science*, 46 (4), pp. 772-785.
Kooiman, J. (1993) "Social-Political Governance : Introduction", In Kooiman, J. (Ed.) *Modern Governance: New Government-Society Interactions*, Sage Publications, pp. 1-6.
Kumlin, S. & B. Rothstein (2005) "Making and Breaking Social Capital : The Impact of Welfare-State Institutions", *Comparative Political Studies*, 38 (4), pp. 339-365.
La Due Lake, R. & R. Huckfeldt (1998) "Social Capital, Social Networks, and Political Participation", *Political Psychology*, 19 (3), pp. 567-584.
Letki, N. & G. Evans (2005) "Endogenizing Social Trust : Democratization in

East-Central Europe", *British Journal of Political Science*, 35 (3), pp. 515-529.

Levi, M. (1998) "A State of Trust", In Braithwaite, V. & M. Levi (Eds.) *Trust and Governance*, Russell Sage Foundation, pp. 77-101.

Mettler, S. (2002) "Bringing the State Back In to Civic Engagement : Policy Feedback Effects of the G. I. Bill for World War Ⅱ Veterans", *American Political Science Review*, 96 (2), pp. 351-365.

Norris, P. (2002) *Democratic Phoenix : Reinventing Political Activism*, Cambridge University Press.

Nye, J. S., Jr. (1997) "Introduction : The Decline of Confidence in Government", In Nye, J. S., Jr. P. D. Zelikow & D. C. King (Eds.) *Why People Don't Trust Government*, Harvard University Press, pp. 1-18.（嶋本恵美訳［2002］「序論　政府に対する信頼の低下」『なぜ政府は信頼されないのか』英治出版, 13-37頁）

Paxton, P. (2002) "Social Capital and Democracy : An Interdependent Relationship", *American Sociological Review*, 67 (2), pp. 254-277.

Petro, N. N. (2001) "Creating Social Capital in Russia : The Novgorod Model", *World Development*, 29 (2), pp. 229-244.

Pharr, S. J. (2000) "Officials' Misconduct and Public Distrust : Japan and the Trilateral Democracies", In Pharr, S. J. & R. D. Putnam (Eds.) *Disaffected Democracies : What's Troubling the Trilateral Countries ?*, Princeton University Press, pp. 173-201.

Putnam, R. D. (1993) *Making Democracy Work : Civic Traditions in Modern Italy*, Princeton University Press.（河田潤一訳［2001］『哲学する民主主義——伝統と改革の市民的構造』NTT 出版）

Putnam, R. D. (2000) *Bowling Alone : The Collapse and Revival of American Community*, Simon & Schuster.（柴内康文訳［2006］『孤独なボウリング——米国コミュニティの崩壊と再生』柏書房）

Putnam, R. D. (2002) "Bowling Together", *American Prospect*, 13 (3), pp. 20-22.

Rhodes, R. A. W. (1997) *Understanding Governance : Policy Networks, Governance, Reflexivity and Accountability*, Open University Press.

Rice, T. W. (2001) "Social Capital and Government Performance in Iowa Communities", *Journal of Urban Affairs*, 23 (3-4), pp. 375-389.

Riley, D. (2005) "Civic Associations and Authoritarian Regimes in Interwar Europe : Italy and Spain in Comparative Perspective", *American Sociological Review*, 70 (2), pp. 288-310.

Rossteutscher, S. (2008) "Social Capital and Civic Engagement : A Comparative Perspective", In Castiglione, D., J. W. van Deth & G. Wolleb (Eds.) *The Handbook of*

Social Capital, Oxford University Press, pp. 208-240.
Sander, T. H. (2002) "Social Capital and New Urbanism : Leading a Civic Horse to Water ?", *National Civic Review*, 91 (3), pp. 213-234.
Schafft, K. A. & D. L. Brown (2000) "Social Capital and Grassroots Development : The Case of Roma Self-Governance in Hungary", *Social Problems*, 47 (2), pp. 201-219.
Serra, R. (1999) "'Putnam in India' : Is Social Capital a Meaningful and Measurable Concept at Indian State Level ?", *IDS Working Paper*, 92, University of Sussex.
Skocpol, T. (1985) "Bringing the State Back In : Strategies of Analysis in Current Research", In Evans, P. B., D. Rueschemeyer & T. Skocpol (Eds.) *Bringing the State Back In*, Cambridge University Press, pp. 3-37.
Skocpol, T. (1996) "Unravelling from Above", *American Prospect*, 25, pp. 20-25.
Skocpol, T. (2003) *Diminished Democracy : From Membership to Management in American Civic Life*, University of Oklahoma Press. (河田潤一訳 [2007]『失われた民主主義――メンバーシップからマネージメントへ』慶應義塾大学出版会)
Tarrow, S. (1996) "Making Social Science Work Across Space and Time : A Critical Reflection on Robert Putnam's Making Democracy Work", *American Political Science Review*, 90 (2), pp. 389-397.
Tavits, M. (2006) "Making Democracy Work More ? : Exploring the Linkage between Social Capital and Government Performance", *Political Research Quarterly*, 59 (2), pp. 211-225.
Uslaner, E. M. (2004) "Trust and Social Bonds : Faith in Others and Policy Outcomes Reconsidered", *Political Research Quarterly*, 57 (3), pp. 501-507.

リーディングリスト
坂本治也 (2010)『ソーシャル・キャピタルと活動する市民――新時代日本の市民政治』有斐閣。
　――日本の地方政府を題材に，統治パフォーマンスと市民社会の関係を実証的に検討したもの。統治パフォーマンスを高める上では，社会関係資本よりも，政府を監視・批判する機能を意味する「シビック・パワー」の方が重要である，と説いている。
Knack, S. (2002) "Social Capital and the Quality of Government : Evidence from the States", *American Journal of Political Science*, 46 (4), pp. 772-785.
　――アメリカの州レベルの統治パフォーマンスと社会関係資本の関係を定量的に分析したもの。地域間比較の実証分析を行う上で，参考になる点が多い。

Kumlin, S. & B. Rothstein (2005) "Making and Breaking Social Capital : The Impact of Welfare-State Institutions", *Comparative Political Studies*, 38 (4), pp. 339-365.
　――高福祉国家スウェーデンを題材に，福祉政策が社会関係資本に与える影響を分析したもの。福祉政策は，その性質によって，社会関係資本を増加させることもあれば壊してしまうこともあることを実証しており，興味深い。
Pharr, S. J. & R. D. Putnam (Eds.) (2000) *Disaffected Democracies : What's Troubling the Trilateral Countries ?*, Princeton University Press.
　――日米欧の先進民主主義国で深刻化する「公的部門に対する信頼の低下」現象について，各国を代表する政治学者たちが多様な角度から分析したもの。政府に対する信頼と社会関係資本の関係を扱う論稿が収録されている。

第3章　経　済

大守　隆

1　はじめに

　社会関係資本に関する諸議論の多くは，個別にみると経済学や他の社会科学にとって必ずしも新しいものではない。しかし，多くの経済学者の見方は「この用語が広く使われるようにはなったものの，経済学者に好まれる用語にはなっていない」(Dasgupta & Serageldin, 2000，筆者訳) という，懐疑的なものであった。

　こうした懐疑論の理由としては，社会関係資本の概念が必ずしも明確でなく計測も困難であること，社会関係資本というとらえ方でどのような新しい付加価値が期待できるのか不明確なこと，概念が不明確なままに厳密さに欠ける議論も多く見られてきたことなどが挙げられている。

　しかし，経済学が社会関係資本を避けて通ってきたわけではなく，正面から本格的に取り上げた試みも存在する。その代表的なものは3つある。第1は，1993年秋以降，世界銀行が開催してきた一連の勉強会で，1997年4月のワークショップにまで至った流れである。一流の経済学者やNGOのリーダーが集まり「参加者の見方の共通点と相違点があいまってワークショップは異常なまでの知的盛り上がりをみせ」，活発な議論が行われ，その内容は参加できなかった学者からの寄稿も含め『ソーシャル・キャピタル序説』(原題：*Preface Social Capital*)(Dasgupta & Serageldin, 2000) にまとめられている。第2は，伝統と権威ある専門誌であるエコノミック・ジャーナルが2002年に社会関係資本の特集を行ったことである。第3は『社会経済学レビュー』(原題：*Review of Social Economy*) という学術誌が2007年に「社会関係資本を超えて (原題：Beyond

Social Capital)」と題した特集（Knorringa & Van Staveren, 2007）を組んだことである。

なお，ファインら（Fine & Green, 2000）は上記とは違った意味で懐疑的で，経済学が社会関係資本の概念を振りかざして他の社会科学の領域に入っていくことは，尊大で，侮蔑的で，無知な行為であるとしている。

本章では，第2節で，伝統的な経済学が社会関係資本をどのように位置づけているかを概観する。

第3節では，マクロ経済的な効果に着目し，社会関係資本が経済成長や経済発展に及ぼす効果についてどのような議論がなされてきたかを解説する。

第4節では，ミクロ経済的な効果に着目し，企業の生産活動や家計の消費行動などにどのような影響を及ぼしているかに関しての議論を整理する。

第5節では，社会関係資本の経済への影響という視点を逆転させ，経済的な要因が社会関係資本にどのような影響を及ぼしているかを考察する。また，社会関係資本のもつ経済的な便益を受けるのは誰なのか，そして社会関係資本の形成への経済的誘因はどのようなものかを議論する。

第6節では，それまでの各節を統合する視点，すなわち，社会関係資本と経済的要因が相互に影響しつつ発展するというダイナミックな視点からの議論を整理する。

第7節では，現代の世界経済の諸課題に社会関係資本がどのような含意をもっているかを議論する。

第8節ではまとめを試みる。

なお，社会関係資本にはさまざまな側面がある。本章では，その定義に関して詳しく議論することはしないが，紹介するそれぞれの議論がどの側面に注目したものであるかを必要に応じて明示することとする。

2　経済学からみたソーシャル・キャピタル

社会関係資本は多様な側面をもつので，経済学からのアプローチも多様で

図3-1 経済学における社会関係資本へのさまざまな接近

外部性の一形態	ネットワークの外部性など
人的資本論（ベッカー他）の延長線上	組織自体の力に注目
情報の経済学（コース他）の発展	産業クラスター分析など
ゲーム理論（モルゲンシュテルンの発展他）	個人の戦略選択が社会の特性を決める
開発経済学の適用	貧困や発展を社会的要因との相互関係を勘案しつつ分析
成長会計（ソロー他）の適用	GDPなどマクロ変数との関係を分析
経済倫理学などによる考察	功利主義的な発想を疑問視しつつ行為規範を分析
ガバナンス論などによる考察	法律・規制や市場メカニズムだけでは不十分

あった。先行研究のグループ分けと研究のアプローチはともに，以下の8つの流れに整理できると思われる（図3-1参照）。

　第1は，社会関係資本のもつ外部性に注目した議論である。社会関係資本は公共財とは違い，効果の及ぶ範囲が何らかの集団に限定されているという性格をもっている。またいわゆるネットワークの外部性が重要な役割を果たすこともある。

　第2に，人的資本（ヒューマン・キャピタル）の延長線上の概念という発想もある。典型はOECD（2001）であって，1冊の書物の中で人的資本と社会関係資本の役割を並列的に論じている。人的資本の議論はゲーリー・ベッカーが主張し，後にノーベル経済学賞の受賞に至ったものである。人間自体を資本とみ

るのであれば，その能力を発現させる条件を社会がもっているかどうかに注目することは自然なことと言えよう。スツレーター（Szreter, 2000）は社会関係資本をそのような性格をもつものと位置づけている。ベッカー（Becker, 1996）自身も個人の効用の違いに関して，より普遍的な選好（extended preferences）が教育や社会生活の影響を受けて違った現れ方をするという説明を行い，効用が社会的文脈の中で形成されることを認めている。また，コールマン（Coleman, 2000）やダスグプタ（Dasgupta, 2000）は人的ネットワークの豊かな人は企業でも厚遇されるとして，社会関係資本には個人的メリットもあるとしている。

こうした発想をさらに推し進めて，社会関係資本を人脈，コネのような私的財ととらえる考え方もある。たとえば，グレーザーら（Glaeser et al., 2002）では，人脈の形成にコストを投じて将来便益を得る行動は，対象こそ物的設備ではないが，伝統的な設備投資行動と同様に分析できると論じている。しかし，これは社会関係資本のとらえ方としては少数派であると考えられる。これと対照的なのは，社会関係資本を集団（国，地域社会，企業，団体など）のもつ特性としてとらえる見方であり，多くの議論がこうした特性を念頭において議論している。スツレーター（Szleter, 2000）はその中間の状態を明示的に議論しており，社会で支配的な立場にいる人々は，市場経済の中での情報の重要性を意識しているので自分たちのためのネットワークを形成するとしつつ，社会のすべての構成員が情報に関してコンピテンスをもつことが重要であるとしている。

社会関係資本が私的資産としての性格をもつことは事実であり，そのことに対する反論は見当たらないが，そうした側面は通常の投資理論で説明できよう。問題は社会関係資本がそれ以外の重要な側面ももつことであり，そこにこそ社会関係資本を研究する意味があると思われる。したがって，以下特に断らない限り，社会関係資本は集団のもつ特性として議論していくことにする。

第3は情報の経済学の文脈である。その草分けであるコース（Coase, 1937）は，企業がなぜ存在するかという問いを立て，情報のコストを理由に説明した。しかし，企業の外部にあっても情報のコストを低減させるさまざまな関係の可能性がある。典型的な例は産業クラスターであって，内閣府（2003）やマスケ

ル（Maskell, 2000）が指摘するように，そこでは競争と協力のバランスを保ちつつ，同種の企業が地域的に集中し，共存共栄しているのである。また，スツレーター（2000）は，社会関係資本は，市場が効率的に機能するための情報面での条件を提供するものであるとし，市場経済の効率性のためにも所得の平等への配慮が必要であるとしている。ファインら（2000）も市場外の諸関係は市場の情報面での不完全性を補うための手段であるとしている。

　第4はゲーム理論である。1940年代にジョン・フォン・ノイマンとオスカー・モルゲンシュテルンが「ゲームの理論と経済行動」を発表して以来，ゲーム理論は多様な発展を見せてきた。特に反復されるゲームにおいては，信頼を獲得したり協調的な行動を選択したりすることが理にかなった行動であるということが導けることが多い。現実の社会に比べれば単純化された設定ではあるが，ゲーム理論によって構造の本質が明瞭に見えてくることも多い。

　第5は開発経済学である。この分野では早くから社会的要因が重視されてきた。世界銀行が社会関係資本の重要性に注目したのも，途上国に援助資金や最先端の技術を供与しても必ずしもそれが活かされないという経験に基づくものであった。フクヤマ（Fukuyama, 1995），ハヤミ（Hayami, 1997），ミラー（Miller, 1998）などは実例を挙げつつ，社会関係資本と経済発展の関係を論じている。

　第6は成長会計である。ロバート・ソローやトレーバ・スワンによって1950年代に提唱された枠組みで経済成長率を要因分解して，各要因の寄与を明らかにしようとするものである。ただし，成長会計は二つの国の成長率の差がどのように発生したかを説明することはできるが，なぜ発生したかまでは必ずしも明らかにしないことに留意が必要である。ダスグプタ（2000）などが指摘するように，社会関係資本が物的資本の効率を上げるとすれば，その成長促進効果は設備投資の増加という形をとって現れることになり，かならずしもTFP（全要素生産性）の増加という形をとらないのである。

　第7は経済倫理学的なアプローチである。ゲーム理論が，長期的な利益という基準で人々の社会的行動を説明しようとするのに対し，このアプローチは，そうした功利的な人間像自体に疑問をさしはさみ，人々の行動規範をより広い

表 3-1 社会的資本と伝統的資本との比較

特　　性	物的資本	人的資本	社会関係資本
他の生産要素と柔軟に組み合わせられるか？	事前には可能	比較的可能	可能なことも
目的以外の用途に役に立つか？	事後的には困難	時として	しばしば
償却率は安定しているか？	安定	安定	不安定
使い続けると強化されることがあるか？	ない	時々	しばしば
突然陳腐化することがあるか？	少ない	少ない	ある
生産性の抑制要因になることがあるか？（不要の際使わずにすむか？）	ない	ない	ある
総量（集計量）がどの程度意味があるか？（一次元的概念か？）	ある程度ある	ある程度ある	あまりない

(出所）　大守（2004）。

観点から吟味するものである。たとえば，ゲーム理論においては懲罰なしに日和見的行動を阻止することは困難であると考えるが，経済倫理学では必ずしもそのようにはとらえない。

　第8はガバナンス論，市民社会論，NPO論などからの接近である。前二者は経済学と経営学・政治学などとの境界領域である。宮川（2002）はこうした観点から社会関係資本の現代的意義を検討している。NPOなどとの関連は第6章で西出氏が詳しく議論しているので本章では取り上げない。

　一方，社会関係資本が，経済学が想定しているような資本であるかどうかには疑問が呈されてきた。ダスグプタ（2000）では，他の資本（物的資本，人的資本，知識，環境）と同列に議論するのは避けるべきであるとしている。アロー（Arrow, 2000）も懐疑的な見方を示している。大守（2004）は，表3-1のように物的資本や人的資本と比較しつつ社会関係資本の特性を整理している。資本かどうかという問い自体は定義の問題であるが，従来経済学が念頭に置いてきた資本のイメージとはかなり異なることに注意をしておく必要があろう。

　また，多くの論者が，社会関係資本は経済発展の阻害要因にもなりうるとしている。後述のように，社会関係資本はネットワークや信頼といった存在だけでなく，それが人々の間の協力の増進に寄与すること，といったように機能も

あわせて定義されることが多いので，厳密に言えば，こうした定義の下では，社会関係資本は発展の阻害要因になりえないことになる。しかし，ダスグプタ (2000) が指摘しているように，ある時期に発展を支えた要因であっても，別の時期には阻害要因になりうることに注意が必要であろう。

3　マクロ経済的効果

　社会関係資本と，1人当たり GDP や経済成長などのマクロ経済変数との関係についてはさまざまな研究がある。各国の成長率格差などを有意に説明できるとする見方がある一方で，影響はまだ実証されていないという見方もある。両方の見方を簡単に紹介した上で，なぜ議論に決着がつかないかを考えてみよう。

　先行研究の紹介に入る前に，第2節で簡単に触れた成長会計の考え方を確認しておこう。経済成長率は，生産活動に投入する生産要素（資本設備や労働など）の増加率に影響される。たとえば資本ストックと労働投入が年率1％で伸びていけば，それだけで少なくとも1％の経済成長率が確保されると考えるのである。しかし，そうした生産要素の伸びで説明できる成長率と実際の成長率との間にはなお乖離がある。後者と前者の差を全要素生産性（厳密にはその上昇率）と呼んでいる。これはいわば残差であるので，いろいろな要因を反映していると考えられている。技術進歩，産業構造の変化（生産要素の総量が増えなくても，その構成が低生産性部門から高生産性部門へ移動することで経済成長ができる），生産要素の質の向上（たとえば高等教育を受けた人の比率が高まれば，就業者数が増加しなくても成長しうる）などである。しかし，こうした要因の寄与を勘案しても，国による差はかなり大きく，何か別の要因の存在を疑わせる。ホールら (Hall & Jones, 1999) も経済以外の要因の重要性を認めている。また，資本設備や労働（移民労働者も含む）の増加率自体を規定している要因にも当然関心が向けられてきた。実際に歴史を振り返っても，かつて同じような発展段階にあった国のうち一方が停滞し，他方が発展したという例は多い。

こうした状況の中で，社会関係資本が新しい説明要因として注目され始めてきた。組織で働いたことのある人なら，組織の業績や成長を規定する要因として，資本設備や構成員の能力に加えて，チームワークや職場の雰囲気が重要であることを認識しているであろう。すなわち，優秀な人材と最新鋭の各種設備が揃っていても，必ずしもうまくいくとは限らない。メンバー間の連携が悪かったり，適切な人事評価システムがなかったりすれば，優秀な人材でも仕事に情熱を注がなくなることがある。技術も生産を規定する要因と言われるが，現場での生産性を左右するのは，外生的に与えられた技術に加えて，職員が工夫したり，お互いの工夫を組み合わせて生み出したりしていくような生産性向上である。そして後者が円滑に進むためには，個人個人の能力だけでなく，そうしたことを促進するような職場環境が重要なのである。したがって，生産は資本と労働（質も含む）の関数，という考え方だけでは十分でないことがわかる。

　こうしたことが，企業やその一部のみでなく，産業にも，地域社会にも，経済全体にも言えるのではないかと考えることは自然なことである。ある国に十分な資本（調達能力）と人材が存在して，良い技術が利用可能であっても，それだけで発展が保障されているわけではない。お互いが信用できず，「自分の責任ではない事情から物事がうまくいかないことがしばしば起きるような国」では，生産効率が落ちるばかりでなく，有為で企業家精神に富む人材でも努力が報われないことが多いので，海外に移住してしまうか，国内に残っていても，その才能を違法活動に向けるとか，あるいは怠惰なままに日を過ごすことになるであろう。こうなると，国内での人的資本の蓄積（勉学，業務を通じた学習，成功体験など）が遅れ，経済は停滞することになる。

　さて，実証的に社会関係資本の効果を肯定する分析としては，ラポルタら（La Porta et al., 1997）がある。彼らは1970-93年のデータを分析し信頼度指標（人は信頼できるかという問いに対する肯定的な返事の比率）とさまざまな指標との相関を調べた。その際，1人当たりのGDPをコントロールして，発展段階の影響を取り除いた上での相関を調べている。その結果，成長について弱い正の

相関が見られるとしている。

　ナックら (Knack & Keefer, 1997) は古いデータと共産圏諸国を対象から外して分析を行い，より強い相関を計測している。初期の所得水準や人的資本の質をコントロールした上で，信頼度指標が10％高いと経済成長率は年率で0.8％高くなるとした。彼らは同時に，50ドル相当の貨幣と連絡先の入った財布を各都市で故意に「落として」その回収率と信頼指標との相関を調べたところ，信頼度指標との相関は0.67と高かったと報告している。またナック (Knack, 2001) は，OECD諸国に限定しても，信頼度指標と設備投資には有意な相関が見られるとし，経済成長との関連を示唆している。ただし，設備投資が大きいことは，短期的には高成長につながるが，均衡成長経路に達した後は成長率の押し上げ要因とはならないことにも注意が必要であろう。

　アスレイナー (Uslaner, 2003) は，信頼指標が高いほど成長率が高いことを，共産圏諸国を除くサンプルによって示し，これは信頼度の高い社会は国際化の度合いも高いためではないかとし，信頼指標と国際化指標との間の正の相関も示している。さらに，ザックら (Zak & Knack, 2001) は，所得水準や投資財価格などの要因をコントロールした後でも，信頼度指標が7％ポイント上昇すると設備投資／GDP比率が1％ポイント上昇すること，信頼度指標が15％ポイント上昇すると経済成長率が1％上昇すること，設備投資経由の要因をコントロールしても信頼度指標は成長率と直接の有意な相関をもつこと，信頼度の背景にある諸要因（所得や土地保有の不平等度，民族的な同質性，官僚の腐敗度，契約履行を強制する制度の強さ，など）の成長率への影響の多くは「信頼」を通じるものであると考えられること，などを報告している。

　一方で，社会関係資本と経済パフォーマンスには重要な関連があるとのこうした見方に対しては懐疑論もある。たとえば，デュローフ (Durlauf, 2002) は，実証分析はいずれも不十分で，社会関係資本がマクロ経済面でプラスの効果をもつと信じるに足る確たる証拠はないとしている。

　このように，この問題に関する「現時点での到達点」は，肯定，否定の両方の見方があるということである。今後の課題としては，この論争に，なぜ決着

がつけにくいかを考えた上で進むことが有意義であろう。以下は筆者の考察である。

　第1に，決定的な制約は，一般的に相関分析では因果関係を検証できないということである。仮に2つの指標の間に有意な相関が認められたとしても，どちらが原因か特定できないし，別の第3の要因の影響を共通に受けている結果かもしれない。また単なる偶然かもしれない。

　この困難に対処するためには2つの方法が考えられる。1つは実験であり，もう1つはグランジャーの因果関係という特殊な検証方法の適用である。しかし，社会関係資本の影響分析に適用するには残念ながらどちらも非力である。実験に関しては，どのような条件のもとで協調的行動がみられるか究明するような実験をしようとしても，現実の社会での人と人の相互関係は，条件が管理された実験室で再現するには複雑すぎる。現実の社会的行動は，相手が顔見知りかどうか，相手と自分と何らかの同じグループに属しているかどうか，その共通のグループの中でのお互いの位置づけ，などさまざまな要因の影響を受けているであろう。知っている人を相手にした実験では，そうした現実社会における人間関係の影響を受けるし，初対面の相手との実験では，逆に結果の現実性に疑問が生じることになる。

　一方，グランジャーの因果関係とは，時間的前後関係を観察することで，因果関係を推測しようとするものである。これを実証的に行おうとするとかなりのサンプル時点が必要になるが，社会関係資本に関するデータは通常数年置きであるし，行動パターンにはかなりの個人差があるので統計的にブレやすく，微妙な変化を検出する精度があるかどうかも疑問である。こうした困難のために，実証分析の多くが伝統的な相関分析にとどまっており，因果関係についての反論の余地のあるものとなっている。

　第2に，社会関係資本が集団に関する概念であるということが，分析を複雑にしている。個人の行動は，所属する集団の特性と個人の特性の両方に影響を受ける。したがって，集団の特性の影響を正しく評価しようとすると，個人の特性を統計的にコントロールして取り除く必要があるが，個人の特性を判定す

る手がかりとなるデータは個人の行動であり，それはすでに集団の影響を受けたものである。

　こうした状況を解きほぐしていくためには，よりミクロ的なアプローチが重要であろう。すなわち，集団の特性や個人の特性の影響がミクロ的な理論や観察から想定できれば，それに基づいて統計的なコントロールを行うことが可能になるからである。

　社会関係資本のマクロ経済効果の分析に関しては，この2点以外にも多くの困難な点がある。① 概念がまだ漠然としていて指標も代理変数のような性格のものが多いこと，② 社会関係資本自体が経済の状況に応じて変化していく内生性をもったものであること，などである。

　以上をまとめれば，今後の課題は，因果関係の検証に関する各種の新しい，しかし間接的なアプローチの応用を試みることと，ミクロ的なアプローチを積み重ねた上で，その成果をマクロ的効果の分析に応用することであろう。

4　ミクロ経済的効果

　社会関係資本はどのように企業や家計の行動に影響を与えるのであろうか。
　この問いに関して1つ留意すべきことは，社会関係資本の定義の多くが，機能を含めていることである。たとえば OECD（2001）では「……集団内部または集団間の協力関係の増進に寄与するもの」（筆者訳）としているし，パットナム（坂本・山内訳，1995）では「相互利益のための調整と協力を容易にする……」というようにである。こうした定義を厳密にとらえれば，社会関係資本がそうした機能をもつことは自明であるが，ここでは，そうした解釈はとらず，信頼や共有された規範などの，社会関係資本を特徴づけるとされている存在がどのような効果をもつかを幅広く検討することにする。

　宮川（2004）は市場や政府によるガバナンスには失敗がありうるので，社会関係資本の役割が重要であるとしつつも，これにも失敗があり得ることを指摘している。近年の CSR（企業の社会的責任）重視の動きも，発達した法制度と

市場をもつ国でも，両者だけでは不十分であるという認識を反映したものであろう。稲葉（2007）も企業経営や地域社会の再構築における社会関係資本の役割を議論している。一方，近年開発において注目を集めているマイクロ・ファイナンスにおいても，小規模な社会における規律維持に社会関係資本が重要な役割を果たしている。

　大守（2004）では，社会関係資本の経済効果のミクロ的チャネルをいくつかのグループに分けつつ，18列挙している。第1のグループは，情報の不完全性を軽減する効果に由来するもので，① 契約のコストや訴訟を削減する，② 資源の動学的配分を効率化する，③ 建設的な交渉を可能にする，④ 準秘密情報の交換を通じてビジネス・チャンスを拡大する，の4つを挙げている。またこれに関連して，IT（情報通信技術）の発達がこうした経路を促進する可能性もあるとしている。

　第2のグループは市民的成熟を通じたもので，⑤ 治安の良さでメリットを受ける産業がある，⑥ ネットワーク外部性のメリットを活用しやすくする，⑦ 良好な社会関係資本はそれ自身の蓄積を促進する，⑧ 公共施設の自主管理などの可能性を左右する，⑨ 政府の効率性も左右する，を挙げている。

　第3のグループは，インセンティブを通じた影響で，まず，⑩ 人的資本の蓄積と前向きな挑戦を促進する，という経路を挙げ，これは社会の文脈に余り依存しないとしている。また，⑪ 企業のガバナンスにも重要な役割を果たし得る，⑫ 地域社会を個性的なものにし，それがビジネス・チャンスを生み出し得る，⑬ 社会的消費を促進する，ことも挙げている。

　以上の3グループの他に，⑭ 貯蓄率に影響を与える（たとえば地域社会の助け合いは，経済的リスクをプールするので貯蓄率を押し下げる），⑮ 企業の清算価値と存続価値の差を拡大させ，破綻処理の制約要因になり得る，⑯ 高齢者の健康を増進する（第10章参照）などして，財政赤字の削減に貢献する可能性がある，⑰ 地価に影響を与える，⑱ 地域経済の自律度を高め，地域の所得水準を高める効果をもちうる，を列挙している。

　ただし，最後の点に関しては，域外への需要が域内に代替される可能性もあ

る。その過程で，現地の需要にあった形での供給が行われるというメリットが期待できる半面，選択肢が限定されるので経済効率が低下するリスクもあり，保護主義の地域版としての性格ももちうることに注意が必要であろう。なお，地域通貨に関しては，実証例も含めて膨大な研究がある。

　社会関係資本はこのように多面的な影響をもつために，ミクロ経済効果の実証研究は余り進んでいないのが実情である。個別の側面に焦点を絞った研究を積み重ねていくことが今後の課題であろう。

　ところで，社会関係資本が経済的にプラスの効果を生むとすれば，そのメリットは誰が享受するのであろうか。すでに述べたように，一部は当該集団の参加者が享受するが，社会関係資本の特徴は外部性にある。便益の帰着の問題は，まだ十分に解明されていないように思われるが，大守（2004）は，① その生産性押上げ効果の方向，② 効果の源泉，そして，③ 生産要素の移動可能性の3つに依存して決まるのではないかとしている。

　ただし，社会関係資本形成への動機は経済的なものだけではないので，当事者への経済的便益が少ないからと言って形成への誘因が不十分であるとは必ずしも言えない。非経済的便益と経済的便益の帰着を総合的に把握することは，今後の政策対応を考える上でも重要であろう。

5　経済的諸要因のソーシャル・キャピタルへの影響

　ここまでは，社会関係資本が経済に及ぼす影響を議論してきたが，ここで見方を逆転させて，経済的要因が社会関係資本に及ぼす影響を考えてみよう。と言っても，前述のように，実験が不可能な状況では，因果関係を厳密に特定することはできない。相関分析に加えて事例研究や理由の考察などから，因果関係も推測できる経路について考察を試みよう。

　まず，所得分配の平等度と社会関係資本との関係については，ナックら（Knack & Keefer, 1997），パットナム（Putnam, 2000），アスレイナー（Uslaner, 2002）など多くの先行研究が指摘している。稲葉（2008a）はそれぞれの分析を紹介し

た上で，不平等な社会で社会関係資本が毀損される理由として，価値観に差が出やすい，階層間の社会的距離が遠くなる，もたざる側の自尊心が傷つき協調行動が困難になる，情報の非対称性が拡大する，などの理由を挙げている。稲葉（2008a）はまた，日本に関して内閣府調査による都道府県別データを用いて，所得や資産の格差が少ない地域ほど社会参加が活発であり，また近所づきあいも活発であること，格差と信頼との相関はこれらに比べると弱く，統計的に有意ではなかったことを報告している。最後の点を除き，欧米での結果と同様となっている。

　今後の課題としては，格差をもたらす要因との対応関係を調べることが考えられよう。すなわち，社会関係資本との相関が大きいのは税制や社会保障などで所得が再配分される前の格差なのか後の格差なのかを明らかにしたり，観測された格差拡大の中で人口の高齢化に起因する格差拡大部分を除くと分析結果はどう変わるかを調べたりすることである。高齢者間では所得格差が大きくなるのが普通だからである。

　さらに，個人間の能力の差や努力の差に基づく格差と，それ以外の要因に基づく格差に区分した場合，社会関係資本との相関が認められるのはどちらか，といった分析も有用であろう。もちろん，最後の意味で格差を2つに分解することは実証的には困難であるが，たとえば国民性調査における各種の質問への回答結果（個人の成功は才能や努力のためと思うか，それとも運やチャンスのためと思うかを問う質問や，今の社会を公平と思うかどうかという質問など）を組み合わせて分析することで，ある程度解明が進む可能性もあると考えられる。

　所得水準や産業構造も社会関係資本に影響を及ぼすと考えられている。スティグリッツ（Stiglitz, 2000）は，一次産業中心の地域社会の時代には濃密な社会関係資本が形成されていたのが，産業化とともに希薄になること，そして，人々の生活に余裕が出てくるにつれて再び社会関係資本の重要性が見直されるというような，経済発展と社会関係資本の間の非線型関係を指摘している。山崎（2004）は，「比較的豊かで同質的な集団」に社会関係資本が生まれやすいことを理論的に解説している。労働時間の短縮も社会関係資本の形成に重要な

影響を及ぼすと考えられる。また，市場や技術の発達も伝統的に社会関係資本が担っていた役割を代替し，社会関係資本の衰退を促すことがある。近代的金融や社会保障制度の発達が親族間や地域社会内での相互依存の必要性を低下させることはよく知られている。また，オストロム（Ostrom, 1996）は，農業用水路に関して，協力して日常的にメンテナンスする必要のない工法が導入されたことが，上流住民と下流住民の関係を変えた事例を報告している。

重要な影響が考えられるのが情報技術の発達である。ノリス（Norris, 2001）は情報技術への対応力のある「インフォメーション・リッチ」とそれに取り残された，「インフォメーション・プアー」との格差が各国内で拡大していると同時に，先進国と途上国間でも拡大していると指摘した。また彼女はノリス（下村恭広訳，2004）において，インターネット上の集団への参加は，「同質的な利害や背景をもつ人々の社会的紐帯を強化する可能性が高い」という仮説と「異質な利害や背景をもった人々の間の社会的接合を高める可能性が高い」という仮説を立てた上で，アメリカのインターネット利用者の調査を行っている。その結果，前者については肯定的な，後者については，人種間や階級間の接合については懐疑的な，しかし世代間の接合については肯定的な結論を導いている。

今後の課題としては，こうした諸要因についての実証を深めるとともに，よりミクロ的な研究によってその影響の経路を裏づけることであろう。

6 経済とソーシャル・キャピタルの相互依存

以上，社会関係資本と経済との関係に関する研究を両方向から概観してきたが，両者の統合という点に大きな課題が残されているように思われる。この点に関して，部分的な先行研究を挙げつつ全体像に想像を巡らせてみよう。

第4節までにみてきたように，社会関係資本は経済活動に影響を及ぼす。社会関係資本は一般的には急速な変化はしないものと考えられているので，短期的な分析を行う上では，社会関係資本は外生的要因とみなすことも許容できよ

う。しかし，長期的に考えると，前節でみたように，社会関係資本は経済活動の影響を受けて変容していく。技術革新も経済活動の一種と考えればこのことの重要性はなおさら高まる。したがって，社会関係資本と経済とが相互に影響を及ぼしつつ変化していくという見方が重要になってくる。事実，長期にわたる経済発展の歴史をみると，国ごとの差の本質的な理由を伝統的な経済成長モデルで説明することは困難である。しかし，社会関係資本との相互依存関係も含めて考えれば，より説得力のある説明ができるであろう。ただし，経済学者がそこまで考察することには，未知の荒野に乗り出す勇気を必要とする。完全情報，家計の効用最大化，企業の利潤最大化，合理性といった伝統的な基準は経済学にとって，いわばタガの役割を果たしてきたが，これを離れると守備範囲が大きく広がる一方で，どこまで進めば次の境界があるかもわからない領域に出ることになる。事実，ファインら（Fine & Green, 2000）は，経済学は社会的な要因もモデル化しうるが，そうするとモデル化すべき変数は膨大になってしまうと述べている。

　これに加えて，社会関係資本との相互関係を認識すると，複数均衡の可能性が飛躍的に高まることにも注意が必要である。たとえば，セチら（Sethi & Somanathan, 1996）は，共用財産の利用を反復するコミュニティを想定し，①日和見的行動，②協調的だが日和見的行動を懲罰はしない，③協力的な上に懲罰の労もとるという3種類の行動類型を想定し，人々が経験から学んでいくという前提で，三者の比率がどのように推移し，どのような均衡が生じるかを吟味し，複数均衡の可能性を指摘した。ここで興味深いのは，協力的だが懲罰を行わない人は善人に見えるが，実際には，懲罰も行う人たちにタダ乗りしていることである。また，ダスグプタ（2000）は，文化と経済発展はどちらがどちらを規定するという関係ではなく，ともに内生変数として相互に影響を及ぼしつつ均衡を作り出していくような関係にあるととらえるべきとしている。こうしたことはゲーム論では当然のことであるが，予定調和的な発想が強かった伝統的な経済学はこうした世界に警戒感をもっていると考えられる。どの均衡が選択されるかは，経路，つまり歴史に依存するので，経済理論の切れ味が悪

くなったように感じられることもこうした警戒感の背景にあると考えられる。

7　世界経済の主要課題とソーシャル・キャピタルの含意

　社会関係資本と経済の関係に関する研究のもう１つの大きな課題は，現在の世界経済の主要課題に対する社会関係資本の含意についてより直接的に切り込んでいくことであると考えられる。以下，いくつかの可能性を提起してみよう。

（１）資本主義のガバナンス
　20世紀末に多くの社会主義国が市場を中心とする経済体制に転換した。経済の発展につれて分権的な情報処理を得意とする市場経済のメリットが，生産の計画性や規模の経済を追求し得る計画経済のメリットを上回ったことが一因であろう。しかし，資本主義にもさまざまな課題が残っており，それを象徴するのがいわゆる第３の道の模索であろう。アンソニー・ギデンズが提唱したこの言葉は，イギリスのブレア政権が取り上げるなど，支持を集めた時代もあったが，毀誉褒貶もあり，模索はなお続いている。
　第３の道の議論の前提となる，第１と第２の道が何を意味するかは，論者によって異なる。資本主義と社会主義，市場と計画，という対比もあるし，伝統的な社会民主主義と新自由主義や，大きな政府対小さな政府という対比もある。日本の民主党政権が2010年６月にまとめた新成長戦略では，第１の道は公共事業中心の経済政策，第２の道が行き過ぎた市場原理主義に基づいた経済政策とされており，大きな政府対小さな政府という対比の一種であると考えられる。ここで重要なことは，多くの議論において，「社会」がキーワードになっていることである。すなわち，第２節で触れたように，現代の経済社会をガバナンスする上で，市場や国家の役割は極めて重要であるが，両者だけでは十分でなく，それを補完する「社会的な何か」が求められているという共通の問題意識があるように思われる。社会関係資本の議論はこうした課題を追求する上で有力な視点を提供すると思われる。

（２）グローバリゼーションと世界金融危機

　2008年の世界金融危機の発生までは，資本主義に内在する景気循環や恐慌のリスクは，人類の経験の蓄積によって，解消とまではいかなくても管理可能になったという楽観的な認識が支配的であったと思われる。すなわち，累進的な所得税や失業保険などの自動安定化装置，政府から独立した中央銀行による金融政策，先進国を中心とした政策協調や国際金融機関など，の組み合わせが有効に機能すると考えられてきた。しかし，世界経済の落ち込みは予想を超えたものであり，先進国のみならず発展途上国まで深刻な影響を被った。その理由は複雑であるが，金融部門の規制が十分に機能しなかったことに加えて，いわゆるグローバリゼーションの影響が重要であろう。

　その結果，多くの国が公的資金を金融機関に注入したり財政支出を大幅に追加したりして急場をしのいだ。この過程で，グローバリゼーションの進展の中で，これに対応できない層もいて格差が拡大してきたことや，いわゆるセーフティネットが先進国でも不十分であったことなどが改めて注目を集めている。こうしたことが，グローバリゼーションそのものへの反感を招き，保護主義的な動きにつながるとすれば，世界の経済はさらに萎縮し，悪循環に陥ることになろう。

　こうした反省から，グローバリゼーションによって開かれた機会をすべての国民が活用しうるような環境を整備していくべきだとの認識が広まってきた。こうした考え方は inclusive growth という標語（日本語では包摂的成長とか，あまねく拡がる成長などと訳される）で呼ばれているが，社会政策と経済政策とを総合的に考えようとする動きにもつながるものである。APEC（アジア太平洋経済協力）が2010年の日本年の成果として打ち出した APEC 全体に関する成長戦略の中でも，この点が重要な柱として位置づけられた。具体的な政策分野としては，人材育成，セーフティネットの機能強化，マイクロ・ファイナンスを含む中小企業活性化などが重要視されているが，一層厳しくなった財政制約の中でこれをどのように実現していくかが課題になっている。

（3）新興国の台頭

　最近の世界経済の大きな特徴が中国やインドなどの新興国の台頭である。経済の国際化，情報化の波に乗って，急速な成長を実現しているこうした諸国は一方でさまざまな問題を抱えている。特に所得格差の拡大や急速な産業化に伴う地域社会の疲弊などが社会的な問題を生んでいる。これまでの社会関係資本の議論は主に，先進国か，援助の対象となるようなテイク・オフ前の途上国を対象としてきた。いわば発展段階の両極である。しかし，今後は，その中間に位置する新興国における社会関係資本の役割が大きく脚光を浴びてくることになろう。こうした諸国の中には，長い歴史と文化をもち，社会関係資本も独自の発展を見せてきた国が多く，これが所得の増加や国際化・情報化の中でどのように変容していくか，また社会的緊張の緩和にどのような役割を果たし得るか，がこれら諸国の今後に大きな影響を及ぼすことになろう。猪口ら（2005）はこうした問題を考える上での貴重な足がかりになろう。

（4）地球規模の諸問題と国際的な市民活動

　温暖化ガスの排出をどう抑制して持続可能な成長を実現していくかという問題も21世紀の重要な課題である。この問題の解決には産業界での技術革新だけでなく，我々の生活様式を転換することも必要であるとの認識が高まってきた。

　こうした中で，市民団体の環境問題への取り組みも活発化し，たとえば，2009年の9月には世界市民会議（World Wide Views on Global Warming）が世界各国で同時に地球環境問題を議論するなど国際的な連携も強まってきた。この活動は，地球温暖化問題にとどまらず，市民の関与が必要な世界的な課題に関する社会実験という性格ももっているとのことであるが，政府間交渉が難航する中で，市民の国際的な連携がそれを補完するような知恵を出せるかどうか，今後の展開が注目される。

8 おわりに

　以上，社会関係資本と経済の関係を多面的にみてきたが，今後の課題に重点を置きつつ一応のまとめをしておこう。
　① 多面的なマクロ的分析の必要性
　良好な社会関係資本が経済成長や経済発展を加速させる，という命題はある程度の真実を含んでいるとは考えられるものの，厳密な検証は困難である。社会関係資本は複雑で，経済発展の阻害要因になるものもあるし，実証結果は他の要因のコントロールの仕方にも依存する。さらに大きな問題は，社会関係資本自体が，長期的にみれば外生的なものではなく，経済発展の中で形成されていくものであることである。さまざまな傍証を積み重ねながら真実に迫っていくというアプローチが現実的ではないかと思われる。
　② ケーススタディも含めたミクロ的分析が重要
　マクロ的分析の判定力不足を補う上では，社会関係資本が具体的にどのような経路で経済に影響を及ぼすかという，ミクロ的な分析が重要になる。その経路はかなり多様である。
　③ 国際的な分析の余地が大きい
　経済活動の国際化が進む中で，製品，資本，労働，技術，利潤は比較的容易に国境を越えて移動するようになった。移動しない要素，あるいは移動しにくい要素が今後の比較優位（相対的にみた得意分野）を決めていくことになろう。そうした，移動しにくい要因としては，国土などの自然条件，ハードのインフラ，制度などのソフト・インフラ，そして，社会関係資本がある。しかし，これらの要因も自然条件を除けば，国際化の影響によって次第に変容していく。したがって，従来の一国単位の分析を超えた立体的な分析が求められるようになってきている。
　④ 間接効果や非経済的誘因の分析が重要
　地域社会での協力を必要とさせる要因であった一次産業の重要性が相対的に

低下したために，社会関係資本の維持・形成への直接的な経済的誘因は弱まってきたと考えられる。これを補う要因が登場しないと，社会関係資本は次第に衰えていく可能性がある。それを防ぐ必要があるとすれば何らかの振興策を考える必要があろう。

⑤ 経済と社会関係資本の相互連関を踏まえたダイナミックなモデル構築が必要

社会関係資本の主要な側面と，技術進歩も含めた経済活動との相互依存関係を動学的に盛り込んだモデルを構築することが望まれる。この場合のモデルは必ずしも総合的・包括的なものである必要はなく，取り上げる問題に応じて，経済と社会の双方に目配りしつつ重要な要因とその相互関係を動学的に定式化した，実践的（イッシュー・オリエンテッド）なものであることが求められる。こうした体系を頭に置くことで，従来別々に立案・実施されてきた，経済政策，社会政策，科学技術政策の連携がとれていくことになろう。

参考文献

稲葉陽二（2007）『ソーシャル・キャピタル——「信頼の絆」で解く現代経済・社会の諸課題』生産性出版。

稲葉陽二（2008a）「ソーシャル・キャピタルと経済格差」稲葉陽二編著『ソーシャル・キャピタルの潜在力』日本評論社，171-181頁。

稲葉陽二（2008b）「定年後のソーシャル・キャピタル——会社縁から地縁・血縁への変化」稲葉陽二編著『ソーシャル・キャピタルの潜在力』日本評論社，207-227頁。

猪口孝・ミゲル・バサネズ・田中明彦・ティムール・ダダバエフ（2005）『アジア・バロメーター　都市部の価値観と生活スタイル——アジア世論調査（2003）の分析と資料』明石書店。

大守隆（2004）「ソーシャル・キャピタルの経済的影響」宮川公男・大守隆編『ソーシャル・キャピタル——現代経済社会のガバナンスの基礎』東洋経済新報社，77-122頁。

内閣府（2003）『地域の経済2003——成長を創る産業集積の力』財務省印刷局。

ピッパ・ノリス（下村恭広訳）（2004）「ソーシャル・キャピタルと情報通信技術——社会的ネットワークは広げられるのか強められるのか」宮川公男・大守隆編『ソー

シャル・キャピタル——現代経済社会のガバナンスの基礎』東洋経済新報社, 155-185頁。

ロバート・パットナム（1995）「ひとりでボウリングをする——アメリカにおけるソーシャル・キャピタルの減退」（Bowling Alone: America's Declining Social Capital, *Journal of Democracy*, 6 (1), pp. 65-78 の訳）宮川公男・大守隆編『ソーシャル・キャピタル——現代経済社会のガバナンスの基礎』東洋経済新報社, 55-76頁。

宮川公男（2000）「二極分化社会の到来は不可避か」『ECO-FORUM』統計研究会, Vol. 19, No. 4。

宮川公男（2004）「ソーシャル・キャピタル論——歴史的背景, 理論および政策的含意」宮川公男・大守隆編『ソーシャル・キャピタル——現代経済社会のガバナンスの基礎』東洋経済新報社, 3-54頁。

ナン・リン（筒井淳也・石田光規・桜井政成・三輪哲・土岐智賀子訳）（2008）『ソーシャル・キャピタル——社会構造と行為の理論』ミネルヴァ書房。

山崎幸治（2004）「ソーシャル・キャピタルへの経済学的アプローチ」宮川公男・大守隆編『ソーシャル・キャピタル——現代経済社会のガバナンスの基礎』東洋経済新報社, 187-211頁。

Arrow, K. J. (2000) "Observations on Social Capital" In Dasgupta, P. & I. Serageldin (Eds.) *Social Capital, A Multifaceted Perspective*, The World Bank, pp. 3-5.

Becker, G. (1996) *Accounting for Tastes*. Cambridge, M.A.: Harvard University Press.

Bowles, S. & H. Gintis (2002) "Social Capital and Community Governance" *Economic Journal*, 112, pp. 419-436.

Coase, R. H. (1937) "The Nature of the Firm" *Economica*, 4, pp. 386-405.

Coleman, J. S. (2000) "Social capital in creation of human capital" In Dasgupta, P. & I. Serageldin (Eds.) *Social Capital, A Multifaceted Perspective*, The World Bank, Washington D.C..

Dasgupta, P. (2000) "Economic progress and the idea of social capital" In Dasgupta, P. & I. Serageldin (Eds.) *Social Capital, A Multifaceted Perspective*, The World Bank, Washington D.C..

Dasgupta, P. & I. Serageldin (2000) "Preface Social Capital" In Dasgupta, P. & I. Serageldin (Eds.) *A Multifaceted Perspective*, The World Bank, Washington D.C..

Durlauf, S. N. (2002) "On the Empirics of Social Capital" *Economic Journal*, 112, pp. 459-479.

Field, J., T. Schuller & S. Baron (2000) "Social Capital and Human Capital Revisited" In Baron, S., J. Field & T. Schuller (Eds.) *Social Capital-Critical Perspectives*, Oxford

University Press, pp. 243-263.

Fine, B. & F. Green (2000) "Economics, Social Capital, and the Colonization of the Social Sciences" In Baron, S., J. Field & T. Schuller *Social Capital-Critical Perspectives*, Oxford University Press, pp. 78-93.

Fukuyama, F. (1995) *Trust: The Social Virtues and the Creation of Prosperity*, New York: The Free Press.

Gleaser, E. L., D. Laibson & B. Sacerdote (2002) "An Economic Approach to Social Capital" *Economic Journal*, 112, pp. 437-458.

Hall, R. E. & C. I. Jones (1999) "Why Do Some Countries Produce So Much More Output Per Worker Than Others?" *Quarterly Journal of Economics*, 114 (1), pp. 83-116.

Hayami, Y. (1997) *Development Economics: From the Poverty to the Wealth of Nations*, Oxford, Clarendon Press.

Knack, S. (2001) "Trust, Associational Life and Economic Performance" In John, F. H. (Ed.) *The Contributions of Human and Social Capital to Sustained Economic Growth and Well-Being*, OECD & Human Resource Development, Canada, pp. 172-202.

Knack, S. & P. Keefer (1997) "Does Social Capital Have an Economic Payoff? Cross Country Investigation" *Quarterly Journal of Economics*, 112, pp. 1251-1288.

Knorringa, P. & I. Van Staveren (2007) "Beyond Social Capital: A Critical Approach" *Review of Social Economy*, LXV (1), pp. 1-9.

La Porta, R., F. Lopez-de-Silanes, A. Shleifer & R. W. Vishny (1997) "Trust in Large Organizations" *American Economic Review*, Papers & Proceedings, 87 (2), pp. 333-338.

Maskell, P. (2000) "Social Capital, Innovation and Competitiveness" In Baron, S., J. Field & T. Schuller (Eds.) *Social Capital-Critical Perspectives*, Oxford University Press, pp. 111-123.

Miller, C. (1998) *Developing and Newly Industrializing Countries*, Cheltenham: Edward Elgar.

Norris, P. (2001) *Digital Divide? Civic Engagement, Information Poverty and the Internet Worldwide*, New York: Cambridge University Press.

OECD (2001) *The Well-being of Nations, The Role of Human and Social Capital*, OECD.

Ostrom, E. (1990) *Governing the Commons, The Evolution of Institutions for Collective Action*, Cambridge University Press.

Putnam, R. D. (1993) *Making Democracy Work: Civic Traditions in Modern Italy*,

Princeton University Press.
Putnam, R. D. (2000) *Bowling Alone : The Collapse and Revival of American Community*, Simon & Shuster.
Sethi, R. & E. Somanathan (1996) "The Evolution of Social Norms in Common Property Resource Use" *American Economic Review*, 86, pp. 766-788.
Solow, R. M. (1999) "Notes on Social Capital and Economic Performance" In Dasgupta, P. & I. Serageldin (Eds.) *Social Capital-A Multifaceted Perspective*, World Bank, pp. 6-9.
Stiglitz, J. E. (1999) "Formal and Informal Institutions" In Dasgupta, P. & I. Serageldin (Eds.) *Social Capital-A Multifaceted Perspective*, World Bank, pp. 59-68.
Szreter, S. (2000) "Social Capital, the Economy, and Education in Historical Perspective" In Baron, S., J. Field & T. Schuller (Eds.) *Social Capital-Critical Perspectives*, Oxford University Press, pp. 56-77.
Uslaner, E. (2002) *The Moral Foundation of Trust*, Cambridge University Press.
Uslaner, E. (2003) "Trust in the Knowledge Society" prepared for the Conference on Social Capital, Cabinet Office of the Government of Japan, March, pp. 24-25.（西出優子訳［2004］「知識社会における信頼」宮川公男・大守隆編『ソーシャル・キャピタル――現代経済社会のガバナンスの基礎』東洋経済新報社，123-154頁）
Yoshino, R. (2002) "A Time to Trust-A Study on Peoples' Sense of Trust from a Viewpoint of Cross-National and Longitudinal Study on National Character" *Behaviormetrika*, 29 (2), pp. 231-260.
Zak, J. P. & S. Knack (2001) "Trust and Growth" *The Economic Journal*, 111, pp. 295-321.

リーディングリスト
稲葉陽二（2007）『ソーシャル・キャピタル――「信頼の絆」で解く現代経済・社会の諸課題』生産性出版。
　　――主に経済の観点からソーシャル・キャピタルの諸側面について解説したもの。格差との関係を比較的詳しく論じている。
宮川公男・大守隆編（2004）『ソーシャル・キャピタル――現代経済社会のガバナンスの基礎』東洋経済新報社。
　　――経済社会のガバナンスという問題意識の下にソーシャル・キャピタルを多面的に考察したもの。経済との関係を直接的に議論した章も含まれる。

Dasgupta, P. & I. Serageldin (Eds.) (2000) *Social Capital, A Multifaceted Perspective*, The World Bank, Washington D.C.
　——1993-1997年に世界銀行が開催してきた一連の勉強会のまとめで，一流の経済学者などがそれぞれの観点から書いている。

第4章　経営・ネットワーク理論

金光　淳

1　はじめに——経営における社会ネットワーク

　社会ネットワークは，結合した社会ユニットの網状構造であり，社会ユニットとは行為する主体としての個人，集団，企業などである。現代の企業や経営にはこの社会ネットワークがインフラとして張り巡らされ，すべてこの動脈を通じてあらゆることが実行される（金光, 2009）。たとえ物理的には電子ネットワークを通じて行われても，それは社会的ユニットの行為を媒介として組織されている限りそれは社会ネットワークと考えられるのである（図4-1）。社会経済生活における「見えうる手」でありそれを上手く組織することで個人や集団，組織に大きな差を生み出す源泉となる社会ネットワークへの注目は，社会学から始まり社会ネットワーク論や社会ネットワーク分析を通じて社会科学の各部門において徐々に広がり始めており，クーン（Kuhn, 1962）流に言えば，社会科学にいて「パラダイム革命」を起こしながら，大きな成果を収めている（金光, 2003；Freeman, 2004）。

　組織論や経済社会学においては社会学者が中心となって早い時期から社会ネットワークが注目され，企業内外の社会ネットワークを実証的に研究されてきた。なかでも『経営科学季刊誌』（原題：*Administrative Science Quarterly*）には1980年代前半から社会ネットワーク的組織研究の論文が投稿されていた（Brass, 1984；Ibarra, 1992；Uzzi, 1997）。しかし社会ネットワークが本格的にビジネス，経営で注目され始めたのは1990年代の初期からであり，1990年頃ハーバードビジネス出版が企画した研究者と経営者との集まりがもたれ，その成果はノーリアとエクルズ（Nohria & Eccles, 1993）として編集されたのを契機とす

る。その後，2000年には『ストラテジック・マネジメント・ジャーナル』(原題：*Strategic Management Journal*) が社会ネットワークについての特集号を編集し，2006年には『アカデミー・オブ・マネジメント』(原題：*Academy of Management Journal*) でも社会ネットワーク特集号が組まれている。その前後も『オーガニゼーション・サイエンス』(原題：*Organization Science*) や『アカデミー・オブ・マネジメント・レビュー』(原題：*Academy of Management Review*) などの専門経営科学雑誌においても数多くの論文が社会ネットワークの視点から問題を扱っている。またボルガッティら (Borgatti & Foster, 2003) が組織研究における社会ネットワークアプローチの包括的レビューを行っているほか，組織ネットワーク分析ではレーンダースら (Leeders & Gabbay, 2001)，キルダフら (Kilduf & Tsai, 2003)，クロスら (Cross & Parker, 2004) やクロスら (Cross & Thomas, 2009)，キルダフら (Kilduf & Krackhardt, 2009) などの書が編まれている。さらに，ペンシルバニア大学ワートンスクール出版からネットワーク的アプローチで，マネジメント分野を中心に現代の諸問題を扱った大著も登場している (Klenindorfer & West (Eds.) 2009)。

　キルダフら (Kilduf, Tsai & Hanke, 2006) は，諸レビューを要約しクーン的なパラダイム変換よりも，社会ネットワーク論の展開をラカトシュ (Lakatos, 1970) 的な理論発展の観点から「ベルト」で補強すべき「ハード・コア」概念ととらえ，「関係の優位性」「埋め込みの遍在性」「結合の社会的効用」「社会生活の構造的パターン化」を枢要なコンポーネントとして列挙している。このような特徴をもつ社会ネットワークを基本に，それが社会的効用をもつ特殊な関係資産として資本論的に展開されたものが社会関係資本という概念である。

2　経営ではソーシャル・キャピタルをどうみるか

　いま図4-1のような4部門から構成される企業があるとしよう。この企業は製造部門を中心とし，研究・開発部門と人事・教育部門，経営・企画部門に分かれるとする。製造現場において製品という形で新たな価値を生み出せるか

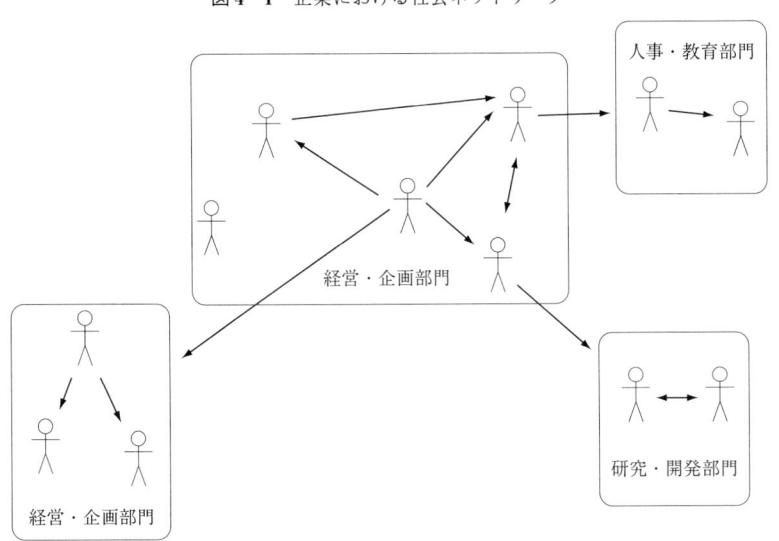

図4-1 企業における社会ネットワーク

否かは，経営組織全般にかかわることであるが，それは単に投入する金融資本や物的資本＝機械設備の量や質だけに依存しないことはいうまでもない。一般的には人材，質の高い労働力が一番重視される（Becker, 1964）。つまり，個人の教育投資，労働市場でのスキルの獲得などの人的資本は新たな価値の利益の創造に資するところが大きいと考えられる。ところが個人の社会的スキルも重要である。とりわけ柔軟で現場の状況をよく把握でき，「改善」できる能力は重要である。だが実際のところ「改善」そのものは個人の単独の行為ではなく，その行為を職場でどのように連鎖，協調させ，問題解決に向けた最適化を図るかという組織ネットワークの問題だとすれば，職場の人間関係，社会ネットワークをいかに上手に編むかということが重要になる。ここで社会ネットワークの性質に依存した「資本」が問題になってくるのである。

現代の企業経営では社会ネットワークは，金融資本，物的資本，人的資本とは異なる性質，特にさまざまな目的のために使用できるような転用性の高い資本であり，それをうまく組織することによって物的資本，人的資本の投入以上の付加価値を生み出すものだと考えられるとき，この社会ネットワーク資源は

「社会関係資本」と呼ばれるものである (Coleman, 1988 ; 1990, Baker, 2000)。

社会関係資本は製造現場において重要になるばかりではない。今の例では，研究開発部門においても新しい製品の技法を生産するために協働により知識を生産する際にも人と人の関係が重要になるので，ここでも社会関係資本が問題となるのである。知識の新たな組み合わせによる新知識の創造はシュンペーター (Schumpeter, 1934) のイノベーションの議論ともかかわるが，最近ではこれを社会ネットワークが媒介すると考えられている (Nahapiet & Ghoshal, 1998)。また近年ユーザー側からの要望や苦情なども新たな知識創造につながるので，なおさら社会ネットワークの果たす役割は増していると思われる。

さらに両部門をまたぐ領域においても，人と人の関係を基盤とした部門間の関係性が介在するので，社会関係資本が問題となる。というのは製造部門と研究開発部門間の交流や連携がうまくいかないとすれば，開発された新製品や技法が製造現場へ移転され，具体的な製品となることはかなわないからである。さらに個々の企業の境界を越えて，この企業と他の企業との関係性もまた社会関係資本と考えることができる。他の企業との間で提携のネットワークを上手く組むことは，変化の早い現代において死活にかかわるからである。

このように，社会的関係のもつ「資本」としての側面とそれを生み出す社会構造に注目した経営的 managerial 社会関係資本論では，「経営資源としての社会ネットワーク」という考え方が支配的である (Gulati, 2007 ; 若林, 2009)。そこでは市場における競争的な過程が前提され，個人や企業にとって競争優位，高いパフォーマンスをもたらす源泉に興味が集中することになるので，公共財としての社会関係資本を積極的に醸成するための研究という視点が乏しくなるという側面がある。他方で経営学的社会関係資本論は社会学から社会資源論（個人が社会的資源を動員して自らの目的を達成する過程に注目した研究）の伝統を引き継いでいる。社会資源論では，社会関係資本は「アクセスされ，動員されうる資源であり，社会構造に埋め込まれているものである」(Lin, 2001)。したがって，その実現は行為の種類の依存し，社会的資源にアクセス・動員するための，ネットワークのポジション（階層構造の位置）やロケーション（結合強度）

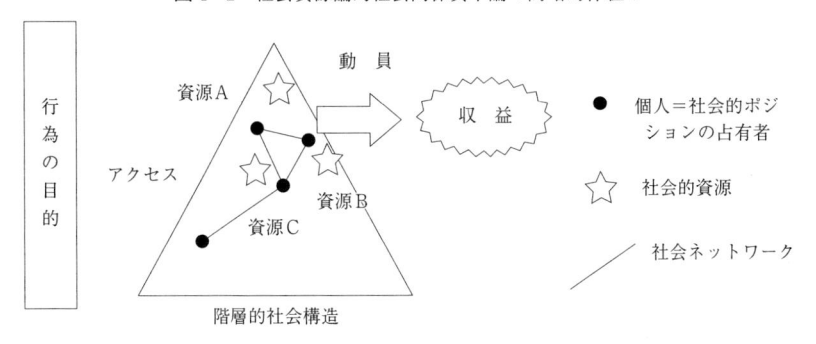

図4-2 社会資源論的社会関係資本論の簡略的枠組み

が鍵となる（図4-2）。しかしこのような社会関係資本論の射程は，経営学に限ったとしても，視野が狭いと言わざるを得ない。連帯性の確保や規範の強制といった重要なメカニズムや個人の能力といった要素もあまり考慮されないからである。ここには一部のネットワーク理論特有の「構造が行為を決定する」（安田，1996）という強い決定論が作用していると言えなくもない。

これに対し，マネジメント・ジャーナル上で社会関係資本概念に関する包括的なレビューを行ったアドラーら（Adler & Kwon, 2002）は，もっとバランスのとれた要約を行っている。彼らは社会関係資本を単なる資源ではなく，「善意（goodwill）」とする。

「社会関係資本とは，個人，集団に利用可能な善意であり，その源泉はアクターの関係の構造と内容に存する，その効果は，それが当のアクターとって利用できる情報，影響，連帯性からくる。」（Adler & Kwon, 2002, 21-22）

彼らは社会関係資本の7つの特徴を挙げている。
① 他のすべての資本と同様に，（不確実だが）将来の利益の流入を期待して他の資源が投下しうる長期的な資産であること。
② 他の資本と同様に転用可能で，兌換的であること。ただし経済資本への兌

換率は流動性と「粘着性」のために，かなり低いこと。
③　他の資本と同様に他の資源と代理的，補完的なものであること。
④　他の資物的資本，人的資本と同様に，しかし金融資本と異なり，メンテナンスを必要とすること。ただし物的資本と異なりその償却率は予測しがたく，人的資本と異なり使用によって価値が増すこと，また文脈的変動によって陳腐化しやすいこと。
⑤　きれいな空気，安全な街と同じくある形態の社会関係資本は公共財であること。
⑥　他のすべての資本と異なり，アクターに内在するのではなく，社会関係に存在すること。
⑦　経済学者が「資本」と呼ぶ他の資本と異なり，量的な尺度になじまないこと。

　アドラーら（2002）は，さらに社会関係資本の価値の決定メカニズムを因果的とらえるための枠組みを提供しているが（図4-3），これはリン（Lin, 2001）に対比してネットワーク決定論が後方に退いているという特徴がある。そこではまず，社会関係資本源泉となる社会構造は「市場関係（物品・サービスの交換）」「ヒエラルキー関係（命令への服従）」とは異なる「社会的関係（恩義の交換）」に分類され，社会ネットワークでのロケーションという「機会構造」だけではなく行為者の内的な「動機づけ」，結合の前提となる行為者の「能力」に依存しながら生まれるベネフィットとリスクが社会関係資本社会関係資本の価値を規定すると考える。しかし，その際文脈的効果をもつ偶発性が社会関係資本の価値を側面から影響を与えるとする。その2つの因子とは，規範や信念が作用する場であるのかという「タスク，シンボリックな偶発性」と，一方の結合相手である他者のもつ資源自体が社会関係資本であるという「補完的なケーパビリティー」であるとする。社会関係資本の偶発性（同僚の数など）に関してはバート自身も指摘しているところであるが（Burt, 1997），その国の組織文化の違いや，企業内での下位文化の違い，業界なども社会関係資本の価値に大きく作用する要素であることが判明している点を考慮したものであろう。

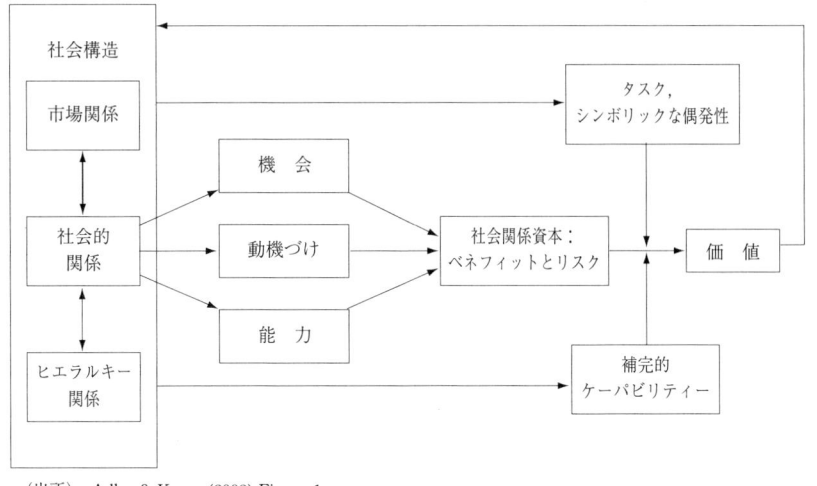

図 4-3　Adler & Kwon の概念モデル

(出所)　Adler & Kwon (2002) Figure 1。

　アドラーら (2002) の概念モデルは，社会関係資本をとらえる際に重要なガイドとなろう。しかし，これを研究の本格的なガイドとするためには，もう一段階の大きなステップが必要である。それは社会関係資本の理論も枠組みを大きく構成する社会ネットワーク論，社会ネットワークに関する理論とモデルで考えることである。それなくして社会関係資本概念は単なるメタファーに留まってしまう。

3　経営分野におけるソーシャル・キャピタル論の到達点
　　　——閉鎖性と構造的空隙のはざまで

　経営学における社会関係資本論の主要な担い手は，社会学教育，特に社会ネットワーク手法を身に付け組織論や経済社会学といった分野で経営データを実証的に研究し，ビジネススクールで教える先進的な社会学者たちである。[2] なかでもパットナム (Putnam, 1993) 的な社会関係資本とは対極にあるバート (Burt, 1992) は良くも悪くも最大の功労者である。バート以降その影響を受け

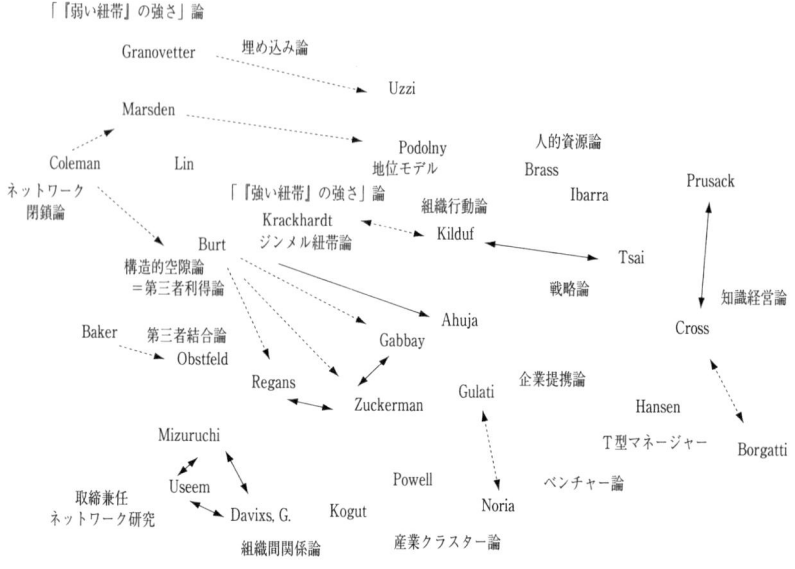

図4-4 経営学における社会関係資本論の系譜

```
「『弱い紐帯』の強さ」論
        Granovetter     埋め込み論
                            Uzzi
        Marsden
                        Podolny         人的資源論
                        地位モデル        Brass
  Coleman    Lin                                    Prusack
  ネットワーク     「『強い紐帯』の強さ」論    組織行動論    Ibarra
  閉鎖論              Krackhardt
              Burt    ジンメル紐帯論    Kilduf        Tsai
              構造的空隙論                              戦略論        知識経営論
              =第三者利得論
                                    Ahuja
  Baker     第三者結合論            Gabbay                Cross
            Obstfeld                        企業提携論
              Regans    Zuckerman    Gulati        Hansen
  Mizuruchi                                    T型マネージャー
                                                              Borgatti
        Useem           Powell       ベンチャー論
  取締兼任                                Noria
  ネットワーク研究    Davixs, G.   Kogut
                    組織間関係論    産業クラスター論
```

注:点線の矢印は影響関係を示す。実線と矢印は共著関係を示す。

た社会関係資本論は爆発的に増加し,絡み合った領域である企業提携論,経営戦略論,人的資源論,組織認知論,技術経営論,ベンチャー論,知識経営論などにまたがって展開されている。

図4-4は,経営分野の社会関係資本論の主要な論者,展開されている主要な領域,論拠となる社会ネットワーク理論,テーマと各分野の代表的研究者を重ね合わせて俯瞰した知的マップである。

社会ネットワーク理論が提供する社会ネットワークのモデルはその多くが社会関係資本の理論展開に取り入れられており,とりわけ経営分野では社会ネットワーク理論は社会関係資本論の操作的なモデル化のために欠かせないツールの源泉となっている。特に形式社会学者と言われるゲオルグ・ジンメル(Simmel, 1950, [1922] 1955)の影響は大きい。ローレル・スミス-ドエルら(Smith-Doerr & Powell, 2005)は,ゲオルグ・ジンメル(Simmel, [1922] 1955)の集団所属の網の目(web of group affiliation)からダンカン・ワッツら(Watts &

第 4 章　経営・ネットワーク理論

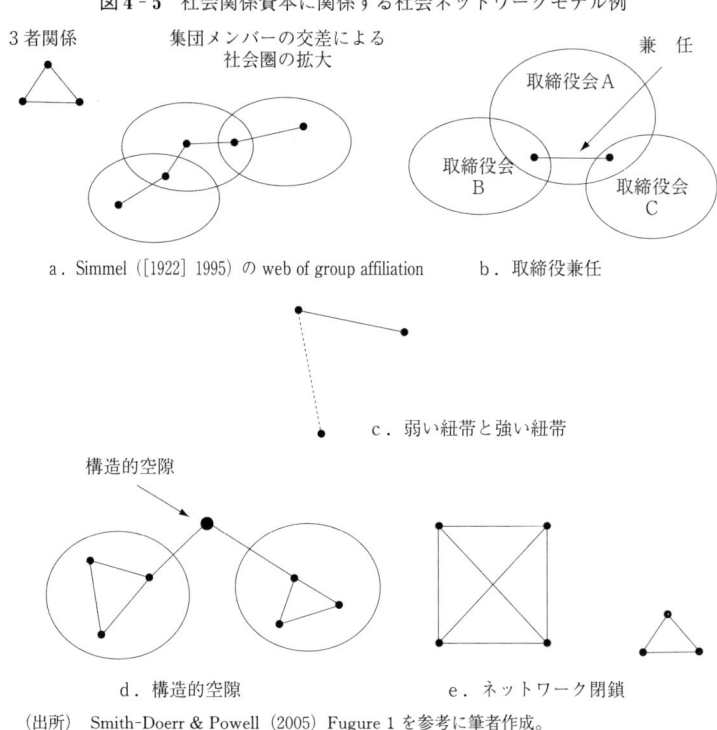

図4-5　社会関係資本に関係する社会ネットワークモデル例

a．Simmel（[1922] 1995）の web of group affiliation　　b．取締役兼任

c．弱い紐帯と強い紐帯

d．構造的空隙　　　　　　　e．ネットワーク閉鎖

（出所）　Smith-Doerr & Powell（2005）Fugure 1 を参考に筆者作成。

Strogatz, 1998）のスモールワード・モデルまでの11の社会ネットワーク概念道具を視覚的表現とともに挙げているが，そのほとんどが経営学的研究モデルに使用されている（図4-5）。ジンメルのモデルの基礎にあるのは，二者の関係性から三者の関係の拡大によって社会の広がり，個人の自由と制約，抗争と協調が生まれるという考えである。

　社会関係資本の経営分野での先駆けは，1970年代から続く取締役兼任ネットワーク研究である（Mizuruchi, 1982 ; Mintz & Schwartz, 1985 ; Mizuruchi, 1996）。その時代の問題意識は，国の経済を支配するのは誰なのか。資本と経営の分離後，それが経営者階級であるとすれば，彼らが企業という公器を使って，いかに国民経済を牛耳っているのか，というエリート支配論や企業権力構造論であり，

89

経営科学としてはせいぜい経営者研究やコーポレイトガバナンス構造などの周辺的テーマに結びつくものであった。今振り返ってみるとそこには，階級の再生産と社会関係資本を絡ませたブルデュー（Bourdieu, 1985）的な社会関係資本論が展開されていたことがわかる。取締役兼任ネットワーク研究は経営学的にはそれは組織関係（interorganizational relations：IORs）として体系化され（Cropper et al., 2008），組織と組織との間に形成される組織間関係はそれ自体が組織，企業にとって重要な資源として活用されるという資源依存理論（resource dependency theory）（Peffer & Salancik, 1978）と結びついている。

　個人間に組織される取締役兼任ネットワークは，経営エリートにとっても，企業にとっても貴重な資源であり，階級としての連帯をも生み出し，企業にとっての環境の監視という機能を担う資本である。図4-5bのグラフで表される取締役×企業というネットワークから，取締役会によって連結する企業間ネットワークが編み上がってくるからである。

　近年組織間関係は，企業提携論，企業提携を基盤に，技術開発に関するオープン・イノベーション（Chesbrough, 2008）をもたらすとして注目され，これに絡んだ多くの研究が生み出されている（Lesser, 2000；Inkpen & Tsang, 2005）。中でもナパピエトら（Napapiet & Goshal, 1999）は，知的資本の共有，生成に果たす凝集的社会関係資本の役割を強調し，構造的次元，認知的次元，関係的次元を区別した理論モデルを提出している。それは，3つの次元をもった社会関係資本が社会ネットワークを通じて知識の組み合わせ，交換を促し，新たな知的資本を創造するというものであり，野中・竹内（1996）モデルの影響がみられる。

　バート（Burt, 1982）は社会ネットワーク理論を体系する中で，構造的制約（structural constraints）や自律性（autonomy）という概念を提出し，それを構造的空隙論へと発展させた。彼はジンメル（1950；[1922] 1955）の第三者利益（tertius gaudens）と分断支配（devide et impera）の考え方から，ブローカー機会の関数としての構造的空隙を理論化し，そのような社会関係資本概念を強調する（図4-5d）。この場合オープンな組織環境の中でクリークを分かつ「絶縁

体」が構想的空隙である。構造的空隙論は，もともとグラノベッター (Granovetter, 1973) が，ブリッジは弱いはずであることをバランス理論で証明した「弱い紐帯」（図4-5c）の強さに対する批判として登場した。その際，バート (1992) はそれを社会構造においてアドバンテージをもたらす競争的概念として理論化したので，ネットワーク閉鎖性による規範の確立，連帯性を強調するコールマンの社会関係資本（図4-5e）と対置されるようになった。バート以降，社会関係資本の勢力図は大きく様変わりし，企業支配構造などのどちらかというと周辺的なテーマに集中していた研究が，企業提携や知識経営といったマネジメントのより本質的なテーマに関連した研究に移行した。

　バートの展開した理論は1992年から現在に至るまで，精査，批判の対象であり，同時に拡張の対象でもある。彼は自分の院生であったシャウール・ガベイ，レイ・レーガンス，エズテ・ザッカーマン，さらにゴータム・アフージャやラニェイ・グラッチィといったそれぞれ名門経営大学院で教鞭をとる新鋭気鋭の研究者にも学問的な影響を与えている。ジェームズ・コールマンのネットワーク閉鎖とロナルド・バートの構造的空隙の2種類の対比的社会関係資本概念は，競合的なものとして扱われながらも補完性をもち，どちらも重要な視点としてその効果が検証され続けている (Ahuja, 2000 ; Reagans, Zuckerman & McEvily, 2001 ; Reagans & McEvily, 2003 ; Fleming, Mingo, Chen, 2007 ; Capaldo, 2007 ; Gargiulo, Ertung, & Galnic, 2009)。しかし，どちらかというと構造的空隙の限界を指摘しているものが多く，「構造的空隙論」そのものに「穴が開きつつある」といっても過言ではない。バート (Burt, 2005) 自身，閉鎖論の有効性を意識せざるを得ず，前書以来久しぶりに出された第2の書に『仲介と閉鎖――ソーシャル・キャピタル入門』（原題: *Brockerage and Closure: An Introduction social capital*) とタイトルを付け両論を調停しようとしている。そこでは，「ブリッジの腐食」(Burt, 2005) などの概念を提出しながらも，噴出する不都合な「証拠」を逆手にとった「証拠」の補強によって「構造的空隙論」に開いた穴を埋め合わせるのに必死になっているバートの姿がある。

　バート (1992) 以降登場し影響を与えた理論には，マーク・グラノベッター

(Granovetter, 1985)の「埋め込み」の影響を受けたブライアン・ウッジ (Uzzi, 1997)の議論がある。彼はニューヨーク市の中小アパレルメーカーのネットワークの研究から凝集的なネットワークへの埋め込みの利点を論じながらも，埋め込みすぎは情報の流入を阻害するというパラドックスも発見している。また，モルテン・ハンセン (Hansen, 1999) は，ある大手電機メーカー41部門の120の新製品開発ユニットを調べ，複雑な知識の移転には強い紐帯が有効で，複雑でない知識の移転には弱いユニット間の紐帯は迅速に対応できるが，複雑な知識では速度が落ちることを示した。同じくハンセン (Hansen, 2002) では同データを使い，直接的ユニット間結合には功罪があり，確立された直接結合は非コード化された知識の移転の問題を緩和するが，必要性が少ないが維持コストがかかるので，コード化された知識の移転には悪い効果があるとしている。細かい議論だが，弱い紐帯とブリッジを重視する構造的空隙論には不利な「証拠」となっている。

　反対の証拠だけではなく，構造的空隙論の枠組みへの対案も時として提出される。その1つは，バートの親友の1人であるデービッド・クラックハート (Krackhard, 1992) の理論である。彼の議論はまず，グラノベッター (Granovetter, 1973) に向かう。そもそもグラノベッターの弱い紐帯の定義は曖昧であり，時間，感情的強度，親密さ，相互性の組み合わせで定義されているが，4つの準独立的な指標の連続量的な指標化は困難であり，実際は相互化されない結合とか，友人や親戚でないとか，相互作用の頻度などで測定されるが，強度の尺度化において十分でないとする。クラックハートにいわせれば，グラノベッターがバランス理論でとらえた情緒的な紐帯は，実際は強い紐帯であり，もともとは「強い紐帯」の強さということになる。さらに彼は，それでも曖昧さの残る「強い紐帯」に替わってギリシャ語のフィロス (*philos*) という親密さを表す結合を導入し，相互作用，感化，時間で定義されるフィロスに基づいた関係，たとえば友人ネットワークを使いながら，変化に対応する際において信頼を提供するような「強く，情緒的で，時間にはぐくまれた」関係性が重要であることを有名なハイテクマネージャー (1992) のデータで示した。その上でクラック

ハート（Krackhardt, 1999）は，ジンメル（〔1922〕1955）らの考えからバート（1992）が注目した第三者利益（tertius gaudens）と分断支配（devide et impera）の概念ではとらえられていない公差的社会関係をジンメル紐帯（simmelian tie）として抽出し，以下のように定義する。

> 定義（ジンメル紐帯）：二者は「彼らがお互いに相互的かつ強く結合しているとき，また彼らが相互的にかつ強く少なくとも共通の1人の第三者に結合しているとき『ジンメル結合している』と呼ばれる。」(Krackhardt, 1999, 186)

この概念は重複的なクリーク（クラスター）構造と大いに関連しており（図4-5 a），クリークの各個人のペアは直接的，相互的に結合しており，逆にまたジンメル結合しているいかなる個人のペアも少なくとも1つのクリークの共通メンバーである。ジンメル結合のまったく対極にあるのは，1つのクリークに埋め込まれている結合，あるいは，同クリーク関係（同じくリークのメンバーである2アクター）である。図4-6はジンメル紐帯の例である[3]。

実はジンメル紐帯の考え方は社会関係資本的に重要な意味合いをもっている。いまクラックハートが挙げている1つの例で見てみよう。図4-6は2つのクリークに所属するエゴの例であるが，このエゴは，バートの構造的空隙論によれば，幾分制約を受けるが，2つのクリークの間のブリッジとしてエンパワーされると見なされるとする[4]。反対に，クラックハートのジンメル紐帯論では，エゴはかなり制約を受けていることになる。というのは，このエゴは2つのクリークの規範に同時に従わなければならないからである。同じジンメルの理論から出発しても構造的空隙論とジンメル紐帯論では強調点が異なり，前者ではブリッジの生成に焦点が当たり，後者では集団の規範の制約に焦点が当たる（図4-7）。これはまさにバート対コールマンの位相を変えた戦いが同じ社会構造上で繰り広げられていることになるが，この場合，さらに構造空隙論は自らの分身と戦うことになる。

図4-6　ジンメル紐帯 BC の例
　　　（BC はともに2クリークに属する）

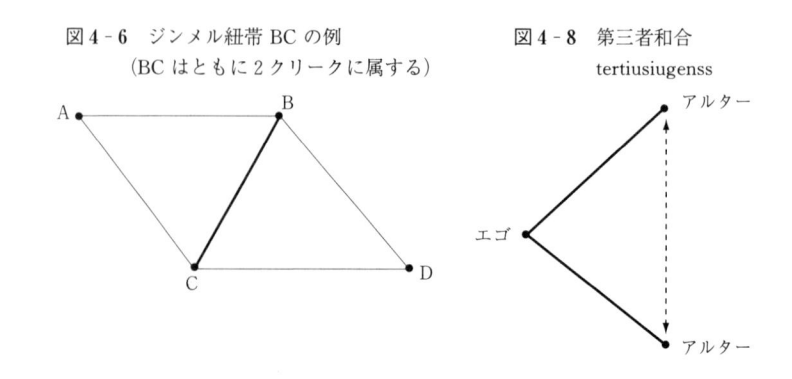

図4-8　第三者和合
　　　　tertiusiugenss

図4-7　エゴへの制約：構造的空隙とジンメル紐帯の比較

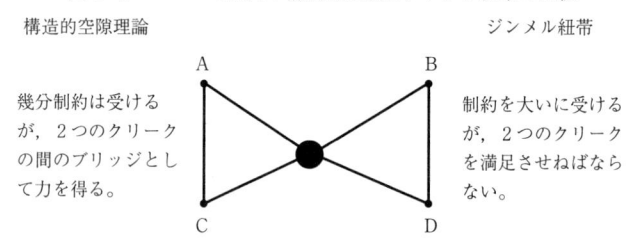

構造的空隙理論　　　　　　　　　　　　ジンメル紐帯

幾分制約は受けるが，2つのクリークの間のブリッジとして力を得る。

制約を大いに受けるが，2つのクリークを満足させねばならない。

　それでは，どのような場合構造空隙論は正しく，どのような場合，ジンメル紐帯論が正しいのだろうか。クラックハート（1992）自身の説明を要約すると「集団の規範に制約される行動の種類に依存し，それが私的なものであれば（お互いにその行動が見えないので）行為者は自由に行動し，第三者利益が実現されやすく，構造的空隙論の説明力がまさる。反対にその行動が公的なものであれば，その行動がだれにも見えることで規範が効いてくるので，ジンメル紐帯論がまさる」ということになる。これは，バート（1992）の理論は「自由な」プレーヤーが繰り広げる競争的な市場でのみ通用する議論で，公の領域においては適用性の低い理論であることを暗に示しており，極めて興味深い説明である。

　さて，2000年代に入って，構造的空隙論はさらに批判にさらされることになる。アフージャ（Ahuja, 2000）は国際的な化学産業企業間の特許データで，技術的協働に関する直接結合，関節結合，構造的空隙の効果を測定し，直接結合，

関節結合のイノベーションへの効果はあるとしたものの，構造的空隙の増加はイノベーションに対して負の効果があるとした。さらにバート自身の院生でもあったレーガンスら（Reagans & Zuckerman, 2001；Reagans & McEvily, 2004）は，研究開発請負企業のネットワークを分析し，ネットワークの強弱以上に，ネットワーク凝集性とネットワークレンジ（ネットワークの多様性）が知識移転に効果があることを示した。

これに関連して，もう1つ興味深い議論としては，オブストフェルト（Obstfeld, 2005）が展開する第三者和合（tertius iugenss）論である。この概念は，和合するという意味のラテン語，iugens に基づいているが，バートの構造的空隙で強調された第三者利益（tertius gaudens）と違い，分断統治のようなコントロールの意味合いがなく，エゴがアルターの間を調整し，和合を促すような第三者関係の形成である（図4-8）。それらは社会構造というよりも行為，その指向性（orientation）として特徴づけられる。

実は第三者和合と構造的空隙は深い関係にあり，図4-9のように，ダイナミックなプロセスでみれば，相転移可能な相対的なフェーズでしかないことがわかる。つまり，時間1のネットワークが，時間2でAにより和合された場合，時間3において構造的空隙が生成されうる。ところが時間4においてBがAとDを和合させると状況はまた異なってくる。このようにして新たな和合が，新たなアクターを加えながら展開していくようなプロセスの場合，これは新たな知識保持者の組み合わせを生み出すようなイノベーション・プロセスを誘発することになる。同時にそのような過程において凝集性は決して逓増することはない。

彼の議論のおもしろさは，このようなイノベーションを生み出すようなプロセスにおいて，必ずしも希薄なネットワークにおける構造的空隙のコントロールメカニズムからではなく新結合により，しかも常にアクターも加わりながら結合が増すので凝集性の増加を伴わない知識の生成を説明している点である。これはイノベーションの理解には有効である。

ここまで来ると，構造的空隙論の優位性はかなり揺らいでいると思えるかもし

図4-9 第三者和合と構造的空隙

a) 時間1のネットワーク　　　　b) 時間2：第三者結合導入後のネットワーク

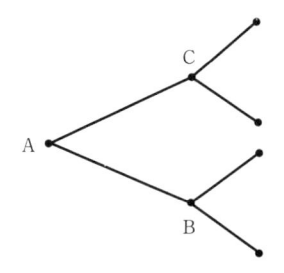

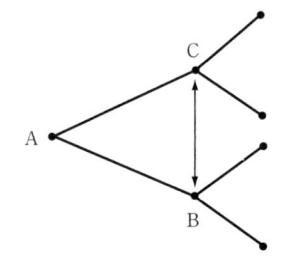

c) 時間3：新たな構想的空隙の生成　　d) 時間4：第二次の第三者結合の導入

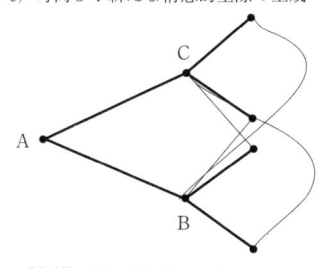

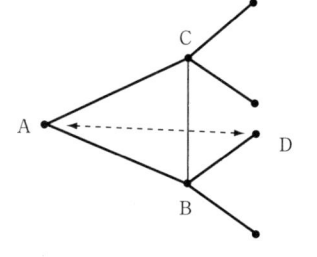

(出所) Obstfeld Figure 1.

ないが，ネットワークの凝集性の知識移転や業績への効果，創造性への構造的空隙の効果などの本質的なことがわからないと構造的空隙論対ネットワーク閉鎖論の勝負はつけられない。最後にこの分野での研究をレビューしてみよう。まず，バート (Burt, 2004) 自身はマネージャーの提出した発想の評価に基づき，構造的空隙と創造性の正の関連に関して確証的データを示している。またローダンら (Rodan & Galunic, 2004) もまたブローカーポジションにいるマネージャーほど，よい発想をすることを示している。さらにバート (Burt, 2007) は，間接的に結合している者同士のブローカー効果＝第2次の仲介 (second-hand brockerage) を検討し，直接的結合と異なり効果はないことを発見した。これは直接結合による暗黙的知識の移転を示す証拠とされた。

異質性の高い創造的なチームが構成されたイノベーションは，持続的イノベーションとして平均経済価値は高いが，ブレークスルーに達するような破壊

的イノベーションはほとんどないことを示したことで有名なフレミング (Fleming, 2004) は，論文で (Fleming, Mingo & Chen, 2007)，大規模な共同特許データに基づき分析を行っている。彼は，今までの分析結果は，ブローカー効果と閉鎖効果に関する両方の議論を支持するような結果を出しており，この論争はまだ未解決であるとし，その理由の第1を，社会的相互作用が起こる構造ばかりに焦点が当てられ，協働者（特許の共同取得者）の個人的属性に注意が向けられていないこと，第2に元の創造的なインサイト（知識）とそのインサイトの社会的な受容と成功とを分別していないことにあるとし，これらに注意を払った厳密な分析を行っている。その結果，協働者の属性（以前の経験の有無や外部者か内部者か，最近まで多重組織で働いていたか）によって生まれる新しい知識結合のブローカー効果と閉鎖効果の両方を分別して測定し，それぞれの効果を確認した。しかし，凝集的な協働構造の中で生まれた，個人の新しい知識の組み合わせであれば，ブローカー的協働構造でのそれと異なり，（多くのメンバーにすぐに広まるので）再び使用されやすいと主張する。

最後にガルギウロら (Gargiulo et al., 2009) は，世界的規模で営業する投資銀行の各地（欧州，アジア——太平洋，欧州，アフリカ）の従業員のサンプルデータにより，業務上の情報交換を行う知識労働者（金融サービスのバンカー）の凝集的結合，閉鎖性への業績（ボーナス）への効果を，情報の獲得者と供給者の役割を分別しながら分析した。そこでは，バンカーが前者の役割をこなす場合，業績は上がり，後者の場合，業績は下がることを発見した。これはネットワーク閉鎖性と関連する規範的統制の2つの側面に光を当てたという面で，画期的な研究である。

このように，最近の厳密な分析は社会関係資本の細かい効果を細かい条件下で明らかにしており，構造的空隙論とネットワーク閉鎖論の戦いは状況依存的であり，永遠に決着はつきそうにない。

4　おわりに

　社会ネットワーク分析も盛んではなく，経営学分野における社会関係資本からの研究も少ない日本において研究をレビューしておくことは，今後の社会関係資本論的な研究を発展させるためには是非とも必要な作業である。そもそも経営文化の異なる日本で，構造的空隙理論はどのような有効性をもつのだろうか。[5]

　日本の経営学の中心的な雑誌である『組織科学』では2007年に「社会関係資本の組織論」という特集が組まれ，日本の代表的な研究者がこの分野の研究成果を寄稿している。それらを順に紹介しよう。まず，アメリカの組織論学者ハワード・オルドリッチ（Aldrich, H. 2007）は特別寄稿で，企業家研究と社会関係資本との絡みを論じている。さらに，安田ら（2007）は社内メールの解析によりコミュニケーション構造を抽出している。金光（2007）は1956-2005年までの時系列的な大規模取締役兼任ネットワークを解析し，欧米のそれと比較した特徴を明らかにしながら，企業間レベルの社会関係資本を冗長性の観点から測定している。次に，山田ら（2007）は，日本映画における好業績プロジェクトの社会関係資本について詳細に分析している。最後に中野（2007）は大田区の産業集積の取引ネットワークの解析からその統合メカニズムについて分析している。

　日本における企業間関係を社会関係資本論の観点から本格的に研究した若林（2006）は，信頼関係で特徴づけられるサプライヤー・システムを社会ネットワーク分析によって明らかにし，日本の企業間取引関係を「弱連結で凝集的なネットワーク」であるとしている。近年，経済物理学などでは企業間ネットワークの研究が盛んになっているが（青山ら，2008），物理学的な解析ではなく，社会関係資本論の枠組みでのとらえ直しが必要であろう。そのような方向として，武田（2009）が新産業創造の企業間提携のネットワークの社会関係資本研究を行っている。これと関連して，産業クラスターの研究はしばしば社会関係

資本との関係が内外で議論されることが多いが，必ずしも社会関係資本論と整合性があるわけではない。西山（2004a；2004b）はこの分野の例外である。東北大学を中心とする仙台圏のハイテク型産業クラスターを研究し，内外をつなぐ人的ネットワークの役割を強調している。この種の研究は，産業クラスター計画が最終局面を迎える今，研究が期待される分野である。

日本の経営学では，職場の人間関係に注目した「場」の理論とそれに基づいた「見えざる資本」（伊丹・軽部，2004）として社会関係を理解する見方がある。「場」という概念は，海外ではウェンガーとレイヴ（Wenger, 1998）の実践共同体論にも影響を与えた知識を生み出すための人的結合の社会ネットワークを重視すれば，SECI モデル（野中・竹内，1996）とも接合可能である。[6] Kagami（2005）は，インペンら（Inkpen & Tsang, 2005）に基づいて社会関係資本と知識創造についての理論を英語でまとめている。秋山（2008）は住宅メーカーの企業グループの知識創造における社会ネットワークのマネジメントについて論じている。そもそも無形資産としての社会関係資本はある程度会計学的にアプローチすることも不可能ではないが，その際にはそれ以上の計量枠組みを要求するし，組織論との接合が必要になる。これは今後の経営学的社会関係資本の最も大きな課題の一つである。この観点から北見（2010）は企業不祥事のデータや事例分析から企業社会関係資本と市場評価の関係について優れた研究を行っており，企業社会関係資本（corporate social capital）を正面から扱った意味でも非常に注目される。

今後の研究課題としては，北見が行ったように，CSR（企業の社会的責任）論がらみで企業社会関係資本をとらえることが大きな課題になろう。またブランド価値の評価，コーポレイト・レピュテーションとの接合も重要な課題である。

そもそも経営学では，一般に，いかに経営資源（ヒト，カネ，モノ，情報，コネ＝社会ネットワーク）を組織し，（イノベーションを生み出しつつ）最大限の組織（企業）業績を実現するか，ということが第1の課題となるので，社会関係資本の効果もそのような経営資源の組織形態——業績効果分析の観点から評価されることになる。ところが，地域に埋め込まれた個人に対する社会関係資本効

果の弁別の必要と同じような生態学的誤謬にかかわる問題が，このような社会関係資本の効果分析でも発生するので注意しなければならない。つまり，個人はここでは，組織に埋め込まれており，個人の社会関係資本の効果を測定する場合には，組織がかかわる効果と，純粋な個人の社会関係資本効果を区別する必要も出てくるであろう。

　このことを考慮しながら，社会——組織——個人という重層的な環境を考慮した上で，以下のような重層的な社会＝個人構造条件——変数セットが考慮されよう。

① どのような社会環境下にあるか（社会環境変数）
　文化や時代といった変数，政治など他の領域との関係性などの外部環境など。
② どのような組織環境下にあるか（組織環境変数）
　どのような組織文化をもっているか，どのような組織フェーズにあるか，組織のヒエラルキーの度合いがどの程度か，組織の複雑性はどの程度か。
③ アクターはどのような内的属性をもつか（アクター変数）
　アクターがどのような目的をもつか，アクターの動機づけ，スキルの程度，一般的信頼度はどのくらいか。
④ アクター間はどのようなネットワーク結合にあるか（アクター間変数）
　アクター間の関係強度，アクター間の相同性，アクターのネットワークでの中心性，ネットワークでのポジションなど。
⑤ 焦点アクターをめぐって，どのようなネットワーク構造が存在するか（ネットワーク構造変数）
　ネットワーク凝集性，クリーク構造，トライアド構造，構造的空隙（冗長性，構造的制約）。
⑥ 社会関係資本のベネフィットとリスクがどの組織（企業），個人にとってどのように作用するか（効果変数）。
⑦ 個人あるいは組織（企業）にとってマネジメントの特定の側面（業績など）にどのような効果をもつのか（業績変数）。

　これらの変数は因果モデルとして（図4-10），研究，思考のための概念モデ

第 4 章 経営・ネットワーク理論

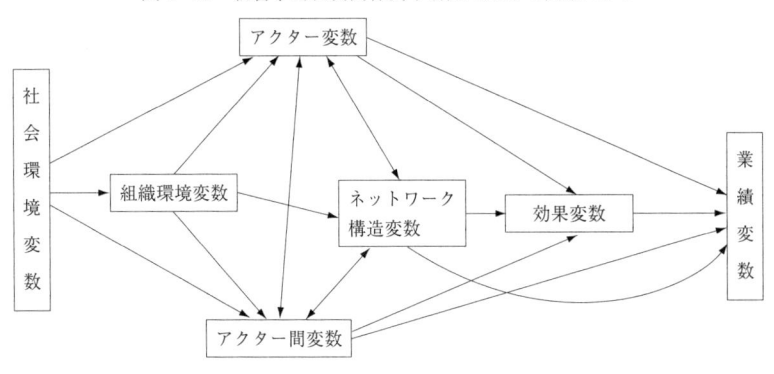

図 4-10 経営学的社会関係資本研究のための因果モデル

```
                    アクター変数
                   ↗  ↑  ↖
社              ↗    │    ↖
会        組織環境変数 → ネットワーク → 効果変数 → 業
環       ↗           構造変数              ↘  績
境      →              ↕                    → 変
変       ↘           アクター間変数         ↗  数
数                                        ↗
```

ルとして役立つばかりでなく，実データによる統計的因果解析へのガイドとなりうる。今後は経営学の社会関係資本論においてもこのような枠組みでの厳密な分析が主流になるものと思われる[7]。

いずれにしても，経営学的社会関係資本の研究から得られた知見は，学術的には経営学に知的資産として蓄積されるが，それは他の領域に流用可能である点は重要である。たとえば社会関係資本の創出によって地域の問題，子育てや介護ネットワークの整備や健康維持の組織を作り出すという場合にも，経営学で得られた知見はそのまま当てはまらないかもしれないが，組織に特化した理論を提供してくれるであろう。その意味でこの分野の知見は「共通資本」として他の研究分野でも利用可能であるという社会関係資本に近い性質をもっていると思われる。経営分野の理論的発展，実証的な研究には常に注意を払っておく必要がある。

注
(1) 有名なグラノベッター (1973) の「弱い紐帯」の強さという考えを発展させた転職の研究も (Granovetter, 1974)，もともとは社会ネットワークに注目した社会資源論的研究に分類される研究であった。
(2) 他の分野の社会学者から見れば彼らは，社会に対する批判的精神を欠き，「資本家や経営者に魂を売った」社会学者ということになり，しばしば彼らは Business School Sociologists=BSS と揶揄される。実に多くの研究者がこの分野で多くの業

績を上げている。バート，ベーカー，ズツカーカン，レーガンス，ポショルニィ，グラチィなどの名前を挙げることができる。
(3) ジンメル（[1922] 1955）では公差的ネットワークが拡大することによってエゴにとっては活躍の世界は広がりその意味で，自由は増すが，逆に，そのことによって多くのクリークに所属することになりクリークによる規範の制約を受けると考える。
(4) 図4-8でクラックハートはエゴを「ブリッジ」としているが，本来は「カット点」である。図4-7では確かにジンメル紐帯が問題になっているが，図4-8で示されているエゴは「点」であり，紐帯＝線ではない。ここでの議論は，その意味で少し飛躍がある感は否めない。
(5) 最近の研究において，構造的空隙の効果は，社会制度，文化の制約を大きく受けることが知られるようになった。シャオら（2007）は中国におけるハイテク企業のマネージャーにおいてバート（1992；2005）が構造的空隙論の優位性の「証拠」として挙げているような構造的空隙の効果（高い給料，早い昇進，多いボーナスなど）を分析し，集団主義的な価値観をもつ中国ではそのような効果は見られず，組織がクラン構造であればあるほど，またコミットメントが高い文化であればあるほど構造的空隙論は有効でないことを明らかにしている。
(6) 野中・竹内（1996）の知識創造モデルとウェンガーらの「実践共同体」モデルとの関連性は深く，前者の本質的な考え方である知識の社会関係性は後者に継承されていると考えるべきである。知識創造モデルはもっぱら組織論的であるが，「実践共同体」モデルはより強力な学習論を基盤とした包括的な組織論と言える。
(7) 山田ら（2007）の好業績映画プロジェクトの解析はこのような枠組みでの数少ない研究である。

参考文献
秋山高志（2008）「企業グループに於ける知識創造と組織間ネットワークのマネジメント」京都大学『経済論叢』第181巻第1号，84-103頁。
青山秀明・家富洋・池田裕一・相馬亘・藤原義久（2007）『パレート・ファームズ——企業の興亡とつながりの科学』日本経済評論社。
伊丹敬之・軽部大（2004）『見えざる資産の戦略と論理』日本経済新聞社。
神吉直人（2007）「情報雑誌編集者におけるソーシャル・キャピタル」京都大学『経済論叢』第180巻，5・6号，95-111頁。
金光淳（2003）『社会ネットワーク分析の基礎——社会的関係資本論にむけて』勁草書房。
金光淳（2007）「双対ソーシャル・キャピタルに注目した日本の取締役兼任ネット

ワーク進化プロセスの解明」『組織科学』Vol. 40, No. 3, 33-40頁。
金光淳(2009)「ネットワーク分析をビジネス利用に活かす実践的入門」『一橋マネジメントレビュー』Vol. 57, No. 2, 52-65頁。
北見幸一(2010)『企業社会関係資本と市場評価――不祥事企業分析アプローチ』学文社。
武田至弘(2009)「新産業創出における企業間連携ネットワークとソーシャル・キャピタル(SC)論――「新連携」を事例として」大阪市立大学『季刊経済研究』Vol. 31, No. 4, 43-73頁。
中野勉(2007)「巨大産業集積の統合メカニズムについての考察――社会ネットワーク分析からのアプローチ」『組織科学』Vol. 40, No. 3, 55-65頁。
西山栄作(2004a)「仙台圏におけるハイテク型産業クラスターの形成・発展に向けたインフルエンサーの役割」研究年報『経済学(東北大学)』vol. 66, No. 1, 105-157頁。
西山栄作(2004b)「ハイテク型産業クラスターの形成に向けたソーシャル・キャピタルの蓄積――仙台圏における産学連携の系譜」研究年報『経済学(東北大学)』vol. 66, No. 2, 143-157頁。
野中郁次郎・竹内弘高(梅本勝博訳)(1996)『知識創造企業』東洋経済新報社。
山田仁一郎・山下勝・若林直樹・神吉直人(2007)「好業績映画プロジェクトのソーシャル・キャピタル――優れた日本映画の「組」はどのような社会ネットワークから生まれるのか？」『組織科学』Vol. 40, No. 3, 41-54頁。
安田雪(1996)『社会ネットワーク分析――何が行為を決定するか』新曜社。
安田雪・鳥山正博(2007)「電子メールログからの社内コミュニケーション構造の抽出」『組織科学』Vol. 40, No. 3, 18-32頁。
若林直樹(2006)『日本企業のネットワークと信頼――企業間関係の新しい経済社会学的分析』有斐閣。
若林直樹(2009)『ネットワーク組織論――社会ネットワーク論からの新たな組織像』有斐閣。
Adler, P. S. & S. Kwon (2002) "Social capital : Prospects for a new concept" *Academy of Management Review*, 27, pp. 17-40.
Ahuja, G. (2000) "Collaboration networks, structural holes, and innovation : A longitudinal study" *Administrative Science Quarterly*, 45, pp. 425-455.
Aldrich, H. (2007) 若林直樹訳「企業家と社会関係資本」『組織科学』Vol. 40, No. 3, pp. 4-17.
Baker, W. (2000) *Achieving Success Through Social Capital*, Jossey-Bass.
Becker, G. S. (1964) *Human Capital : A Theoretical and Empirical Analysis, with*

Special Reference to Education (National Bureau of Economic Research, 2nd ed., 1975, 3rd ed., 1993).

Borgatti, S. P. & P. C. Foster (2003) "The Network Paradigm in Organizational Research : A Review and Typology" *Journal of Management*, 29, pp. 991-1013.

Bourdieu, P. (1985) "The forms of capital" In Richardson, J. G. (Ed.) *Handbook of theory and research for the sociology of education*, New York : Greenwood, pp. 241-258.

Brass, D. J. (1984) "Being in the right place : A structural analysis of individual influence in an organization" *Administrative Science Quarterly*, 29, pp. 518-539.

Burt, R. S. (1982) *Towards a Structural Theory of Action : Network Models of Social Structure, Perceptions, and Action*, Academic Press.

Burt, R. S. (1992) *Structural Holes : The Social Structure of Competition*, Harvard University Press.

Burt, R. S. (1997) "The contingent value of social capital" *Administrative Science Quarterly*, 42, pp. 339-365.

Burt, R. S. (2000) "The network structure of social capital" *Research in Organizational Behavior*, 22, pp. 345-423.

Burt, R. S. (2002) "Bridge decay" *Social Networks*, 24, pp. 333-363.

Burt, R. S. (2004) "Structural holes and good ideas" *American Journal of Sociology*, 110, pp. 349-399.

Burt, R. S. (2005) *Brokerage and Closure : An introduction to social capital*, Oxford University Press.

Capaldo, A. (2007) "Network structure and innovation : The leveraging of a dual network as a distinctive relational capability." *Strategic Management Journal*, 28 : pp. 585-608.

Chesbrough, H. W. et al. (2008) *Open Innovation : Researching a New Paradigm*, Oxford University Press.

Coleman, J. S. (1988) "Social capital in the creation of Social capital" *American Journal of Sociology*, 94, pp. 95-120.

Coleman, J. S. (1990) *Foundation of Social Theory*, Cambridge. M.A. : Harvard University Press.

Cropper, S. M. E., C. Huxham & P. S. Ring (2008) *The Oxford Handbook of Inter-Organizational Relations*, Oxford University Press.

Cross, R. & A. Parker (2004) *The Hidden Power of Social Networks*, Harvard Business School Press.

第 4 章　経営・ネットワーク理論

Cross, R. & R. J. Thomas (2009) *Driving Results Through Social Networks : How Top Organizations Leverage Networks For Performance and Growth*, Jossey-Bass.

Fleming, L. (2004) "Perfecting Cross-Pollination" *Harvard Business Review*, 82 (9), pp. 22-24.

Fleming, L., S. Mingo & D. Chen (2007) "Collaborative Brokerage, Generative Creativity, and Creative Success" *Administrative Science Quarterly*, 52, pp. 443-475.

Freeman, L. (2004) *The Development of Social Network Analysis : A Study in the Sociology of Science*, Empirical Press.

Gabbay, S. M. & E. W. Zuckerman (1998) "Social capital and opportunity in corporate R & D : The contingent effect of contact density on mobility expectations" *Social Science Research*, 27, pp. 189-217.

Gargiulo, M. G. E. & C. Galunic (2009) "The two faces of control : Network Closure and Individual Performance among Knowledge Workers" *Administrative Science Quarterly*, 54, pp. 299-333.

Gulati, R. (2007) *Managing Network Resources : Alliances, Affiliations, and Other Relational Assets*, Oxford University Press.

Granovetter, M. (1973) "The Strength of Weak Tie" *American Journal of Sociology*, 78, pp. 1360-1380.

Granovetter, M. (1974) *Getting a Job : A Study of Contacts and Careers*, Chicago University Press.

Granovetter, M. (1985) "Economic action and social structure : The problem of embeddedness" *American Journal of Sociology*, 91, pp. 481-510.

Hansen, M. (1999) "The search-transfer problem : The role of weak ties in sharing knowledge across organization subunits" *Administrative Science Quarterly*, 44, pp. 82-111.

Hansen, M. (2002) "Knowledge networks : Explaining effective knowledge sharing in multiunit companies" *Organization Science*, 13, pp. 232-248.

Ibarra. H. (1992) "Homophily and difierential returns : Sex differences in network structure and access in an advertising firm" *Administrative Science Quarterly*, 37, pp. 422-447.

Inkpen, A. C. & E. W. K Tsang (2005) "Social capital, networks, and knowledge transfer" *Academy of Management Review*, 30 (1), pp. 146-165.

Kagami, Y.（2005）「Network ties and social capital-A study of conditions facilitating knowledge creation」『駒大経営研究』第36巻第 3・4 号，pp. 1-23.

Kilduf, M., W. Tsai & R. Hanke (2006) "A paradigm too far ? Dynamic stability reconsideration of the social network research program" *Academy of Management Review 2*, 31 (4), pp. 1031-1048.

Kilduf, M. & D. Krackhardt (2009) *Interpersonal Networks in Organizations: Cognition, Personality, Dynamics, and Culture*, Cambridge University Press.

Kilduf, M. & W. Tsai (2003) *Social Networks and Organizations*, Sage Publications.

Klenindorfer, P. R. & Y. West (Eds.) (2009) *The Network Challenge: Strategy, Profit, and Risk in an Interlinked World*, Wharton School Publishing.

Krackhardt, D. (1992) "The strength of strong tie: The Importance of *philos* in organizations" In Nohria, N. & R. G. Eccles (Eds.) *Networks and Organizations: Structure, Form and Action*, Harvard Business School Press, pp. 216-239.

Krackhardt, D. (1998) "Simmelian ties: Super strong and sticky" In Kramer, R. & M. Neale (Eds.) *Power and influence in organizations*, pp. 21-38, Sage.

Krackhardt, D. (1999) "The ties that torture: Simmelian tie analysis in organizations" *Research in the Sociology of Organizations*, 16, pp. 183-210.

Kuhn, T. (1962) *The Structure of Scientific Revolutions*, University of Chicago Press.

Kogut, B. & U. Zander (1996) "What do firms do? Coordination, identity and learning" *Organizational Science*, 7, pp. 502-518.

Lakatos, I. (1970) "Falsification and the methodology of scien-tific research programs" In Lakatos, I. & A. Musgrave (Eds.) *Criticism and the growth of knowledge*, Cambridge University Press, pp. 91-132.

Leeders,Th. A. J. & S. M. Gabbay (2001) *Corporate Social Capital and Liability*, Kluwer.

Lesser, E. L. (Ed.) (2000) *Knowledge and social capital: Foundations and applications*, Butterworth-Heinemann.

Lin, N. (2001) *Social Capital: A Theory of Social Structure and Action*, Cambridge University Press.

Mintz, B. & M. Schwartz (1985) *The Power Structure of American Business*, University of Chicago Press.

Mizurichi, M. S. (1982) *The American Corporate Network 1904-1974*, Beverly Hills, Sage.

Mizurichi, M. S. (1996) "What Do Interlocks Do? An Analysis, Critique, and Assessment of Research on Interlocking Directorates" *Annual Review of Sociology*, 22, pp. 271-298.

Nahapiet, J. & S. Ghoshal. (1999) "Social capital and intellectual capital, and the organizational advantage. Academy of *Management Review* 24 (3), pp. 538-555.

第 4 章　経営・ネットワーク理論

Nohria, N. & R. G. Eccles (1992) *Networks and Organizations : Struture, Form, and Action*, Harvard Business School Press.

Obstfeld, D. (2005) "Social Networks, the *Tertiusiungens* Orientation, and Involvement in Innovation" *Administrative Science Quarterly*, 50, pp. 100-130.

Pfeffer, J. & G. R. Salancik (1978) *The External Control of Organizations : A Resource Dependence Perspective*, Harper & Row.

Putnam, R. D. (1993) *Making democracy work : Civic traditions in modern Italy*, Princeton University Press.

Reagans, R. & B. McEvily (2003) "Network structure and knowledge transfer : The effects of cohesion and range." *Administrative Science Quarterly*, 48, pp. 240-267.

Reagans, R. & E. W. Zuckerman (2001) "Networks, diversity, and productivity : The social capital of corporate R & D teams" *Organization Science*, 12, pp. 502-517.

Reagans, R., E. W. Zuckerman & B. McEvily (2004) "How to make the team : Social networks vs. demography as criteria for designing effective teams" *Administra-tive Science Quarterly*, 49, pp. 101-133.

Rodan, S. & C. Galunic (2004) "More than network structure : How knowledge heterogeneity influences managerial performance and innovativeness" *Strategic Management Journal*, 25, pp. 541-562.

Schumpeter, J. A. (1934) (Reprinted in 1962) *The theory of economic development : An inquiry into profits, capital, credit, interest and the business cycle*, Harvard University Press.

Simmel, G. (1950) *The Sociology of Georg Simmel*, Trans, by Glencoe K. H. W., IL : Free Press.

Simmel, G. ([1922] 1955) *Conflict and Web of Affiliations*, Free Press.

Smith-Doerr, L., W. W. Powell (2005) "Networks and economic life" In Smelser, N. L. & R. Swedberg (Eds.) *The Handbook of Economic Sociology* (2nd edition) pp. 379-402.

Uzzi, B. (1997) "Social structure and competition in interfirm networks : The paradox of embeddedness" *Administrative Science Quarterly*, 42, pp. 35-67.

Walker, G., B. Kogut & W. Shan (1997) "Social capital, structural holes, and the formation of an industry network" *Organizational Science*, 8, pp. 109-125.

Wasserman, S. & K. Faust (1994) *Social network analysis : Methods and application*, New York : Cambridge University Press.

Watts, D. J. & S. H. Strogatz (1998) "Collective dynamics of 'small-world' networks" *Nature*, 393, pp. 440-442.

Wenger, E. (1998) *Community of Practice: Learning, Meaning, and Identity*, Cambridge University Press.

Xiao, Z. & A. S. Tsui (2007) "When Brokers May Not Work: The Cultural Contingency of Social Capital in Chinese High-tech Firms" *Administrative Science Quarterly*, 52, pp. 1-31.

リーディングリスト

金光淳(2003)『社会ネットワーク分析の基礎――社会的関係資本論にむけて』勁草書房。
――社会関係資本の基礎となる社会ネットワーク理論,分析について解説した専門書。社会ネットワーク分析の数学的に基礎が詳細であり,また社会関係資本を資本論的に論じているでもユニークである。

野沢慎二編・監訳(2006)『リーディングス ネットワーク論――家族・コミュニティ・社会関係資本』勁草書房。
――社会関係資本論,社会ネットワーク論の基礎的な文献であるコールマンとバート,グラノベッターやスモールワード論のミルグラムなどの論文などを収録した重要なリーディングであり,研究者必読の書である。

安田雪(2004)『人脈づくりの科学――「人と人の関係」に隠された力を探る』日本経済新聞社。
――社会ネットワーク論,社会関係資本論を「人脈づくりの科学」ととらえ直し,様々な領域における社会ネットワーク=「人の繋がり」の研究成果をビジネスマン向けに咬み砕いたユニークな書である。

若林直樹(2009)『ネットワーク組織論――社会ネットワーク論からの新たな組織像』有斐閣。
――社会ネットワークを経営資源と考える経営学の観点から社会関係資本論を展開した教科書的な書である。実例が多く,人的資源論,企業提携論などの観点からも書かれており,読みやすい。

第5章　開発論

坂田正三

1　はじめに

　はたして，社会関係資本は開発に貢献するのであろうか，というのが本章のテーマである。社会関係資本の議論を一躍有名にしたロバート・パットナムは，イタリアの北部・南部の諸州における1970年から20年間の経済発展の差異の要因を社会関係資本の多寡に求める一方で（Putnam, 1993），1950年代以来アメリカ社会が高度経済成長をする中で社会関係資本のレベルが後退したとして（Putnam, 2001），社会関係資本と開発との関係について相反する主張をしている。また，インドネシアやタンザニア農村では世帯レベルの社会関係資本と所得との間に相関関係があるという研究結果（Grootaert, 1999 ; Narayan & Pritchett, 1997）がある一方で，あるインドの農村地域の研究では，所得と社会関係資本に相関はみられないという結論が出ている（Krishna & Uphoff, 1999）。さらに，社会関係資本は社会の発展にとってネガティブな作用ももたらす（Portes & Landolt, 1996）といった議論まである。一体，どの主張が正しいのであろうか。
　それぞれの文献や論者が語る「社会関係資本」や「開発」の内容を精査せずにその結論だけを並べて見ると，何が正しいのか混乱してしまう。それは，社会関係資本という言葉が多義的に用いられるからというだけでなく，開発という言葉もまたさまざまな現象（国のGDPが上昇した，貧困層の数が減った，教育・保健といった公的サービスが充足されたなど）を含むからである。同様に，開発が起こる要因，起こらない（低開発の状態と呼ばれる）原因もさまざまなものがあり，低開発の原因の中には社会関係資本により解決される問題もそうでない問題もある。さらに，社会関係資本が有効に機能する環境とそうでない環境もあ

る。これらのことを理解しないと上述のような混乱を招く恐れがある。

　本章は，社会関係資本がいわゆる途上国のどのような問題の解決に貢献し，そしてその問題解決はどのようなメカニズムでもたらされるのかを理解することを目指し，さまざまな研究のレビューを行う。発展途上国と社会関係資本に関する研究をレビューしたものとしては，主に1990年代のさまざまな議論をまとめた坂田（2001）がある。また，山崎（2001；2004）は，開発経済学の理論から社会関係資本の開発における役割を解説している。本章はこれらを補足するものとして，より基礎的な理論や近年の議論などの紹介も行う。

　本章第1節と第2節では，途上国が一般的に抱える不完全市場の問題や行政など公的機関の未発達・能力不足がもたらす問題とその解決方法としての社会関係資本の役割についての議論を概説する。第3節では，コミュニティなどの小規模の集団で機能する社会関係資本と国家といった広範囲な単位における社会関係資本との関係についての議論を紹介する。

2　不完全市場とソーシャル・キャピタル

（1）情報獲得のためのソーシャル・キャピタル

　新古典派経済学の基礎的な理論にしたがえば，消費者による需要の限界効用（単位当たりの効用をこれ以上増やせない需要量）と生産者による供給の限界費用が一致する点で価格が決められるということになる。「市場」ではこの価格のシグナルをもとに，消費者，生産者がその行動を決定することになっている。しかし，もちろん，途上国に限らず現実世界では，完全情報と完全競争を前提とする「完全市場」を探すことは，どんな小さな規模の社会であってもかなり難しい。社会関係資本は，このような「不完全な」市場において情報獲得に貢献することで途上国の経済活動を活発にする働きがある。

　不完全市場下では適切な取引相手を探索し，その都度交渉する費用，将来の不確実性に関する情報を集める費用などのさまざまな種類の「取引費用」がかかる。また，必ずしもすべての売り手と買い手がその商品に対して完全な情報

をもっているわけではないとき（情報の非対称性が発生しているとき），情報をもっている側は情報を選択・歪曲して提示するなどの「機会主義的行動」を起こすかもしれない。このような自己の利益追求行動は交渉相手に不利益をもたらすという「外部不経済性」を発生させる。一般的にインフラが未整備で，かつ住民が地理的・社会的に分断されがちな途上国では，情報が社会の一部に偏在してしまったり，公平な競争の土台がなかったりする。このような不完全市場の問題の存在ゆえに，非市場的な制度（institution）による対処が必要となる。

　不完全市場の問題を解決する1つの初歩的な制度的解決方法は，市場が発信するシグナルに期待せず市場外から情報を得ることである。たとえば，知り合いなどの社会関係のネットワークを通じて取引をしておけば，探索費用は軽減できるし，将来価格が変動するかもしれない場合にも毎回の交渉費用が少なくて済む。マルセル・ファフシャンとバート・ミンテン（Fafchams & Minten, 1999）は，マダガスカルの農産物流通業者が個人的な知り合いのネットワークを通して市場情報や資金獲得の機会を得ていることを明らかにしている。信頼関係や評判が確立した相手との取引は，情報や交渉に関する費用を軽減させ，市場機能を補完し，取引を効率化させる働きがあることを示した。

（2）リスクシェアリングのためのソーシャル・キャピタル

　多くの途上国の経済は，農産物や漁業資源といった一次産品に依存しているが，これら一次産品の市場は，天候や気候の変化といった外部要因の影響を受けやすい。一方，労働市場が不完全な途上国では，失業のリスクと再就職の不確実性は高く，また，非農業分野の零細な事業者たちも，景気や需要などの影響を受けやすい。さらに冠婚葬祭で急な出費が必要になったり，病気になったりすることもある。先進国であれば，金融市場や保険市場といった，将来の期待利益やリスクを取引する市場も存在するが，途上国にはそのような金融商品や保険商品はまだ少なく，貧困層がアクセスすることは困難である。貧困層個人の力では天候や景気のリスクそのものを取り除くことは困難なため，彼ら自身でリスクをシェアすることで自己防衛を図らざるを得ない。そして，リスク

シェアリングのためにも，社会関係資本は重要な役割を果たしているのである。

典型的な例としては個人のネットワークを通した金銭の貸し借りや贈与，労働交換がある。リスクをシェアするパートナーが近親者や同一コミュニティ内の知り合い，あるいは同業者仲間であれば，借りたお金や労働力を返さないといった機会主義的行動を抑止することができる。しかし，同じ地域に住んでいる人や同じ業種の人は，天候や景気のショックに見舞われた際に同じように影響を受けてしまうので，リスクをシェアするパートナーとしては必ずしも常に適しているわけではない。リスクシェアリングという観点からは，距離的に遠く離れた親類縁者や友人，あるいは異業種の知り合いなどと金銭の貸し借りや贈与の関係をもっておくことは効果的な手段であるかもしれない。

ファフシャンらのフィリピン農村におけるリスクシェアリングのネットワーク形成に関する研究（Fafchams & Lund, 2003 ; Fafchams & Gubert, 2007）では，所得の一時的な落ち込みへの対処としては地理的・社会的（たとえば異なる所得階層や教育レベル，職業）に距離のある相手に頼る傾向が見られた。その一方で，病気に見舞われた際に頼るのは，多くの場合同一村内のネットワークであった。このように，途上国の貧困層は，多様な人間関係をさまざまなリスクからの自衛手段として用いているのである。

（3）協調行動を起こさせるメカニズム

経済的な取引がより広域のものとなったり，複雑になったりすれば，不完全市場の問題を克服する方法もより制度的なものとなっていく。その制度形成においても，社会関係資本は重要な役割を果たす。より複雑な取引が必要な場合，常に多数の相手と市場取引をするよりも，取引相手を決めて，長期的な取引関係にしてしまう方が探索費用を下げるというメリットがある。長期的な関係を築くことで双方に共通の利益が生じるのであれば，双方が協力して行動することになるはずである。しかし現実社会では，共通の利益というインセンティブだけで長期的な関係は保障できないため，「契約」という形で長期的・独占的な関係を確保してしまう，あるいは取引相手の会社を買収して同一組織内に取

り込んでしまうなどの手段を取る。しかし，それでもなお，個人が契約相手と共通のあるいは組織全体の利益よりも魅力的な利益に直面した場合，契約相手や組織の利益に反する行動をとるかもしれない。マンサー・オルソンはこの現象を「集合行為のジレンマ (dilemma of collective action)」と呼んだ (Olson, 1965)。

　これを防ごうと思えば，ルールを設け，ルールが守られているかを監視し，ルール遵守を強制するために罰則を設けるといった制度形成が必要となる。すると今度はそのための取引費用が高くなってしまう。一方，契約相手同士や組織のメンバーが自発的に相互利益のために協調行動を取ることができれば，制度形成・維持のための費用を減らすことができる。たとえば，契約相手や組織のメンバーとの間に密接な交流があれば，あるいは属性が同じ（たとえば，同じ宗教に属している）であれば，お互いの行為が正確に予測できるようになり，相手を信頼して協調行動を起こすこともできるであろう。また，契約者同士の共通の知り合いが第三者として契約の裏書きをしていれば，この第三者の存在が裏切り行為を難しくさせるだろう。社会関係資本，つまり信頼関係や規範，ネットワークといった「協調行動を起こさせる社会の構造や制度」(Coleman, 1990, 302) は，このような「集合行為のジレンマ」を克服するための取引費用を軽減するために重要な役割を果たすのである[1]。

3　公共財とソーシャル・キャピタル

（1）市場の失敗，政府の失敗を補うソーシャル・キャピタル

　途上国に限らず人々は道路や医療施設，公園といった，「公共財」を利用して暮らしている。警察や国防なども，不特定多数が同時にその恩恵を享受でき（非競合性），特定の国民だけに提供することができない（非排除性）という特徴をもつため，同じく公共財と言える。所得が低く，個人財産による経済的・社会的な問題の解決が難しい途上国の住民にとって，道路や港湾といった交通インフラだけでなく，学校や病院，技術などに関する情報・知識（農業試験場で開発される新品種など）といった公共財の存在は，生計の中の重要な要素である

と同時に将来の利益をもたらす資本となりうる。

　公共財は，その利益の非競合性，非排除性という特徴ゆえに，受けた恩恵の対価を個々の利用者から徴収するという市場的な管理が困難であり，利用者は必要な費用を払わず（他者の犠牲の上で）利益だけ得るという「ただ乗り」が可能となる。みんながただ乗りを始めると，最終的に市場では公共財を供給する者がいなくなり，「市場の失敗」という状態に陥る。そこで，このような市場が失敗する状況では，公共財の提供者や管理者としての政府の存在が必要となる。

　しかし，政府の存在も必ずしも十分な解決策とはならない。公共事業に充てられる予算の配分は政治的に決定されるし，徴税機能が不十分で税収が少ない途上国では，国民が望むすべての公共財を政府が提供できるわけではない。さらに，汚職や官僚主義の蔓延といった問題のある国では，公共財に配分する資源の偏在が起こっているかもしれない。市場だけでなく，政府も失敗するのである。

　「政府の失敗」が起こり，公的な機関による社会サービスや支援が得られない場合，人々は社会関係資本を利用した代替策による解決を模索することになる。途上国では，その方法は大きく分けて2つあるだろう。1つは，個人のインフォーマルなネットワークを通して解決を図るというものである。たとえば，リチャード・ローズによるロシアの意識調査の結果の分析によれば，警察，社会保障などの公的サービスやフォーマルな金融機関が機能していないロシアでは，多くの人々は公的機関との関係を「私物化（personalize）」する，つまり知り合いの役人のコネを使ったり賄賂を払ったりして個人的に便宜を図ってもらおうとしている（Rose, 2000）[(2)]。あるいは私的なネットワークを最大限に伝って（たとえば友人の友人など少しでも関係のある人を頼って）サービスや資金の提供を頼るという戦略をとっている。

　「政府の失敗」に対処するためのもう1つの方法は，共通の目的や規範でメンバーが結びつけられた社会的な組織による行政機能の代替である。教会による貧困層支援やモスクにおけるイスラム学校などはその好例である。ディー

パ・ナラヤンとラント・プリチットによるタンザニア農村の研究では，教会や「葬式講」，女性グループなどの組織の存在が，共有地管理や社会サービス，情報，インフォーマルな金融へのアクセスを向上させ，家計所得を向上させていると論じている（Narayan & Pritchett, 1997）。

（2）共有資源の利用のためのソーシャル・キャピタル

途上国，特に農村部では，市場でもなく政府でもなく，地縁や血縁で結ばれた比較的規模の小さな「共同体」が公共財の提供，管理の主体となるケースがしばしばみられる。たとえば，村落住民が資源採集を行う川や池，里山といった共有資源の管理である。物的，経済的な資源が乏しい中で，住民が自由にアクセスできる共有資源は，生計の重要な柱になったり，疫病や不作などのショックに見舞われた時のダメージを和らげる働きをしたりする。

1960年代から行われてきた議論では，「共有地」では資源を好きなだけ使うというただ乗りが起こり，やがて資源は枯渇する，つまり「コモンズの悲劇」（Hardin, 1968）が起きるというものであった。そして，その解決策は所有権を明白化（私有化）し市場の機能により管理するか，政府による課税などの介入を行うかという2つしかないとされてきた。

それにもかかわらず，実際には多くの途上国農村では市場にも政府にも頼らず，地域住民により共同資源の共同管理がなされており，1970年代からそれらの実例が農村組織論の研究の中で紹介されるようになってきた。そこで明らかになってきたのは，共有資源管理のパフォーマンスには社会関係資本が影響しているという事実である。たとえばアユルド・クリシュナ（Krishna, 2000 ; 2008）は，インドのラジャスタン地方の総合流域開発プログラムの実施地域の住民への質問票調査から，信頼，互酬性，団結などの人々の個人のレベルの意識と共有地保護のための協調行動のパフォーマンス（共有地保護の程度，土地生産性回復度合い，ボランタリーな行動への参加，活動の多様性など）との間に相関関係があることを明らかにした。

--- Box 5-1：ソーシャル・キャピタルの計測 ───────

　社会関係資本と開発に関する多くの研究では，計量分析の手法を用いて社会関係資本の役割を論じているが，それには，世界銀行（以下，世銀）による社会関係資本の「指標化」と「計測」の方法論の形成が大きく貢献している。その基本的な考え方は，社会関係資本をいくつかの要素からなる総体ととらえ，要素ごとに定量化するというものである。世銀が1997年に行ったワークショップの議論をまとめた Dasgupta & Serageldin (Eds.) (2000) の中で，ノーマン・アポフは，社会関係資本を社会組織・制度の存在に関連したネットワーク，組織での役割，ルール，手続きなどの「構造的（structural）」社会関係資本と，個人の心理的な変化プロセスや態度に直接影響を与える規範，価値観，信条などからなる「認知的（cognitive）」社会関係資本とに分類し，それぞれの要素を指標化するインデックスを作り計測するという方法論を提唱している（Uphoff, 2000）。世銀によるものも含め，多くの実証的な研究がこのアプローチをとっている。世銀はさらに，実際の調査における調査項目や質問例からなる社会関係資本の計測ツール（Social Capital Assessment Tool：SOCAT），Social Capital Integrated Questionnaire：SOCAP IQ））を開発し，調査における使用を奨励している。

　また，世銀のグルータートらのグループは，国家レベルで大規模に行われる家計調査などの際に社会関係資本に関する調査項目を入れることを念頭に置いた，合計95の広範な質問からなる Social Capital Integrated Questionnaire：SC-IQ) を提唱している（Grootaert et al., 2004；Nyhan Jones & Woolcock, 2008）。このアプローチは，社会関係資本には6つの面（①グループとネットワーク，②信頼と連帯，③協調行動と協力，④情報とコミュニケーション，⑤社会の結束と一体性，⑥エンパワーメントと政治的行動）があると考え，それらを定量的にとらえることを狙いとしたものである。

───────────────────────────────

4　コミュニティと国家の開発におけるソーシャル・キャピタル

　これまでみてきた議論は，個人的なつながりや地域社会といった小規模な単位で社会関係資本が市場の不完全性や公的機関の能力不足から派生するさまざまな問題を効率的に解決するというものであった。しかし，社会関係資本はこのような局地的な開発にのみ有効で，より広範な地域や国家のレベルにおける開発には社会関係資本は関係しないのであろうか。あるいは，小規模な集団

の発展は国家のレベルでの開発と結び付くのだろうか。

　小規模な集団を超えた社会関係資本もあり，それがより広範な（究極的には国家の）開発に貢献するという議論には，（少なくとも途上国開発研究の中では）大きく分けて以下の2つの見方が存在する。

（1）ボンディング，ブリッジング，リンキングソーシャル・キャピタル

　個人の間や小規模な集団の中だけで取引をすると，さまざまな取引費用を低減できるというメリットはあるものの，多くの見知らぬ人と取引を行うことから得られる潜在的な利益の可能性を失うことにもなる。他の集団や地域の知らない他者との間に信頼関係のネットワークが形成され，規範が共有されれば，より広範な社会全体で人々は利益を共有できるはずである。

　途上国の開発に関連する文脈では，世銀のマイケル・ウールコックとディーパ・ナラヤンが，社会関係資本の中には集団内の結束のためのボンディング社会関係資本だけでなく，組織外の他の組織とのつながりを強めるためのブリッジング社会関係資本が経済的な機会を広げる役割を果たすために重要であると論じた（Woolcock & Narayan, 2000）。その後，他の組織とのつながりを「より対等な組織との水平的なつながり（ブリッジング）」と「公的機関との垂直的なつながり（リンキング）」という2つに分ける議論が登場する（Woolcock, 2001）。世銀『世界開発報告』の2000/2001年版（「Attacking Poverty」）では，貧困削減におけるこの3つの社会関係資本の重要性が強調されている（World Bank, 2000, 28-131）。

　ボンディング社会関係資本の議論やその理論的背景となっているマーク・グラノヴェッターの「弱い紐帯の強さ」（Granovetter, 1973）の議論では，集団の中と外とで異なる役割の社会関係資本が存在するということが強調されたのに対し，リンキング社会関係資本の議論では，つながる相手が誰なのか，あるいはどのような資源をもった組織なのかということが問題となる。途上国の貧困地域では，コミュニティ内や他のコミュニティとのつながりから得られる資源や知識，情報などには限りがあり，政府やNGO，援助機関など垂直な関係か

らそれらを引き出せるかどうかが重要となる。

　このような議論の登場には，貧困問題が，単に金銭的・物質的な欠乏で起こるのではなく，「権力のなさ（powerlessness）」や「社会的な疎外（social exclusion）」といった政治・社会的な問題により引き起こされるものという認識が途上国に援助を行うドナー組織の間で共有されてきたことが背景にある。[3] つまり，リンキング社会関係資本の議論は「参加型開発」や「貧困層の声（voice of the poor）」といった貧困削減の新潮流に合致した主張だったと言える。

　しかしそれは，「失敗する」政府に貧困コミュニティがあえて頼らざるを得ない，ということを意味するわけではない。コミュニティが政府とリンクする能力をもつことで「政府と社会のシナジー（state-society synergy）」という外部効果が起こり，政府の側のアカウンタビリティも向上することも期待できるのである。このシナジー効果とは，政府とのリンキング社会関係資本から引き出した資源を有効に活用するためにコミュニティ内のボンディング社会関係資本が必要とされ，ボンディング社会関係資本が形成されるとコミュニティの厚生向上のために働く動機を持った人材が増え，そのような人材が政府の働きを監督するようになることで，政府の効率性も強化される，というものである（Evans, 1996）。[4]

　また，エリノア・オストロムは，ネパールの灌漑管理の事例（Ostrom, 1995）やブラジルの都市近郊貧困地域の下水システム建設・管理の事例（Ostrom, 1996）から，政府の公共事業のあり方次第で政府と社会のシナジーが形成されやすくなるということを示した。ブラジルの例では，下水の基幹水路の部分の建設を政府（公社）が担当し，基幹から延びる末端の水路を住民が経路の設計，建設，管理に参加するという方法がとられた。居住区の地理だけではなく，地区毎に異なるニーズや問題も知っている住民たちが計画段階から参加し，政府と「共同生産（coproduction）」することで，政府との間に効率的な分業と協調関係が生まれ，政府と社会のシナジー効果により低コストで効率的な下水サービスが維持されたという。

(2)「ミクロ」と「マクロ」のソーシャル・キャピタル

　信頼や規範といったコミュニティや地域社会内で機能する社会関係資本だけでなく，たとえば法の支配（rule of law）や所有権の保護（security of property right）といった価値観も，国民全体の利益のために個人が協調するために広く共有されている社会関係資本と考えることもできる。これを「マクロ」な社会関係資本と呼び，国家レベルでの開発との関係を論じる議論がある。

　国家の単位で社会関係資本と国民の厚生との関係を論じたものと言えば，フランシス・フクヤマの「高信頼社会」の議論が有名である。フクヤマは親族関係やエスニック集団という強力な紐帯を超えた信頼関係を結んでいる人口が多い社会（高信頼社会）で構成される国は経済発展しやすいと論じ，高信頼社会の国の例として日本を，低信頼社会の国の例として台湾を挙げた（Fukuyama, 1995）。しかし，フクヤマの議論は必ずしも厳密なデータを用いた検証とは言えず，1990年代以降の台湾の急速な経済発展を見ても，彼の議論が実証されたとは言い難い。

　一方で，「市民の自由度」「政治体制」「政治の自由度」といった政治的な制度のパフォーマンスを定量的なデータで表し，それらと国家の経済発展との間に相関関係があることを統計的に示した研究は数多くある（詳しくは Knack, 2002 を参照）。たとえば，ステファン・ナックとフィリップ・キーファー（Knack & Keefer, 1995；1997）は，官僚の質，政府の汚職の度合い，官僚の法律順守の規範といった，政府や政治制度の信頼度が1人当たり GDP に関係していることを示した。さらに，ナック（Knack, 2002）は政府や政治制度の信頼度は所得のみではなく，所得分配とも相関をもつことを明らかにしている。

　「マクロ」な社会関係資本の研究においても，「ミクロ」な社会関係資本の研究と同様に社会関係資本を「構造的」な要素（政治体制など）と「認知的」な要素（信頼や価値観など）に分けそれぞれが指標化され，計測されている。そこで用いられるデータは，たとえば Freedom House という NGO が1970年代から刊行している「Comparative Survey of Freedom」という調査結果や，Business Environmental Risk Intelligence, Business International といった格付

図5-1 社会関係資本の2つの次元

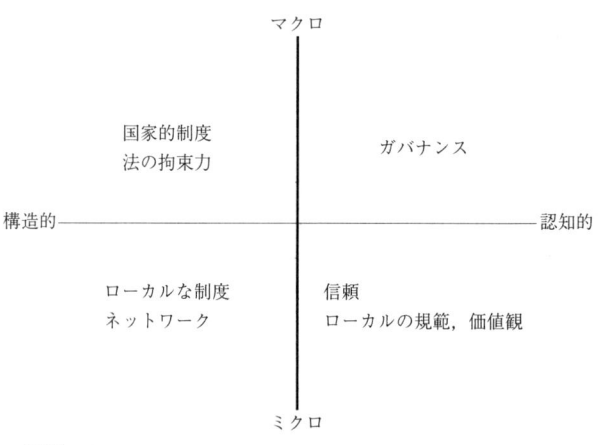

```
                        マクロ
                         │
         国家的制度        │
         法の拘束力        │   ガバナンス
                         │
  構造的 ─────────────────┼───────────────── 認知的
                         │
         ローカルな制度    │   信頼
         ネットワーク      │   ローカルの規範,価値観
                         │
                        ミクロ
```

（出所）　Grootaert & van Bastelaer (2002, 343).

け会社がビジネスマンや投資家向けに各国の政治リスクを分析した報告書などのデータである。また，World Values Survey Association という社会科学者のネットワークが5年ごとに実施している質問票調査「World Values Survey」の中の，一般的信頼や協調行動への態度，寛容といった価値観についての結果も社会関係資本の国別比較研究で使われている。

　では，「ミクロ」と「マクロ」の社会関係資本はどのような関係にあると考えられているのであろうか。世銀による社会関係資本と開発に関するさまざまな実証研究をまとめた *The Role of Social Capital in Development* (Grootaert & van Bastelaer, 2002) の中で，編者であるクリスチャン・グルータートとティエリ・ファン・ヴァステラーは，社会関係資本には「構造的」なものか「認知的」なものかといった軸と，「ミクロ」か「マクロ」かといった軸で分類できるとして，それぞれの社会関係資本の関係を図5-1のように4つの次元に分類している。

　彼らの議論では，この4つの社会関係資本はそれぞれ異なる種類のものであり，それらを混同して議論すべきではないと強調している。これらの異なる社会関係資本をそれぞれ独立な変数ととらえることで，指標化，計測，そして開

発との関連性が計量的手法を用いて分析しやすくなることを重視している。社会関係資本を実用化（operationalize）しようという実利的な目的を追求する世銀の立場を反映していると言えるのではないだろうか。

Box 5-2：発展段階とソーシャル・キャピタル

　途上国の低開発の問題が解決されると、社会関係資本はどうなるのであろうか。世銀の上級副総裁も務めたジョセフ・スティグリッツは、社会関係資本の「逆U字カーブ」という説を唱え、発展に伴い、社会関係資本の役割が減じていくと論じた。発展の初期段階では、個人的なネットワークが成長や分配において重要な役割を果たしている。しかし、経済発展が進み市場機能が強化されるにしたがい、人々は市場のルールを遵守するようになり個人的なネットワークの相対的な必要性が低下する。そして、人々が社会関係資本に投資しようというインセンティブが下がり、その機能は市場によって置き換えられるようになるのである（Stiglitz, 2000）。

　一方、ファフシャンは、公的なシステムの整備とともに異なる形（form）の社会関係資本が機能しはじめると論じた。ファフシャンは、ガーナ、ケニア、ジンバブエの製造業者の間の契約履行の状況と法的システムの比較から、契約不履行とその訴訟のケースが多いジンバブエでは「政府に対する一般的な信頼」という社会関係資本のレベルが最も高いことを示し、発展の初期段階では小規模な組織やネットワーク内での個人的な信頼が重要である一方、発展段階が進んだのちには、公的な制度への信頼といった社会関係資本が公的なサービス供給に影響を与えるとしている（Fafchamps, 2006）。

　結局、両者は同じことを論じているに過ぎないが、スティグリッツがこの見解を示した時点では、社会関係資本と言えば、主に政府や市場を補完するものとして論じられていた。一方、政府や市場を機能させる制度も（「マクロな」）社会関係資本であるという主張が主流派となって行くのは、2000年代に入ってからの現象である(5)。

5　おわりに

　本章で紹介した研究のほとんどは、コミュニティや地域社会、あるいは国家といった単位の集団の厚生向上を問題にしている。個人ではなく集団の厚生向上が問題となるのは、世銀が社会関係資本の議論の高まりに一役買っているという事情を差し引いても、低開発の問題は社会や国家全体で解決されるべしと

いう規範的な問題意識が議論の前提としてあるからであろう。途上国の多くの社会で観察される信頼や社会的ネットワーク，互酬の習慣が経済的な資本や人的資本を補い経済・社会発展に貢献しうるという議論が，多くの人々，特に開発援助関係者の関心を引き付けたことは間違いない。

社会関係資本という言葉は，開発援助関係の多くの文献で当たり前のように目にするようになったが，開発と社会関係資本の関係に注目する議論の多くは，パットナムの概念をその基礎としてきている。そのため，社会関係資本の存在がどのような社会を作り出すか，あるいは社会全体の厚生向上にどのような役割を果たすかといった問題は数多く議論されてきた。

一方で，ブルデュー（Bourdieu, 1986）のような，社会関係資本を社会的なネットワークを通して獲得できる資源であるととらえる見方は希薄であったと言える。今後は，ネットワーク形成過程，あるいはネットワークを通した資源獲得という戦略性に注目した研究を発展させていく必要があるだろう。途上国の個人や組織，コミュニティが彼らに直接賦存していない資源を獲得するためにネットワーク形成を模索することは，日常の中で幅広く見られる現象だからである。組織やコミュニティを超えたネットワーク形成については，ブリッジング，リンキング社会関係資本という概念化がなされているが，計量的な手法を用いた実証研究は皆無である。この問題の研究を重ねていくことは，途上国の開発問題を解決する上で重要な示唆を与えてくれるだろう。

注
(1) 合理的個人が集団の利益のために協調行動を取るメカニズムを，ゲーム理論を用いて平易に解説している代表的な論者は，エリノア・オストロムである。ゲーム理論の基本的な設定である「囚人のジレンマ」ゲームでは，自己の利益を優先する合理的個人2者は互いに裏切る結果，両者とも損を被ることになっている。しかし，より現実の状況に近づけて，個人同士がコミュニケーションをとりゲームのルールを変えられる場合や，自身の行動に対する相手の反応を正確に予測し得る場合には，双方が協調（信頼）し合うことがゲームの結果（均衡状態）となりうるとしている（Ostrom, 1995 ; Ahn & Ostrom, 2008）。

(2) ロシアを途上国と呼ぶかどうかは議論が分かれるが，ローズは，彼の調査の被調査者の5分の2が本来もらえる失業手当や年金などの社会保障が支払われていないことなどを理由に，ロシアを「非近代的な（antimodern）」国家であるとしている。
(3) 世銀が毎年刊行する「世界開発報告」の1990年版も「Poverty」の特集（World Bank, 1990）であったが，1990年版と2000/2001年版では，貧困の原因に対する考え方が異なっている。1990年版では，貧困が消費や社会サービスの充足度で測られているのに対し，（ソーシャル・キャピタルと開発の関係について初めて言及した）2000/2001年版では，貧困層を，「資産に乏しい」「制御不能なショックにさらされている」「政治，社会面において弱者」と特徴づけている。
(4) ただし，エヴァンズの議論では，ボンディングソーシャル・キャピタルとリンキングソーシャル・キャピタルを区別しているわけではなく，既存の（ボンディング）ソーシャル・キャピタルが開発活動を効率的に実行することを目的として含む組織に「スケールアップ（scaling-up）」することで，政府とのシナジー効果が得られる，としている。
(5) 坂田（2004）は，1990年代に「開発のミッシングリンクとしてのソーシャル・キャピタル」や「ボンディング」「ブリッジング」「リンキング」ソーシャル・キャピタルといった，政府や市場を補完するインフォーマルな制度やネットワークの重要性の強調してきた世銀が，2000年代以降には，ガバナンスや政治体制などの重要性を強調する「マクロなソーシャル・キャピタル」という議論に転換していったと指摘している。

参考文献
坂田正三（2001）「社会関係資本と開発——議論の系譜」佐藤寛編『援助と社会関係資本——ソーシャルキャピタル論の可能性』アジア経済研究所。

坂田正三（2004）「[書評] Christian Grootaert and Thierry van Bastelaer (Eds.) *The Role of Social Capital in Development : An Empirical Assessment*」『アジア経済』第45巻第1号，46-50頁。

山崎幸治（2001）「社会関係資本と効率改善のメカニズム」佐藤寛編『援助と社会関係資本——ソーシャルキャピタル論の可能性』アジア経済研究所。

山崎幸治（2004）「ソーシャル・キャピタルへの経済学的アプローチ」宮川公男・大守隆編『ソーシャル・キャピタル——現代社会のガバナンスの基礎』東洋経済新報社。

Ahn, T. & E. Ostrom (2008) "Social Capital and Collective Action" In Castiglione, D., J. van Deth & G. Wolleb (Eds.) *The Handbook of Social Capital*, New York ; Oxford University Press.

Bourdieu, P. (1986) "The Forms of Capital" In Richardson, J. (Ed.) *Handbook of Theory and Research for the Sociology of Education*, New York ; Greenwood Press.

Coleman, J. (1990) *Foundations of Social Theory*, Cambridge, Massachusetts ; Harvard University Press.

Dasgupta, P. & I. Serageldin (Eds.) (2000) *Social Capital : A Multifaceted Perspective*, Washington D.C. ; The World Bank.

Evans, P. (1996) "Government Action, Social Capital and Development : Reviewing the Evidence on Synergy" *World Development*, Vol. 24, No. 6, pp. 1119-1132.

Fafchamps, M. (2006) "Development and Social Capital" *Journal of Development Studies*, Vol. 42, No. 7, pp. 1180-1198.

Fafchams, M. & B. Minten (1999) "Relationships and Traders in Madagascar" *Journal of Development Studies*, Vol. 35, No. 6, pp. 1-35.

Fafchams, M. & S. Lund (2003) "Risk-sharing Networks in Rural Philippines" *Journal of Development Economics*, Vol. 71, Issue 2, pp. 261-287.

Fafchams, M. & F. Gubert (2007) "The Formation of Risk Sharing Networks" *Journal of Development Economics*, Vol. 83, Issue 2, pp. 326-350.

Fukuyama, F. (1995) *Trust : The Social Virtues and the Creation of Prosperity*, New York ; Free Press.

Granovetter, M. (1973) "The Strength of Weak Ties" *American Journal of Sociology*, Vol. 78, No. 6, pp. 1360-1380. (大岡栄美訳「弱い紐帯の強さ」野沢慎司編・監訳 [2006]『リーディングスネットワーク論——家族・コミュニティ・社会関係資本』 勁草書房)

Grootaert, C. (1999) *Social Capital, Household welfare and Poverty in Indonesia*, Local Institutions Working, Paper, No. 6. Washington D.C. ; The World Bank.

Grootaert, C. & T. van Bastelaer (2002) "Conclusion : Measuring Impact and Drawing Policy Implications" In Grootaert, C. & T. van Bastelaer (Eds.) *The Role of Social Capital in Development : An Empirical Assessment*, Cambridge ; Cambridge University Press.

Grootaert, C., D. Narayan, V. Nyhan Jones & M. Woolcock (2004) *Measuring Social Capital : An Integrated Questionnaire*, World Bank Working Paper No. 18, Washington D.C. ; The World Bank.

Hardin, G. (1968) "Tragedy of the Commons" *Science*, Vol. 162, No. 3859, December 13, pp. 1243-1248.

Knack, S. (2002) "Scial Capital, Growth and Poverty : A Survey of Cross-Conutry Evidence", in Grootaert, C. & T. van Bastelaer (Eds.) *The Role of Social Capital in*

Development : An Empirical Assessment, Cambridge University Press.

Knack, S. & P. Keefer (1995) "Institutions and Economic Performance : Cross-Country Tests Using Alternative Institutional Measures" *Economics and Politics*, Vol. 7, Issue 3, pp. 207-227.

Knack, S. & P. Keefer (1997) "Does Social CapitalHave an Economic Payoff ? : a Cross-Country Investigation", *The Quarterly Journal of Economics*, November, pp. 1251-1288.

Krishna, A. (2000) "Creating and Harnessing Social Capital" In Dasgupta, P. and I. Serageldin (Eds.) *Social Capital : A Multifaceted Perspective*, Washington D.C. ; The World Bank.

Krishna, A. (2008) "Social Capital and Economic Development" In Castiglione, D., J. van Deth & G. Wolleb (Eds.) *The Handbook of Social Capital*, New York ; Oxford University Press.

Krishna, A. & N. Uphoff (1999) *Mapping and Measuring Social Capital*, Social Capital Initiative Working Paper No. 13, Washington D.C. ; The World Bank.

Narayan, D. & L. Pritchett (1997) *Cents and Sociability : Household Income and Social Capital in Rural Tanzania*, The World Bank : Policy Research Working Paper, No. 796.

Nyhan Jones, V. & M. Woolcock (2007) *Using Mixed Methods to Assess Social Capital in Low Income Countries : A Practical Guide*, Manchester ; Brooks World Poverty Institute.

Olson, M. (1965) *The Logic of the Collective Action : Public Goods and the Theory of Group*, Cambridge, Massachusetts ; Harvard University Press. （依田博・森脇俊雅訳［1996］『集合行為論――公共財と集団理論』ミネルヴァ書房）

Ostrom, E. (1995) "Constituting Social Capital and Collective Action" In Keohane R. et al. (Eds.) *Local Commons and Global Interdependence : Heterogeneity and Cooperation in Two Domains*, London ; SAGE.

Ostrom, E. (1996) "Crossing the Great Divide : Coproduction, Synergy, and Development" *World Development*, Vol. 24, No. 6, pp. 1073-1087.

Portes, A. & P. Landolt (1996) "The Downside of Social Capital" *The American Prospect*, No. 26, pp. 18-21.

Putnam, R. D. (1993) *Making Democracy Work : Civic Traditions in Modern Italy*, Princeton, New Jersey ; Princeton University Press. （河田潤一訳［2001］『哲学する民主主義――伝統と改革の市民的構造』NTT 出版）

Putnam, R. D. (2001) *Bowling Alone : The Collapse and Revival of American*

Community, New York ; Simon and Schuster. (柴内康文訳 [2006]『孤独なボウリング――米国コミュニティの崩壊と再生』柏書房)

Rose, R. (2000) "Getting Things Done in an Antimodern Society: Social Capital Networks in Russia" In Dasgupta, P. & I. Serageldin (Eds.) *Social Capital: A Multifaceted Perspective*, Washington D.C. ; The World Bank.

Stiglitz, J. (2000) "Formal and Informal Institutions" In Dasgupta, P. & I. Serageldin (Eds.) *Social Capital: A Multifaceted Perspective*, Washington D.C. ; The World Bank.

Uphoff, N. (2000) "Understanding Social Capital: Learning from the Analysis and Experience of Participation" In Dasgupta, P. & I. Serageldin (Eds.) *Social Capital: A Multifaceted Perspective*, Washington D.C. ; The World Bank.

Woolcock, M. (2001) "The Place of Social Capital in Understanding Social and Economic Outcomes" *ISUMA Canadian Journal of Policy Research*, Vol. 2, No. 1, pp. 11-17.

Woolcock M. & D. Narayan (2000) "Social Capital: Implications for Development Theory, Research, and Policy" *The World Bank Research Observer*, Vol. 15, No. 2, pp. 225-249.

World Bank (1990) *World Development Report 1990: Poverty*, New York ; Oxford University Press.

World Bank (2000) *World Development Report 2000/2001: Attacking Poverty*, New York ; Oxford University Press.

リーディングリスト

佐藤寛編（2001）『援助と社会関係資本――ソーシャルキャピタル論の可能性』アジア経済研究所。
　――社会関係資本に関連する諸概念の開発援助への応用可能性を論じた論文集である。経済学を中心とする理論のレビューに加え，共有資源の管理や村落開発，水管理，小規模金融などの開発事業が研究対象となっている。

Dasgupta, P. & I. Serageldin (Eds.) (2000) *Social Capital: A Multifaceted Perspective*, Washington D.C. ; The World Bank.
　――社会関係資本の概念を具体的な開発のツールとして活用することを目的として，経済学者を中心とした議論をまとめたものである。社会関係資本の指標化，計測方法，分析手法の具体的な提案がなされている。

Grootaert, C. & T. van Bastelaer (Eds.) (2002) *The Role of Social Capital in Development: an Empirical Assessment*, Cambridge ; Cambridge University Press.
　——世銀による調査研究成果のまとめである。特に，貧困問題の解決の手段としての社会関係資本に焦点を当てた議論が中心となっている。また，国家の役割をマクロな社会関係資本として積極的に論じている。

第6章 NPO／コミュニティ[1]

西出優子

1 はじめに

　社会の問題解決や新たな社会的価値を創造するために，自らが定めた社会的使命（ミッション）の実現を目指して自発的に組織化されたNPO。他人や地域，社会の問題を他人事として放っておけずに，自己の問題としてとらえて活動する人が集まって組織化したのがNPOであり，ボランティアや寄付といった，人々の共感や協力をもとに活動している。互酬性の規範や人と人とのつながり，ネットワークが要となるNPOは，まさに社会関係資本そのものでもあり，社会関係資本によって生み出される産出物でもあり，社会関係資本を生み出す主体とも言える。そもそもNPOの役割の一つとして，社会関係資本の形成があることは，サラモン（Salamon, 1997）をはじめとして，多くの論者（Boris, 1999；Frumkin, 2002 他）が指摘してきた。日本においても，稲葉（2002）が，NPOは社会構成員間の信頼と規範を高める社会関係資本の提供者としての機能を有し，NPOの活動自体が社会関係資本を醸成すると同時に，セクターとしてのNPOが総体として社会関係資本を育むと提示している。

　こうしたNPOやボランティア，寄付に関する研究分野（NPO論）において，社会関係資本に関する研究にはどのようなものがあり，何を目的に，どのような手法で研究され，どのような知見が明らかにされ，残されている課題は何か。本章では，このような視点から，NPO論における社会関係資本に関する研究についてサーベイを行い，これまでの成果をふりかえり，今後の課題と展望を提示する。

2　サーベイの手法

　本章で調査対象としたのは，以下の5つに該当する論文や書籍，報告書などである。[2]

① NPO研究において世界的に定評のあるジャーナル3誌『非営利・ボランタリー・セクター季刊誌』（原題：*Nonprofit and Voluntary Sector Quarterly*（*NVSQ*）），『NPOマネジメントとリーダーシップ』（原題：*Nonprofit Management and Leadership*（*NML*）），『ボランタス』（原題：*Voluntas*）に掲載された論文（表6-1）
② 日本NPO学会学会誌『ノンプロフィット・レビュー』に掲載された論文（表6-1）
③ 論文情報データベース（CiNii）において，「ソーシャル・キャピタル」と「NPO」，「ボランティア」，「市民活動」のキーワード検索で出てきた論文
④ 「ソーシャル・キャピタル・アーカイブ」（ウェブサイト）に掲載されたNPOと社会関係資本に関する書籍や論文
⑤ その他，筆者の知りうる範囲でNPO論から社会関係資本について扱った論文や著書，報告書など

　サーベイの方法は，まず，上記①と②の4つのジャーナル（表6-1）において，1995年から2009年において，タイトルやキーワードに「社会関係資本」が含まれる論文数を年毎にまとめ，この15年間にわたるNPO論における社会関係資本研究の趨勢を整理した[3]（表6-2）。次に，①-⑤に該当する論文や書籍，報告書の内容や手法，知見を分析した。

第 6 章 NPO／コミュニティ

表 6-1 サーベイ対象の主なジャーナル

ジャーナル名	創刊 発行頻度	概要・特徴
Nonprofit Voluntary Sector Quarterly (NVSQ)	1972年 年4〜6回	NPO・ボランティア学会 (Association for Research on Nonprofit Organizations and Voluntary Action: ARNOVA) が発行する公式機関誌。NPO 研究において世界で最も歴史があり，質が高い。理論重視。
Nonprofit Management and Leadership (NML)	1990年 年4回	アメリカのケース・ウェスタン大学マンデル NPO センターが発行。NPO の経営やリーダーシップに関する理論と実践を重視。
Voluntas: International Journal of Voluntary and Non-profit Organizations (Voluntas)	1990年 年4回	国際サードセクター研究学会 (International Society for the Third Sector Research) の公式機関誌。アメリカ以外の地域・国や国際比較研究を重視。
ノンプロフィット・レビュー	2001年 年2回	日本 NPO 学会の公式機関誌で，NPO 研究において「日本で唯一の専門学術誌」。

表 6-2 NPO と社会関係資本に関する論文数の推移（1995-2009年）

ジャーナル名	1995	1996	1997	1998	1999	2000	2001	2002	2003	2004	2005	2006	2007	2008	2009	Total
Nonprofit Voluntary Sector Quarterly				1(1)				1(1)	1(0)	4(1)	1(1)	2(2)	4(3)	1(1)	4(2)	19(12)
Nonprofit Management and Leadership										1(1)		1(1)				2(2)
Voluntas				1(0)	1(0)							1(0)	1(1)	3(2)		7(3)
ノンプロフィット・ジャーナル	-	-	-	-	-	-	7(0)	7(0)	1(0)	2(0)	2(1)		3(0)	2(2)		24(3)
合　計				2(1)	1(0)		7(0)	8(1)	2(0)	7(2)	3(2)	3(3)	8(3)	4(4)	7(4)	52(20)

3　数字で見る NPO 論におけるソーシャル・キャピタル

　上記表 6-1 に記した 4 つの NPO 関連ジャーナルに掲載された，「社会関係資本」をタイトルやキーワードに含む論文数の推移は，表 6-2 の通りである。社会関係資本をタイトルに直接含む論文自体（表 6-2 の（　）内数字）は20，社会関係資本をキーワードに含む論文数は52（表 6-2 の数字）である。すなわ

ち，この15年間において，NPO論から社会関係資本を研究した論文は少なくとも20，NPO論において社会関係資本を何らかの形で研究テーマの一環として取り入れている論文は50以上にのぼる。

　タイトルに社会関係資本を含む論文は，ARNOVAが1972年に創刊した，NPO研究で最も歴史があるジャーナル，"NVSQ" に掲載されたメッサー（Messer, 1998）が初である。その後2002年より，"NVSQ" では毎年1つないし複数の論文がタイトルに社会関係資本を含んでおり，2004年，2007年，2009年には各4本の論文が掲載されている。このように，この10年以上にわたり，NPO論において社会関係資本研究は着実に進展してきた。

　NPOの経営やリーダーシップに焦点を当てた "NML"（1990年創刊）では，キング（King, 2004）とパシーとライオンズ（Passey & Lyons, 2006）の2本のみがタイトルに社会関係資本を含んでいる。とはいえ，最近シュナイダー（Schneider, 2009）など，"NVSQ" でもNPOの経営や組織論の分野における研究が出てきており，こうした視点からの研究も増えつつある。

　同じく1990年創刊の "Voluntas"（国際サードセクター研究学会機関誌）では，1998年と1999年という早い時期に社会関係資本をキーワードに含む論文が出された。その後7年間の空白の後，最近3年間ではキーワードに社会関係資本を含む5本の論文のうち4本がタイトルに社会関係資本を含んでいる。これは，国際的にもNPO論における社会関係資本研究が広がりつつあることを示している。

　日本NPO学会が1999年に設立されて2年後の2001年に創刊された『ノンプロフィット・レビュー』では，9年間で24本の論文が社会関係資本をキーワードとして扱っている。これは，歴史ある "NVSQ" よりも多く，4誌の中でも最も多い。ただし，直接タイトルに社会関係資本を含む論文は2005年に1本（Nishide & Yamauchi, 2005），2008年に2本（Inaba, 2008；金谷, 2008a）と，他のジャーナルに比較しても多くはない。注目すべきは，創刊した2001年に，7本の論文が社会関係資本をキーワードに取り入れていることである。そのうち5本が，日本，アメリカ，中国，スウェーデンなど，各国における非営利セク

ターの課題と展望の中で社会関係資本について言及している。

以上のように, NPO 関連の4つのジャーナルをサーベイした結果, この15年間において, NPO 論における社会関係資本の研究は着実に進展してきたと言えよう。

4 NPO 論におけるソーシャル・キャピタル研究

以下では, 表6-2で示した, タイトルに社会関係資本が含まれている20本の論文を中心に, 上記③-⑤における NPO と社会関係資本に関する論文や書籍もあわせてサーベイした結果を整理した。①日本における関心の高まり, ②国際的広がり, ③研究手法, ④ボンディング vs. ブリッジングな社会関係資本, ⑤ボランティアや寄付, NPO・市民活動, ⑥NPO の多様な活動分野, ⑦NPO の経営と組織, ⑧公共政策, という8つの視点から, NPO 論における社会関係資本研究を分析した。

(1) 日本における関心の高まり

日本における NPO やボランティアと社会関係資本に関する調査研究は, 内閣府国民生活局 (2003) が2002年にボランティア・NPO・市民活動促進の視点から行った, 全国の社会関係資本調査を機に関心が高まったと言えよう。この調査では, ボランティア・NPO・市民活動と社会関係資本が, ポジティブ・フィードバックの関係にある可能性が示唆された。その後も, 2005年 (内閣府経済社会総合研究所, 2005), 2007年 (日本総合研究所, 2008) と, ボランティア・NPO・市民活動の側面を取り入れた全国的な調査が行われてきた。山内 (2003) は, 市民活動インデックスを作成し, ボランティアや寄付, NPO などの都道府県別の地域差を測定した。また, 大阪大学 NPO 研究情報センターでは, 2004年度に「ソーシャル・キャピタル・地域力研究会」を開催し, 日本における社会関係資本に関し, 山内・伊吹編 (2005) において, NPO やボランティア活動, 環境, まちづくり, 文化行動といった多様な視点から実証研究を

行った。日本 NPO 学会でも，2008年度に 8 回にわたる「ソーシャル・キャピタル研究会」を実施している。

さらに近年，さまざまな学会誌などで，NPO と社会関係資本に関する特集が組まれている。たとえば，2004年に『21世紀フォーラム』の特集「社会に新たな価値と仕組みを創る――NPO が果たす役割と課題」では，大守ら（2004）が「ソーシャル・キャピタルの観点から見た NPO」を論じている。翌2005年には，『NIRA 政策研究』の特集「ソーシャル・キャピタル――ガバナンスの基礎――つながるスキルをとりもどす」に，「ソーシャル・キャピタルとNPO・市民活動」（山内，2005）の論考がある。『福祉社会学研究』の特集「福祉社会の基盤を問う――ソーシャル・キャピタルとソーシャル・サポート」で「ソーシャル・キャピタルと NPO・ボランティア」を論じた田中（2007）や，『Fujitsu 飛翔』の特集「信頼の輪――ソーシャル・キャピタル」で「NPO を軸に連携する新しいコミュニティ」を提案した山岸（2008）もある。さらに，『公共政策研究』の特集「市民社会の公共政策学」における地縁組織に関するペッカネン（Pekkanen, 2005）の論考もある。このように，日本において，ボランティア・NPO・市民活動・地縁的活動と社会関係資本の関係に対する関心がさまざまな領域で高まってきている。

（2）NPO 論におけるソーシャル・キャピタル研究の国際的広がり

NPO 論において社会関係資本に関する研究は，これまでアメリカ（Putnam, 2000；Saxton & Benson, 2005 他）やヨーロッパ（Yeung, 2004 他）の先進国が中心であった。上述のように近年日本においても盛んになってきたわけだが，その他の国や地域における研究も最近出てきた。たとえば，リプーマとコエルブル（LiPuma & Koelble, 2009）は，欧米の経験から形成されている社会関係資本が，新しい民主制に応用することができるのか，どの程度まで応用できるのかを，台頭する民主国家を対象にして政治経済にも注目しながら考察した。その結果，国民国家を基礎とした政治経済の文脈で構築されている欧米中心の社会関係資本の理論は，ますますグローバル化し循環している政治経済では，何が起こっ

ているのかをとらえることはできず，アフリカの台頭しつつある民主主義国家や一般的なポスト植民地には部分的にしか応用できないことを示した。また，ヴァルコフ（Valkov, 2009）は，共産主義になる以前のブルガリアにおける連帯の文化について，市民社会と社会関係資本を考慮しながら論じており，ブルガリアが積極的かつ協同的な生活を送っており，自発的な社交性の優れた傾向を示しており，従来の連帯の文化に関する見解を見直すべきだと主張した。韓国（Jeong 2010），スペインやブラジル（Encarnacion, 2003），東中央ヨーロッパ（Letki, 2009）を対象とした研究や国際比較研究（Rossteutscher, 2008）もあり，NPO 論における社会関係資本研究は世界的に広がりつつある。

（3）どのような研究手法が用いられてきたか

これまで，NPO 論における社会関係資本の研究は，個人や地域を対象に，定量分析を行うのが主流であった。しかし近年，これらの研究手法は変化しつつある。第 1 に，これまではサーベイ調査によるデータ収集と定量分析を重視した研究が主であったが，最近は組織や地域を対象として定性分析を行う研究（Passey & Lyons, 2006 ; Schneider, 2007 ; 2009 ; Valkov, 2009）も増加してきた。日本においては，NPO の事例研究を通して社会関係資本の生成・形成について考察を行っている論文（吉田，2003 ; 小林，2007 ; 高浦，2007）も少なくない。また，ワイシンガーとサリパンテ（Weisinger & Salipante, 2005）は，グラウンデッド・セオリー・プロセスを提示している。こうした傾向は，シュナイダー（Schneider, 2009）が指摘するように，社会関係資本が本来定性的な概念であるため，定量的な手法だけでは測定することができないことを表していると言えよう。

第 2 に，組織を分析レベルに用いる研究が増えつつある。これまでは，個人や地域を分析レベルにするのが主流であったが，近年は，パシーとライオンズ（Passey & Lyons, 2006）やシュナイダー（Schneider, 2007 ; 2009），ヴァルコフ（Valkov, 2009）など，組織を対象としたものも出てきている。社会ネットワーク分析を用いた研究（Bekkers et al., 2008 ; Enns et al., 2008 ; Hsung & Lin, 2008）も

増えてきた。このように，社会関係資本の測定・研究手法は，さまざまなレベルで，今後も精緻化を目指すことが期待される。

（4）ボンディング vs. ブリッジングなソーシャル・キャピタル

NPO 論において，ボンディングとブリッジングな社会関係資本を実証的に区別したり，これらをどう構築するかを検証したりする研究も行われている。カフェとゲイズ（Coffé & Geys, 2007）は，これら2つの特徴を実証的に検証している。ボンディング vs. ブリッジングな社会関係資本という理論的な区別を実証的に操作化するため，多様なボランタリー団体に参加している個人を対象に調査を行った。その結果，趣味の団体や人道支援団体は最もブリッジングな組織の1つであり，女性団体や退職者協会は最もボンディングな組織の1つであることを実証した。ワイシンガーとサリパンテ（Weisinger & Salipante, 2005）は，ボランタリー団体において民族的にブリッジングな社会関係資本を構築するために，ガールスカウトの会員とボランティアの人種構成に注目し，グラウンデッド・セオリー・プロセスを用いて団体の理事やスタッフ，ボランティアに半構造的インタビューを行った。その結果，ボランタリー団体はまず代表的な多様性を増加させるために，ボンディングな社会関係資本に依拠し，その後，ブリッジングな社会関係資本を創造するために，多様な会員間でミッションに関連した相互作用を引き起こし，多元的な多様性を維持するべきであると主張した。

日本においても，ブリッジングな社会関係資本とボンディングな社会関係資本の対比がある。特に，自治会や町内会などの地縁組織や地縁的活動（伝統的なコミュニティ）と社会関係資本との関係を検証したものが多い。内閣府経済社会総合研究所（2005）では，ボランティア活動に多く参加する人は，自分の属する地域に対して，住みにくい，安全ではない，活気がないというように，辛口の評価をする傾向があるのに対して，地縁的活動に多く参加する人は，地域に対して甘口の評価をする傾向があることから，地域に危機感をもって変えていこうという思いは，ボンディングな社会関係資本よりもブリッジングな社

会関係資本が影響している可能性を指摘した。金谷（2008a）は，社会関係資本を構成するネットワークとして，地縁型市民活動（地縁組織や行政系ボランティア）と自律型市民活動（NPO法人）を対比させて都道府県別パネル分析を行い，地縁型市民活動が，治安や健康，教育といった広範囲な分野のパフォーマンスの良好さと関係しており，自律型市民活動は現代社会の多様化した課題を改善する可能性を示唆した。同様に，地縁がつむぐ信頼についても考察している（金谷，2008b）。ペッカネン（Pekkanen, 2005 ; 2006）は，日本の近隣組織と公共政策について論じており，日本の市民社会が二重構造になっており，地縁組織が住民相互の信頼の基盤を作って，社会関係資本の形成に大きな影響を与えていることを指摘している。他にも，消防団など日本に伝統的に根づいてきた地縁組織に着目したハダッド（Haddad, 2004）や，ボランティア活動とボンディングな社会関係資本との関係について論じた石田（2005）などもある。

（5）ボランティアや寄付，NPO・市民活動とソーシャル・キャピタル

　NPO論における社会関係資本研究で最も盛んに論じられているテーマが，ボランティアや寄付，NPOそのものやNPOへの参加と社会関係資本との関係性である。パットナム（Putnam, 2000）は，アメリカの州レベルの膨大なデータを集め，NPO数やボランティア活動などの指標を合成した社会関係資本指数を用いて州ごとの社会関係資本を比較している。ただし桜井（2007）は，ボランティア・NPOと社会関係資本について，パットナムを超えた理論を展開すべきことを提示している。

　NPOへの参加と社会関係資本との関係については，強力な関係を示すものから，全く関連性がないといったものまで，さまざまな研究結果がある。ウォルバックとセレ（Wollebaek & Selle, 2002）は，ボランタリー団体への参加の度合い（能動的 vs. 受動的な参加），規模（多数 vs. 少数の団体への所属）とタイプ（政治的 vs. 非政治的な目的）の3つの次元が社会関係資本に貢献するかについて，ノルウェーの1,695名のデータを用いて実証分析した。その結果，能動的な会員と受動的な会員の違いは僅かであり，受動的な参加であっても，社会関係資

本の形成に貢献することを検証した。さらに，会員が多様な目的をもっていると同時に複数の団体に所属するときだけ参加の累積効果が起こるので，組織における受動的かつ複合的な所属により注目するべきであると主張した。また，台湾における社会関係資本とボランタリー団体への参加の関係（Hsung & Lin, 2008）や，カナダにおける社会活動と社会関係資本の強力な関係（Enns et al., 2008）も明らかになっている。ミヤタら（Miyata et al., 2008）は，山梨県の1,000名以上を対象に調査した結果，オンライン・コミュニティへの参加が社会関係資本に影響を及ぼし，それが次にボランタリー団体への参加に影響を与えることを提示した。また，世界価値観調査の70カ国に及ぶデータ分析によると，①社会における信頼やボランティア活動の度合いは，政治的参加や関心，政府に対する信頼，民主的価値観の普及に強力に関係し，②団体への所属やボランティア活動は，民主主義国家・非民主主義国家にかかわらず，世界中で民主主義に対する支持と正の相関関係がある（Rossteutscher, 2008）。

一方，ベッカーズら（Bekkers et al., 2008）は，オランダの全国調査を踏まえて，ボランタリー団体への参加がネットワークとは強力に関連しているが，信頼や結束には関連していないことを示した。また，坂本（2005）は，住民参加度の高まりが社会関係資本の要素を構成するものであり，社会関係資本が住民の主体な取り組みによって形成されると同時に，社会関係資本の蓄積を通じてNPO活動も活発になるととらえ，市レベルのデータから住民参加度とNPO法人数の関連を調査したが，明確な関連性は見られなかった。

社会関係資本が個人のボランティア活動や寄付に及ぼす影響を検証する研究も活発に行われてきた。たとえば，ブラウンとフェリス（Brown & Ferris, 2007）は，より多くのネットワークが蓄積されている社会関係資本を持つ人はより多く宗教的・非宗教的な社会貢献活動に寄付する傾向があること，より高いレベルの規範に基づいた社会関係資本を持つ人はより非宗教的な社会貢献活動のためにボランティアを行うこと，社会関係資本の影響を考慮すると，教育が寄付やボランティアに及ぼす影響は実質的に減少することを明らかにした。ワンとグラディ（Wang & Graddy, 2008）は，約2,000名に対して電話調査を行った結果，

①社会的信頼，ブリッジングな社会ネットワークと市民参加は宗教的・非宗教的な社会貢献活動への寄付額を増加させること，②組織的アクティビズムは非宗教的な社会貢献活動に影響をおよぼすこと，③ボランティア活動，人的資本と金融資本の指標は積極的に宗教的・非宗教的寄付に影響すること，④人生が幸せだと感じる人と宗教を有する人は，より寄付する傾向にあるが，これらの要素は非宗教的寄付に影響しないことを明らかにした。さらに，アイシャムら(Isham et al., 2006)は，アメリカの州レベルのデータを用いて，NPOにおけるボランティアが社会関係資本形成にどう影響するかについて調査し，ボランティアがNPOから社会関係資本の便益を受ける可能性が高まるのは，①組織が宗教的または社会的サービスを提供している場合，②ボランティアが組織のための活動を増やす場合，③ボランティアが大学教育を受けた女性または両親がいる場合であることを示した。

このように，ボランティアや参加と社会関係資本との関係において，宗教の要素が重視されており，この視点に焦点を当てた研究も少なくない。たとえば，ジョン(Jeong, 2010)は，韓国の個人を対象に，宗教の違いが個人の社会関係資本にどう影響するかを検証した。韓国における，プロテスタンティズム，カトリシズム，仏教という三大宗教コミュニティがどの程度まで社会関係資本の要素である市民参加と個人間信頼に影響を及ぼすのかを回帰分析により比較した。その結果，個人の市民参加を促進する宗教と影響を及ぼさないものがあることと，どの宗教に属していても個人間信頼には影響しないことを検証した。また，ヤン(Yeung, 2004)は，宗教とボランティアと社会関係資本の三次元的な関係について，フィンランドの約1,000名を対象に実証分析を行った。ボランティアを①教会ボランティア，②教会と他のコンテクストにおけるボランティア，③非教会ボランティア，④非ボランティアに分類し，これら4つのグループが多様な種類の社会関係資本を維持することを明らかにした。

(6) NPOの多様な活動分野におけるソーシャル・キャピタル

NPOは，福祉やまちづくり，国際協力，文化芸術，スポーツ，環境，防災

といった，さまざまな分野で活動している。こうした活動分野において社会関係資本の視点を取り入れた研究も少なくない。社会関係資本と国際 NGO・NPO および国際協力をめぐる問題（高島，2008），美術ファンクラブなどのファンサークルが行う市民活動が地域社会の社会関係資本生成や課題解決に寄与する可能性（小林，2007）や，NPO 法人北海道グリーンファンドの市民風車設立事業を通した社会関係資本の資本的形成（高浦，2007），社会関係資本の視点を通した参加型緑地管理活動（藤稿・斎藤，2008），自主防災組織での活動を通した地域の絆の深化（Mimaki et al., 2009）を考察したものがある。また，スポーツと文化とまちづくりといった，複数の活動分野を組み合わせた領域における研究もある。たとえば，横山・望月（2005）は，スポーツを文化装置として社会に定着させるために，地域においてスポーツが社会関係資本構築のハブとなること，すなわち，地域のさまざまなつながりをネットワーク化するハブとなり，地域力を主導する姿勢をもつことを提案している。

（7）NPO の経営と組織におけるソーシャル・キャピタル

　NPO の経営の視点や組織レベルから社会関係資本を論じているものも近年増加している。キング（King, 2004）は，オーストラリアの財団を対象に，NPO がどのように社会関係資本を再構築するかを実証的に検証した。その結果，すべての財団が必ずしも同様に社会関係資本を再構築するのではないこと，主な受益者や活動領域といった組織特性が社会関係資本を再構築する能力と関係していること，NPO のリーダーにとって社会関係資本を構築することが重要であることを明らかにした。財団を対象にした研究は他にもある。グラディとワン（Graddy & Wang, 2009）は，地域の社会関係資本に注目しながら，社会関係資本，寄付とコミュニティ財団との関係を結びつける枠組みを実証的に探索し，1 人当たりの寄付金がコミュニティ財団の設立年，人口密度，持ち家率と貧困率に影響されることを実証した。

　また，パシーとライオンズ（Passey & Lyons, 2006）は，NPO のマネジメントとリーダーシップに関する社会関係資本の文献をサーベイした結果，共有され

ているビジョンとミッションが NPO の原動力であり，NPO は特定の集団的必要性に答えるために自発的に集まった人の集合体であり，実質的に社会関係資本の縮図であることを示した。一方，シュナイダー（Schneider, 2007）によると，6 つの NPO を対象に市民の積極的参加と社会関係資本の関連性・非関連性の調査した結果，市民の積極的な参加と社会関係資本は常に関連性があるわけではないことがわかった。

　多くの社会関係資本に関する研究が，市民参加を促進するための NPO の役割や NPO がどのように組織と関連する個人のための社会関係資本を構築するのかについて論じてきたが，シュナイダー（Schneider, 2009）は，NPO における組織的社会関係資本の役割を考察した。組織的社会関係資本を特定の NPO を支援する組織間やコミュニティ間の信頼に基づいたネットワークと定義し，組織的社会関係資本が組織としての NPO の存続と発展に不可欠なものであるとした。

　日本においては，吉田（2003）が，大阪 NPO プラザの事例を通して，模倣的同型化と戦略的対応について社会関係資本の視点から論じている。中島（2009）は，NPO と社会関係資本について，制度化の影響に関する実証研究を行った。その結果，NPO の制度化によって，NPO は社会関係資本を創出する力量を損なうという先行研究と異なり，制度化は必ずしも NPO の社会関係資本を創出する力量を損なうことにはつながらず，むしろ社会関係資本の負の側面を軽減し，正の側面の醸成に移転するという結果を導出した。組織論においては，コミュニティ・ビジネスを始めて軌道にのせるための利害関係者を協働に導くための心理的な影響力として，社会関係資本の概念をとらえた松本（2008）がある。上原（2005）は，最近の研究動向のサーベイを踏まえて，情報通信技術を使って組織の意思決定をどのように高めていくかという組織知能の高度化と，スタッフのネットワークからなるコミュニティによる新たな知識創造を共存させるという，2 つのパラダイムを適宜組み合わせて促進していく社会関係資本の蓄積を図ることを提案している。

(8) NPO論における公共政策とソーシャル・キャピタル

　NPO論における公共政策と社会関係資本についても国内外で論じられている。ブライス（Bryce, 2005；2006）は，NPOを公共政策過程における社会関係資本のエージェントとしてとらえる新たな概念的枠組みを提示している。NPOは公共的な性格を有する社会関係資本とそのエージェントであり，市場や政府の失敗を補う以上の役割を果たす。すなわち，NPOは市場を規制，促進，支援，緩和し，公共政策のあらゆる側面における重要な役割を担う（Bryce, 2006）。

　日本においては，2002年の内閣府調査を契機に，ボランティア・NPO・市民活動と社会関係資本に関する政策的展開が模索されてきた。その結果，国や地域において社会的ネットワークを広げて，ボランティア・NPO・市民活動や地縁的活動といった多様な主体が一体となって市民自治を促進させる政策や施策の必要性が提言されている（日本総合研究所, 2008）。その具体的な政策として，市民自治条例といった地域分権を推進する政策，ボランティア・NPO・市民活動を促進する政策，寄付税制や地域通貨といった市民活動を支援する仕組みを模索する政策，地域単位で防災対策を行って高齢者の孤独死を抑制する政策などが例として挙げられている（同上）。

　北海道知事政策部（2006）をはじめ，横浜市，さいたま市など，自治体レベルでも社会関係資本に関する政策研究が行われつつある。西出（2005）は，福井県内の3つの自治体を事例として，NPOと行政との協働条例や指針の策定過程における社会関係資本の形成と活用を提案している。また，海外で提案・実施されている多様な政策を踏まえて，日本においてもNPOをはじめ多様な主体が連携して社会関係資本の醸成に取り組む政策を展開することも考察されている（Nishide, 2009）。地域レベルにおける社会関係資本の政策的研究を進展させ，実際に多様な主体がかかわって関連政策を展開していくことは，今後ますます重要となってくるであろう。

5 おわりに

本章では，NPO 論における社会関係資本研究のサーベイを行い，上述のように，これまでにさまざまな知見が明らかにされた。とはいえ，今後の研究課題も山積している。ボランティアや寄付，NPO への参加との関係では，たとえば，教育や宗教がどの程度まで社会関係資本を通じて寄付を増やすのか（Brown & Ferris, 2007）といった点が解明されるべきであろう。また，NPO の経営の視点からは，NPO のリーダーのどのような行動や役割が社会関係資本の発展と活用を求めるのか，また，リーダーが社会関係資本を促進する際のリーダーシップの効果をどのように評価するのか（Passey & Lyons, 2006）を明らかにしていくことも望まれる。研究手法のさらなる精緻化も鍵となる。

NPO 論も社会関係資本論も学際的な分野であり，研究を深化させるためには，ブリッジングな社会関係資本を軸に，分野を超えた協力が有効である。NPO 論における社会関係資本研究が分野横断的にますます進展することで，さまざまな人や組織や地域がつながり，真に豊かで活力のある市民社会に寄与することを期待したい。

注
(1) NPO 論における社会関係資本について執筆するという，大変貴重な機会を与えていただいた，編者のお一人である稲葉陽二先生に深く感謝申し上げる。また，筆者がこうした研究を行うきっかけをつくり，長年ご指導を続けてこられた恩師の山内直人先生（大阪大学教授）にも心から感謝申し上げたい。本章の文献調査に際しては，東北大学大学院経済学研究科グェン・チ・ギア氏（博士研究員）および李岩氏（博士課程後期）に多くの協力をいただいた。本章は，筆者が縁させていただいた，多くの方々のご指導・ご助言・ご協力によって形になったものであり，心から御礼を申し上げる。
(2) NPO・ボランティア学会（ARNOVA）や国際サードセクター研究学会（ISTR），日本 NPO 学会など，NPO 関連学会の年次大会や世界大会・地域大会においても，ソーシャル・キャピタルに関する研究報告やパネルが数多く行われているが，これ

らは本章のサーベイ対象外とした。
(3) ジャーナルの調査対象期間は，1995年1月1日〜2009年12月10日。ただし，ノンプロフィット・ジャーナルは，創刊された2001年6月〜2009年12月10日。

参考文献

石田祐（2005）「ボランティア活動とソーシャル・キャピタル」山内直人・伊吹英子編『日本のソーシャル・キャピタル』大阪大学大学院国際公共政策研究科NPO研究情報センター，19-25頁。

稲葉陽二（2002）「エピローグ——再び信頼の再構築に向けて」稲葉陽二・松山健士編『日本経済と信頼の経済学』東洋経済新報社，177-189頁。

上原施門（2005）「ナレッジマネジメントと組織知能——最近の研究動向から」『山形県立米沢女子短期大学紀要』(40)，51-61頁。

大守隆・嘉治元郎・井堀利宏ら（2004）「第2回 嘉治元郎 部会 ソーシャル・キャピタルの観点から見たNPO（特集 社会に新たな価値と仕組みを創る——NPOが果たす役割と課題）」『21世紀フォーラム』(91)，20-28頁。

金谷信子（2008a）「ソーシャル・キャピタルの形成と多様な市民社会——地縁型vs.自律型市民活動の都道府県別パネル分析」『ノンプロフィット・レビュー』8 (1)，13-31頁。

金谷信子（2008b）「市民社会とソーシャル・キャピタル——地"縁"がつむぐ信頼についての一考察」『コミュニティ政策』(6)，124-143頁。

小林清実（2007）「地域社会のソーシャル・キャピタル生成におけるファンサークルのポテンシャルを考察する——『プラスリラックスアートクラブ』の実践を手掛かりに」『同志社政策科学研究』9 (1)，23-36頁。

坂本信雄（2005）「市民参加とNPO活動の関係について」『京都学園大学経営学部論集』16 (3)，1-16頁。

桜井政成（2007）「ボランティア・NPOとソーシャル・キャピタル——パットナムを超えて」『立命館人間科学研究』(14)，41-52頁。

ソーシャル・キャピタル・アーカイブ（ウェブサイト）
　（http://www.osipp.osaka-u.ac.jp/npocenter/scarchive/index.html）12/29/2009。

高浦康有（2007）「ソーシャル・キャピタルの資本的形成——NPO法人北海道グリーンファンドの市民風車設立事業を事例に」『研究年報経済学』68 (4)，719-729頁。

高島昌二（2008）「ソーシャル・キャピタルと国際NGO/NPOおよび国際協力をめぐる問題」『皇学館大学社会福祉学部紀要』(11)，75-92頁。

田中敬文（2007）「ソーシャル・キャピタルとNPO・ボランティア（特集 福祉社会の基盤を問う——ソーシャル・キャピタルとソーシャル・サポート）」『福祉社会学

研究』(4), 27-43頁。
内閣府経済社会総合研究所 (2005)『コミュニティ機能再生とソーシャル・キャピタルに関する研究調査報告書』日本総合研究所。
内閣府国民生活局 (2003)『ソーシャル・キャピタル——豊かな人間関係の構築と市民活動の好循環を求めて』独立行政法人国立印刷局。
中島智人 (2009)「日本における非営利組織とソーシャル・キャピタル——制度化の影響に関する実証研究」『産業能率大学紀要』29 (2), 1-33頁。
西出優子 (2005)「ブリッジング型ソーシャル・キャピタルの提案」『季刊政策分析』2 (3,4), 5-17頁。
日本総合研究所 (2008)『日本のソーシャル・キャピタルと政策——日本総研2007年全国アンケート調査結果報告書』日本総合研究所。
藤稿亜矢子・斎藤馨 (2008)「ソーシャル・キャピタルからみた八王子市長房緑地における参加型緑地管理活動の分析 (平成20年度日本造園学会全国大会研究発表論文集(26))」『ランドスケープ研究』71 (5), 807-810頁。
北海道知事政策部 (2006)『ソーシャルキャピタルの醸成と地域力の向上——信頼の絆で支える北海道』北海道知事政策部。
松本潔 (2008)「コミュニティ・ビジネスにおける組織概念に関する一考察——『ソーシャル・キャピタル』と『場』のマネジメント概念を通じて」『自由が丘産能短期大学紀要』(41), 15-38頁。
山内直人 (2003)「市民活動インデックスによる地域差測定の試み」『ESP』(377), 40-44頁。
山内直人 (2005)「ソーシャル・キャピタルとNPO・市民活動 (特集 ソーシャル・キャピタル——ガバナンスの基礎——つながるスキルをとりもどす)」『NIRA 政策研究』18 (6), 15-21頁。
山内直人・伊吹英子編 (2005)『日本のソーシャル・キャピタル』大阪大学大学院国際公共政策研究科NPO研究情報センター。
山岸秀雄 (2008)「NPOを軸に連携する新しいコミュニティ (特集 信頼の輪——ソーシャル・キャピタル)」『Fujitsu 飛翔』(59), 6-9頁。
横山勝彦・望月慎之 (2005)「文化装置としてのスポーツ——「区分」社会からの脱却」『同志社保健体育』(44), 1-27頁。
吉田忠彦 (2003)「模倣的同型化と戦略的対応——大阪NPOプラザの事例から」『商経学叢』49(3), 321-344頁。
Bekkers, R., B. Volker, M. van der Gaag & H. Flap (2008) "Social Networks of Participants in Voluntary Associations" In Lin, N. & B. Erickson (Eds.) *Social Capital: An International Research Program*, New York: Oxford University Press,

pp. 185-205.
Boris, E. T. (1999) "Introduction-Nonprofit Organizations in a Democracy: Varied Roles and Responsibilities" In Boris, E. T. & E. C. Steuerle (Eds.) *Nonprofits and Government: Collaboration and Conflict*, Washington, D.C.: Urban Institute Press, pp. 3-29. (上野真城子・山内直人訳 [2007] 『NPO と政府』ミネルヴァ書房)
Brown, E. & F. M. Ferris (2007) "Social Capital and Philanthropy: An Analysis of the Impact of Social Capital on Individual Giving and Volunteering" *Nonprofit and Voluntary Sector Quarterly*, 36 (1), pp. 85-99.
Bryce, H. J. (2005) *Players in the Public Policy Process: Nonprofits as Social Capital and Agents*, New York: Palgrave Macmillan.
Bryce, H. J. (2006) "Nonprofits as Social Capital and Agents in the Public Policy Process: Toward a New Paradigm" *Nonprofit and Voluntary Sector Quarterly*, 35 (2), pp. 311-318.
Coffé, H. & B. Geys (2007) "Toward an Empirical Characterization of Bridging and Bonding Social Capital" *Nonprofit and Voluntary Sector Quarterly*, 36 (1) pp. 121-139.
Encarnacion, O. G. (2003) *The Myth of Civil Society: Social Capital and Democratic Consolidation in Spain and Brazil*, New York: Palgrave Macmillan.
Enns, S., T. Malinick & R. Matthews (2008) "It's Not Only Who You Know, It's Also Where They Are: Using the Position Generator to Investigate the Structure of Access to Embedded Resources" In Lin, N. & B. Erickson (Eds.) *Social Capital: An International Research Program*, New York: Oxford University Press, pp. 255-281.
Frumkin, P. (2002) *On Being Nonprofit: Conceptual and Policy Primer*, Cambridge, M.A.: Harvard University Press.
Graddy, E. & L. Wang (2009) "Community Foundation Development and Social Capital" *Nonprofit and Voluntary Sector Quarterly*, 38 (3), pp. 392-412.
Haddad, A. M. (2004) "Community Determinants of Volunteer Participation: The Case of Japan" *Nonprofit and Voluntary Sector Quarterly*, 33:3 suppl: pp. 8S-31S.
Hsung, R. & Y. Lin (2008) "Social Capital of Personnel Managers: Causes and Return of Position-Generated Networks and Participation in Voluntary Associations" In Lin, N. & B. Erickson (Eds.) *Social Capital: An International Research Program*, New York: Oxford University Press, pp. 234-254.
Inaba, Y. (2008) "Social Capital and Economic Inequality?" *The Nonprofit Review*, 8 (1), pp. 1-12.
Isham, J., J. Kolodinsky & G. Kimberly (2006) "The Effects of Volunteering for

第 6 章　NPO／コミュニティ

Nonprofit Organizations on Social Capital Formation : Evidence from a Statewide Survey" *Nonprofit and Voluntary Sector Quarterly*, 35 (3), pp. 367-383.

Jeong, H. O. (2010) "How Do Religions Differ in Their Impact on Individuals' Social Capital ? The Case of South Korea" *Nonprofit and Voluntary Sector Quarterly*, 39 (1), pp. 142-160.

King, N. K. (2004) "Social Capital and Nonprofit Leaders" *Nonprofit Management and Leadership*, 14 (4), pp. 471-486.

Letki, N. (2009) "Social Capital in East-Central Europe" In Svendsen, T. G. & H. G. L. Svendsen (Eds.) *Handbook of Social Capital : The Troika of Sociology, Political Science and Economics*, Chetlenham, U.K. : Edward Elgar, pp. 162-178.

LiPuma, E. & T. A. Koelble (2009) "Social Capital in Emerging Democracies" *Voluntas*, 20 (1), pp. 1-14.

Messer, J. (1998) "Agency, Communion, and the Formation of Social Capital" *Nonprofit and Voluntary Sector Quarterly*, 27 (1), pp. 5-12.

Mimaki, J., Y. Takeuchi & R. Shaw (2009) "The Role of Community-based Organization in the Promotion of Disaster Preparedness at the Community Level : A Case Study of a Coastal Town in the Kochi Prefecture of the Shikoku Region, Japan" *Journal of Coastal Conservation*, 13, pp. 207-215.

Miyata, K., K. Ikeda & T. Kobayashi (2008) "The Internet, Social Capital, Civic Engagement, and Gender in Japan" In Lin, N. & B. Erickson (Eds.) *Social Capital : An International Research Program*, New York : Oxford University Press, pp. 206-233.

Nishide, Y. (2009) *Social Capital and Civil Society in Japan*, Sendai : Tohoku University Press.

Nishide, Y. & N. Yamauchi (2005) "Social Capital and Civic Activities in Japan" *The Nonprofit Review*, 5 (1), pp. 13-28.

Passey, A. & M. Lyons (2006) "Nonprofits and Social Capital : Measurement through Organizational Surveys" *Nonprofit Management and Leadership*, 16 (4), pp. 481-495.

Pekkanen, R. (2006) *Japan's Dual Civil Society : Members Without Advocates*, Stanford, C.A. : Stanford University Press.（佐々田博教訳 [2008]『日本における市民社会の二重構造――政策提言なきメンバー達』木鐸社）

Pekkanen, R. (2005) *Local Corporatism : Neighborhood Associations and Public Policy in Japan*.（特集 市民社会の公共政策学）『公共政策研究』(5), pp. 27-52.

Putnam, R. D. (2000) *Bowling Alone : The Collapse and Revival of American Community*, New York : Simon and Shuchter.（柴内康文訳 [2006]『孤独なボウリ

ング――米国コミュニティの崩壊と再生』柏書房)
Rossteutscher, S. (2008) "Social Capital and Civic Engagement: A Comparative Perspective" In Castiglione, D., van J. Deth & G. Wolleb (Eds.) *The Handbook of Social Capital*, New York: Oxford University Press, pp. 208-240.
Salamon, L. M. (1997) *Holding the Center: America's Nonprofit Sector at a Crossroads*, New York: Nathan Cummings Foundation. (山内直人訳・解説 [1999]『NPO最前線――岐路に立つアメリカ市民社会』岩波書店)
Saxton, G. D. & Benson, M. A. (2005) "Social Capital and the Growth of the Nonprofit Sector" *Social Science Quarterly*, 86 (1).
Schneider, J. A. (2007) "Connections and Disconnections between Civic Engagement and Social Capital in Community-Based Nonprofits" *Nonprofit and Voluntary Sector Quarterly*, 36 (4), pp. 572-597.
Schneider, J. A. (2009) "Organizational Social Capital and Nonprofits" *Nonprofit and Voluntary Sector Quarterly*, 38 (4), pp. 643-662.
Valkov, N. (2009) "Associational Culture in Pre-Communist Bulgaria: Considerations for Civil Society and Social Capital" *Voluntas*, 20 (4), pp. 424-447.
Wang, L. & E. Graddy (2008) "Social Capital, Volunteering, and Charitable Giving" Voluntas, 19 (1), pp. 23-42.
Weisinger, J. Y. & P. F. Salipante (2005) "A Grounded Theory for Building Ethnically Bridging Social Capital in Voluntary Organizations" *Nonprofit and Voluntary Sector Quarterly*, 34 (1), pp. 29-55.
Wollebaek, D. & P. Selle (2002) "Does Participation in Voluntary Associations Contribute to Social Capital? The Impact of Intensity, Scope, and Type" *Nonprofit and Voluntary Sector Quarterly*, 31 (1), pp. 32-61.
Yeung, A. B. (2004) "An Intricate Triangle—Religiosity, Volunteering, and Social Capital: The European Perspective, the Case of Finland" *Nonprofit and Voluntary Sector Quarterly*, 33 (3), pp. 401-422.

リーディングリスト
地域開発特集論文「特集　中山間地域とソーシャル・キャピタル」『地域開発』vol. 550, 2010.7。
　　――中山間地域における社会関係資本について，地縁組織，アートイベント，災害復興，NPOの機能等，多様な視点から論じている特集号である。地域の結束が強いといわれている中山間地域において，NPOやコミュニティの役割や関係性を考察している。

第 6 章 NPO／コミュニティ

辻中豊・ロバート・ペッカネン・山本英弘（2009）『現代日本の自治会・町内会――第1回全国調査にみる自治力・ネットワーク・ガバナンス』（現代市民社会叢書1）木鐸社。
　――日本の自治会・町内会の全体像や市民社会組織としての機能について，全国アンケート調査をもとに初めて大規模な実証分析を行った。自治会の規模や設立年数，所在地等の違いによる社会関係資本の蓄積度合いの違いが明らかになった。

内閣府国民生活局（2003）『ソーシャル・キャピタル――豊かな人間関係と市民活動との好循環を求めて』国立印刷局。
　――日本における社会関係資本の蓄積状況や市民活動との関係を，全国アンケート調査・事例調査により明らかにした。社会関係資本と市民活動のポジティブフィードバックの可能性や市民活動による社会関係資本変容の可能性が示唆された。

山内直人・伊吹英子編（2005）『日本のソーシャル・キャピタル』大阪大学大学院国際公共政策研究科 NPO 研究情報センター。
　――日本における社会関係資本の実態について，実証分析によって多面的に検証している。NPO，ボランティア，環境，まちづくり等，日本における社会関係資本の形成要因や影響について，客観的な統計データを用いて包括的に実証した。

Nishide, Y. (2009) *Social Capital and Civil Society in Japan*, Tohoku University Press.
　――日本における社会関係資本について，環境 NPO，災害救援，NPO と行政や大学との協働など，市民社会のさまざまな視点から論じている。政策と実践において社会関係資本を創出し活用するための提言も行われている。

Putnam, R. D. (2000) *Bowling Alone: The Collapse and Revival of American Community*, New York: Simon and Shuchter.
　――社会関係資本研究の基本書。アメリカにおける市民参加，宗教参加，愛他主義，ボランティア，慈善活動等の変遷や社会関係資本との関係について，例えばボランティア活動の増加と他の市民参加形態の低下について，膨大な実証データを用いて検証した。

第7章　犯　罪

高木大資

1　はじめに

　社会関係資本とは，物的資本や人的資本とは異なる資本概念として，近年の社会科学の領域で注目されている概念である。社会関係資本の明確な定義について一般的な合意が存在しているわけではないが，この概念の議論に大きな影響を与えたパットナム (Putnam, 1993) は，社会関係資本を「人々の協調行動を活発にすることによって社会の効率性を高めることのできる，信頼，（互酬性の）規範，ネットワークといった社会組織の特徴」と定義している。緊密な社会的ネットワークを通じた集合的コミュニケーションは他者に対する高い信頼感と互酬性の規範の形成を促し，さらに社会的信頼と互酬性の規範は他者との協力行動を促進するため，コミュニティあるいは社会レベルでのポジティブな効果を生み出すと考えられている。たとえば，社会関係資本が蓄積されることによって，集合的ジレンマの解決，教育の向上，犯罪の減少，経済発展，民主主義社会システムの維持・発展といったポジティブな帰結が社会にもたらされることが指摘されている (Fukuyama, 1995; Hagan, Merkens & Boehnke, 1995; Healy & Cote, 2001; 内閣府国民生活局, 2003; Putnam, 2000)。

　本章では，社会関係資本による社会的帰結のうち犯罪の減少に焦点を当て，両者の関係について多面的に議論していくことが目的である。第2節と第3節では，社会や地域における社会関係資本の多寡が，犯罪発生率や治安とどのように関連しているのかについて先行研究を概観し，そのメカニズムについて犯罪学の理論とも関連づけながら論じていく。一方，第4節では社会関係資本によるネガティブな社会的帰結として，犯罪促進もしくは政治的腐敗といった現

象について，事例研究を交えて解説する。第5節では，犯罪が地域の人々の社会関係資本にどのような影響を与えるのかという逆の因果の観点から，社会関係資本と犯罪の関係をとらえる。最後の第6節では，これまでの研究上の問題について，主に研究に用いられるデータの分析単位に焦点を当てて論じ，その解決の試みとして，近年社会科学でも注目されるようになってきた地理情報システムの活用について紹介する。

2 ソーシャル・キャピタルと犯罪の関連に関する先行研究

　社会関係資本と犯罪に関する議論は，古くはジェイコブズ（Jacobs, 1961）の著書『アメリカ大都市の死と生』（原題：*The death and life of great American cities*）の中にもみられる。ジェイコブズは社会関係資本を，長期間にわたって発達した強く相互作用する個人間のネットワークであり，コミュニティにおける信頼や協力，相互行為のもととなるものと考えている。彼女は，20世紀の都市計画・再開発の批判を通して，地域の防犯にとって重要なのは当時の都市計画理論で主流であった厳格で画一的な区画化ではなく，自然発生した都市のような住・商・工の混合用途の中で生まれる「自然監視（性）（natural surveillance）」であるとした。その中で彼女は，社会関係資本が，安全で秩序のある都市と危険で無秩序な都市を分けるとし，近隣の人々との接触を最大にするように設計された都市では街路は安全で，子どもは手をかけられ，人々も環境に満足していると主張した。そして，地域レベルにおける住民間の目に見える接触が，人々の公的アイデンティティの感覚，公的な敬意と信頼の網の目，個人が近隣で困っている時の資源となるとした。

　一方，マクロなデータを用いて社会関係資本と犯罪の関係を記述したものとしてはパットナム（Putnam, 2000）による知見がある。彼は，著書『孤独なボウリング——米国コミュニティの崩壊と再生』（原題：*Bowling alone*）の中で，アメリカの50州を分析単位とした相関分析から，社会関係資本が乏しい州ほど殺人率が高いという仮説についての支持的な証拠を見出している。[1]パットナム

(2000) 以前にも社会関係資本と犯罪の関係を指摘した研究は報告されていたが，非常に多くの実証データを提示した彼の報告はインパクトをもって他の研究者に受け止められ，犯罪をはじめとするさまざまな地域の現象（教育，健康，民主主義システムなど）を説明する要素として多くの注目を集め，その有効性に関する検証が多くの研究者によって進められるようになった。

　それ以外の研究として，たとえばケネディら（Kennedy, Kawachi, Prothrow-Stith, Lochner & Gupta, 1998）は，パットナム（2000）と同様にアメリカの50州を分析単位として社会関係資本と犯罪の関係を分析し，社会関係資本の要素である一般的信頼感と社会的集団へのメンバーシップが銃器による凶悪犯罪を抑制することを見出している。ローゼンフェルドら（Rosenfeld, Messner & Baumer, 2001）は，州よりも小さい郡（county）を分析単位として同様の分析を行い，社会関係資本が殺人率を抑制するという結果を報告している。一方，レダーマンら（Lederman, Loayza & Menendez, 2002）は，国家を分析単位とした研究を行っている。彼らは39カ国を対象とした分析から，信頼感が殺人発生率に対して有意な抑制効果をもつことを見出している。また，日本におけるデータとしては，ボランティア活動の活発さと刑法犯認知件数の相関について，都道府県単位で分析した内閣府国民生活局（2003）の報告がある。この報告によれば，ボランティア活動が活発な地域ほど犯罪発生率が低いという結果が示されている。内閣府国民生活局はこれについて，ボランティア活動が活発化することによって地域社会における人的ネットワークとその社会的な連携力が豊かになり，それが地域社会の安心・安全といった好ましい帰結をもたらしてくれるという見方を提示している。

　このように，複数の研究で社会関係資本による犯罪の抑制効果が一貫して見出されており，「社会関係資本が豊かであるほど犯罪発生率が低い」という主張は多くの研究者間で共有されたものとなっているようである。

3 ソーシャル・キャピタルによる犯罪抑制のメカニズム
―― 犯罪学理論との関連

それでは，社会関係資本が豊かであるとなぜ犯罪が少なくなるのであろうか。この問いについて考える際には，犯罪学における伝統的な理論である社会解体理論（social disorganization theory），アノミー理論（anomie theory），そして緊張理論（strain theory）などがそのヒントになるように思われる。

（1）社会解体理論

まず，古典的な社会解体理論の主要な論点は，犯罪はインフォーマルな社会統制（social control）が弱まった結果として増加するというものである（Kornhauser, 1978）。この理論では，地域コミュニティが崩壊している場合，近隣の人々が潜在的な犯罪者に犯行を思いとどまらせるような社会統制や監視を行わなくなるために，その地域では犯罪が増加すると考える。社会関係資本の中心的な要素である市民参加と信頼は社会が強く組織化することと関連することを考えれば，社会関係資本と犯罪発生率の負の相関はこの理論から説明できる。たとえば，市民活動に参加することはインフォーマルな社会統制の基盤を提供するような個人間の紐帯の形成を促す。また，ネイバーフッド・ウォッチ（neighborhood watch）[2]のような犯罪予防を志向した市民活動への参加は，それ自体が市民参加の一形態である。したがって，高い水準の市民参加は社会組織の強化を通じてインフォーマルな社会統制を促進し，その結果，低い犯罪発生率につながると考えられるのである。

また，バルシックとグラスミック（Bursik & Grasmick, 1993）は，社会解体理論の発展型とでも言うべき犯罪のシステミックモデル（systemic model of crime）というメカニズムを提案している。このモデルでは，統制のためのインフォーマルなプロセスとフォーマルな公的統制（public control）の両方に焦点を当てている。公的統制とは，「コミュニティの公共財を守るために，近隣の外部の

政府機関によって行われる統制」である。最も犯罪統制に関連すると思われる政府機関は，警察機関である。この理論では，広範な市民参加が，犯罪の公的統制のための適切な警察活動や，その他の資源を保障することにつながるとしている。また，近隣が境界を越えて資源を動員する能力と，そうすることによってフォーマルな公的統制を強化することは，一般的信頼感と関連すると考えられる。一般的信頼感は，規範を遵守する人々を越えた協力の拡大をもたらすことに寄与する。この種の協力は，法執行機関や社会福祉機関のような官僚機構からの資源を保障するのに特に有用である。つまり，古典的な社会解体理論と犯罪のシステミックモデルは，社会関係資本の2つの要素——市民参加と信頼——がインフォーマルおよびフォーマルな社会的統制のメカニズムを通じて犯罪や暴力と関連するということを示唆している。

（2）アノミー理論

2つ目のアノミー理論では，文化的に規定された目標とその目標を達成するための手段との調和的な関係が破綻した状況をアノミーとして定義している（Merton, 1938；1957）。そして，現代社会では，一方では多くの人々に共通する目標（たとえば金銭的成功）が過度に強調される反面，目標を達成するための合法的な手段を得る可能性が，ある層の人々にとっては制限されたり排除されたりしている。そのため，その層の人々は規範に対する支持や情緒的共感をなくし，目標達成の手段だけを考えるようになる。規範の機能がこのように衰退した状況をアノミー——行動を統制する規範の弱化——と呼ぶ（高橋・渡邉, 1999）。

信頼を，「人々が信頼に値し，社会的な互恵性が豊かであるという知覚」として概念化することによって，アノミーのメカニズムの観点から社会関係資本と犯罪を関連づけることができる（Sampson, 1997）。人々が他者を信頼する際，彼らは，人々の間には互酬性の規範が満たされ，そのため人々が規範に従うようになるという確信がもてる。したがって，規範的な秩序への強力なコミットメントは，信頼によって生じるのである。対照的に，人々が他者に対して不信

であるときは，規範による規制力にあまり期待を置かないようになる。そのため，社会における社会関係資本が豊かであればアノミーは減少し，逆に社会関係資本が乏しければアノミーが増加する。したがって，信頼によるアノミーの増減というメカニズムを用いることによって，社会関係資本が豊かであれば犯罪が減少するという現象を説明することができる。

（3）緊張理論

3つ目に，緊張理論の観点からも，社会関係資本が犯罪に関連しうるプロセスが示唆される（LaFree, 1999 ; Land, McCall & Cohen, 1990）。この理論で前提となっていることは，近代社会が人々に示す主たる目標は物質的な成功を追及することで，これが不可避的に競争と葛藤を生み出すということである。しかし，その目標を実現することができるのはごく一握りの人々で，大多数の人々は失意に直面するが，彼らはその不満な事態を受け入れて，これに適応しなければならない。しかし，富という社会が推奨する目標を達成するために，一部の人々は非合法的な手段に訴えようとする。それは，逸脱しているが，文化に対する1つの適応形態である。やり方は非合法だが，社会が提示する合法的目標に適応しようとする試みだからである。このように，欲求不満などストレスに対する反応として犯罪が発生するという考え方が緊張理論である（大渕, 2006）。

社会関係資本と犯罪の関係を，緊張理論を用いて検討すると，以下のようにとらえることができる。社会関係資本は他の資本形態（物的資本，人的資本など）に類似した資源を供給する。そして，社会関係資本が豊かであれば，人はそのような資源を享受することができるのであるが，反対に社会関係資本が乏しい場合には貧困，失業，教育の剥奪などがもたらされる。人は，目標を達成するためや規範的な期待に沿うための物的・人的資源を地域コミュニティから引き出すと同時に，社会関係資本による資源も地域コミュニティから引き出す。しかしながら，もし獲得できる社会関係資本の資源が目標を達成するために十分なものでなければ高い水準の犯罪や非行を導く，と緊張理論では予測する（Blau & Blau, 1982）。

これまで見てきたように，犯罪学における社会解体理論，アノミー理論，そして緊張理論を援用することで，フォーマルおよびインフォーマルな社会的統制，規範の規制力，効率的な目標達成に必要な資源といった観点から，社会関係資本が犯罪発生率に影響を与えるプロセスをとらえることができる。

4　ソーシャル・キャピタルによる負の効果

 ここまで，社会関係資本による犯罪の抑制というポジティブな面について議論してきたが，本節では社会関係資本による犯罪の促進といった負の側面 (downside of social capital) について議論する。

 近年の研究では，社会関係資本が公共財 (public goods) を生み出すことについては広く議論されているが，社会関係資本には負の公共財 (public bads) をも生みだす可能性があることについてはあまり強調されてこなかった (Portes, 1998; Durlauf & Fachamps, 2005)。しかし，ウォーレン (Warren, 2008) は，社会関係資本によって生み出される民主主義，教育，安全，健康などの向上といった公共財だけでなく，社会関係資本によって促進されるテロ，組織的犯罪などのような負の公共財にも注目すべきであると主張している。たとえば，パットナム (2000) によれば，ネットワークとそれに付随する互酬性の規範は，ネットワークの内部に対しては一般的にポジティブなものであるが，ネットワークの外部への効果はいつもポジティブなものとは限らない。そして，社会関係資本は都市におけるギャング，NIMBY，そしてその他の反社会的な目的を達成するために悪用されうるものでもあるとしている。たとえば，犯罪に親和的な人々による密なネットワークは，犯罪の温床となる可能性があることをパットナムは指摘している。

 ここで，社会関係資本によってもたらされる負の公共財について議論するために，社会関係資本の外部性 (externality) についても説明しておく。社会関係資本は，パットナム (2000) も述べているように，「個人の財」と「公共の財」のどちらにもなりうるものである。集団の社会関係資本への投資によるリター

ンのいくらかは，投資を行った本人の直接の利益として還元されるが，そのような利益のいくらかは投資を行っていない第三者にももたらされうる。たとえば，近隣の人が他の住民の家にも気を配ることによって近隣の犯罪発生率が低く抑えられている地域では，たとえ相互監視に協力せず，路上で別の居住者に対して会釈すらしないような住民でさえも，「治安の良さ」という公共財を享受することができる（Putnam, 2000）。この例は，フリーライダー問題という別の問題にも発展しうるが，そこに住む人々が豊富な社会関係資本からのスピルオーバー効果を得ることができるという点から，社会関係資本のポジティブな外部性とみなすことができる。

しかし，ネットワークの外側の人々にとっては，社会関係資本が負の外部性をもたらす場合がある。たとえば，緊密なネットワークは同時に，ネットワーク外の者に対する排斥の危険性も孕んでいる（Bowles & Ginitis, 2002 ; Dasgupta, 2005）。そして排斥は，歪んだ経済力の分布を促進し，民主主義を弱体化させ，政治的陰謀や腐敗を可能にする（Warren, 2001 ; Anreil, 2006）。たとえばギャング組織の規範やネットワークは一般的にはそのファミリー外の社会にとっては望ましくないものである（Fine, 2001）。

社会関係資本による負の外部性に関する研究は，ポジティブな外部性に関する研究と比べて非常に少ないというのが現状であるが，いくつか典型例となりうる事例研究が存在する。以下では，社会関係資本が犯罪や政治的腐敗の温床となったケースとして，マウリシオ・ルビオ（Rubio, 1997）によるコロンビアのアンティオキア県メデジン市の事例と，デッラ・ポルタとバヌチ（Della Porta & Vannucci, 1999）によるイタリア政府の事例を紹介する。

まず，ルビオ（1997）によるコロンビアのアンティオキア県におけるネットワーク分析では，組織的犯罪が部分的には社会関係資本の上に築かれていたことが示唆されている。ルビオによれば，アンティオキアの人々は「仕事，家族，ビジネスにおける使命感，信仰，厳格な道徳規範，そして倫理感などにおいて優れている」としている。しかし，このような地域において国際的な麻薬組織であるメデジン・カルテルは誕生したのである[3]。この地域では社会関係資本の

第 7 章 犯　罪

鍵となる要素が古くから存在していた。1つ目は交換過程に参加する外部の他者への信頼感であり，2つ目は外部の人に対して開放的もしくは承認的に振る舞うことを促進するような家族制度である。たとえば，メデジンからのコカインの輸出における初期の主要な要因は，船積み労働者たちの間の相互信頼的な関係に基づいているという事実がルビオによって指摘されている。

　また，デッラ・ポルタとバヌチ (1999) によるイタリア政府の腐敗に関する研究も，社会関係資本が負の外部性をもたらす場合があることの一例として挙げられる。これは，企業が公共財を購入し，その使用料を市民に課すという目的のために，賄賂によって国家の独占力を利用したというものである。このとき，政府は企業の政治献金と引き換えに，企業と政治を癒着させる社会関係資本として機能した。また，賄賂が定着することにより「賄賂を贈るという規範」というシステムが作り出されることになったのであるが，この規範システムは法律によっては強化されないため，この腐敗した取引の規範は参加者の間の信頼と互酬性に依存していたのである。また，この取引に関与した者はすべて，フリーメーソンの支部のネットワークメンバーであったとデッラ・ポルタとバヌチは記述している。このように，イタリアの政治的腐敗は，集団内部に利益をもたらす特徴をもった社会関係資本——信頼，互酬性，ネットワーク——に基づいていたことが示唆されている。そして，このタイプの社会関係資本は，誤った公共の支出，高価な公共事業などといったネガティブな外部性を大衆にもたらす。

　本節で議論したような社会関係資本による負の側面は，社会関係資本のポジティブな面にばかり焦点を当てる近年の研究の潮流への批判としてしばしば言及されるものである。しかしながら，社会関係資本の負の側面に関する研究はいまだ多くはないというのが現状である。今後，社会関係資本による負の側面についての知見を蓄積していくことは，この領域の研究における1つの課題であると言える。その際，犯罪——もしくは政治的腐敗やテロ——というテーマは，多くの示唆を含む有用な研究対象であると言える。

5　犯罪がソーシャル・キャピタルに与える影響

　前節では，ある状況においては社会関係資本が犯罪や政治的腐敗の温床となることについて事例を交えて紹介したが，一般的には，「社会関係資本の増加は犯罪抑制に資する」という見解は多くの研究者の間で共有されたものであると言える。ところが，犯罪の件数やその増加が地域の人々の社会関係資本にどのような影響を与えるのかという点については，研究間で一貫しない結果が見出されている。たとえば，バーコウィッツ（Berkowitz, 2000）やワンダースマンとフローリン（Wandersman & Florin, 2000）は，犯罪のような地域の問題は住民の地域組織への参加を動機づけるという結果を見出している。しかし一方で，スコーガン（Skogan, 1990）やセガートとウィンケル（Saegert & Winkel, 2004）は，犯罪が多い地域では住民が地域社会から距離を置いたり，住民間の協力行動が抑制されたりする傾向があることを指摘している。このように，先行研究では，犯罪が社会関係資本を増加させるという知見と，反対に減少させるという知見が混在して見出されているのである。

　上記のような先行研究間の非一貫性は，以下のように解釈することができる。まず，犯罪が多い状態というのは社会的不確実性が高い状態であると考えることができる。社会的不確実性が高い状態とは，他者と相互作用を行う際に，相手の意図についての情報が必要とされながら，その情報が不足している状態のことである（山岸, 1998）。犯罪研究の文脈に置き換えると，全く見知らぬ他者と何らかの機会に相互作用を行うときに，もしその他者に犯罪を行う意図があったならば，信頼して相互作用や接近を許してしまったばかりに搾取されてしまう（犯罪被害に遭う）可能性がある状態ととらえられる。一般的に，このような社会的不確実性が存在する状況では，人は自分自身がもつ一般的信頼感[4]に基づいて，他者と相互作用を行うかどうかを選択することになる。このような状態においては，人々は信頼性が不確実である他者との相互作用を減少させ，個別的に信頼のできる小数の友人などの，信頼性が保証された人物との間のつ

きあいを選択しやすくなることが予想される。このような予想は，犯罪が増加することによって人は「社会的引きこもり (social withdrawal)」になるというスコーガン (1990) の指摘と整合的であると言える。

　一方，犯罪増加によって社会的不確実性が増した結果，そのような状況に対する抗力を高めるために，仲間内でより強く結束し，集団内部のネットワークを増加させるようになるというプロセスも考えられる。たとえば，犯罪に抗するために組織されたネイバーフッド・ウォッチや地域パトロールなどは，それ自身が社会参加の一形態であり，社会関係資本を醸成する要因となりうる。ただし，これらの団体や活動は，個別的に信頼のできる少数の「仲の良い」人々との間で組織されると考えられる。犯罪によって社会関係資本が増加するという現象は，このようなメカニズムによって生起していると考えることができる。

　犯罪が社会関係資本に与える影響を検討する際には，上記の2つのメカニズムが地域内で混在している可能性を考慮に入れる必要がある。以下では，この点について郵送調査データを用いて検討した著者の研究について紹介する。

　高木・小林・針原・池田 (2009) は，東京都武蔵野市，東京都清瀬市，千葉県旭市，神奈川県小田原市から抽出した合計56の町丁目に住む計4,000人に対して郵送調査を行った。[5]調査で測定された社会関係資本の指標は，地域内の「友人と呼べる知人」の数，「それ以外の単なる知人」の数といったパーソナル・ネットワークのサイズと一般的信頼感であった。犯罪の指標としては，調査時点より1年前の町丁目ごとの刑法犯認知件数のうち，侵入盗[6]の件数を用いた。分析では，まず町丁目ごとの刑法犯認知件数というマクロな指標によって，個人レベルで測定された各パーソナル・ネットワークのサイズがどのような影響を受けているのかが検討された。この結果を要約した図を図7-1に示す。

　結果から，地域の侵入盗が多いほど，個人がもつ地域内友人数が多くなる（図7-1の数字「.16*」）一方で，それ以外の単なる知人の数は少なくなる（図7-1の数字「-.65*」）ことが示された。つまり，犯罪が多いほど密な人間関係が増加する一方で，開放的な人づきあいは減少することが示されている。図7-1において，友人数，知人数がともに社会参加を促進させる要因であること

図7-1　地域内の侵入盗がパーソナル・ネットワーク
および社会参加に与える影響

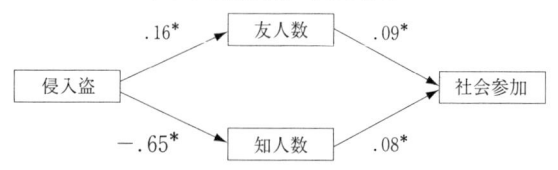

```
         .16*    友人数    .09*
侵入盗                              社会参加
        −.65*    知人数    .08*
```

注：図中の数字で正の値のものは，影響源の指標が一方の指標を増加させる効果をもつことを表し，負の値のものは，影響源の指標が一方の指標を減少させる効果をもつことを表している。
　数字の右上の*印は，効果が統計的に意味のあるものであったことを表している。

が示されている（友人数による効果——図7-1の数字「.09*」，知人数による効果：図7-1の数字「.08*」）ことから，「侵入盗が多いほど友人数も多くなり，社会参加が促進される」という正の間接効果（図7-1の上側のルート）と，「侵入盗が多いと，社会参加の促進要因である知人数が少なくなる」という負の間接効果（図7-1の下側のルート）の両方が存在していることが示されている。

　一方，一般的信頼感は，「地域内の知人数を増加させる」という効果を持っていることが別の分析から示されたが，一般的信頼感によるそのような効果は犯罪が多い地域で特に顕著であるという結果が見出された（図7-2）。

　図7-2では，侵入盗が最大であった地域と最小であった地域の一般的信頼感の効果を比較している。ここから，一般的信頼感が知人数を増加させる効果は，侵入盗が最大であった地域において大きいということが見てとれる。すなわち，犯罪が多い地域（社会的不確実性が高い地域）ほど一般的信頼感の役割が大きくなるのである。

　以上の結果から，先行研究で見出されていた犯罪による社会関係資本の減少と増加という2つの現象が，同時に起こりうる，矛盾しないものであることが示されたと言える。そして，犯罪が多い地域ほど信頼が知人数を増加させる効果が強まるという結果は，治安が悪化したからこそ，あまり親しくない他者と相互作用するためには一般的信頼感の重要性がより大きくなることを表している。

第7章 犯 罪

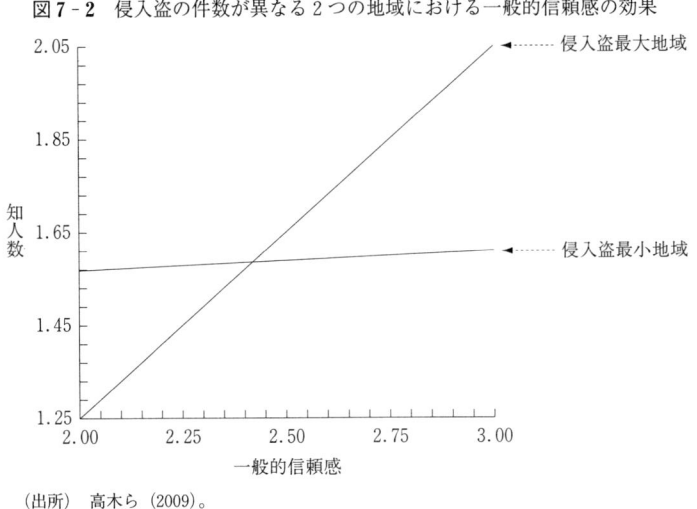

図7-2 侵入盗の件数が異なる2つの地域における一般的信頼感の効果

(出所) 髙木ら (2009)。

　髙木ら (2009) の知見で重要な点は，分析結果から示唆された現象の社会的帰結である。すなわち，犯罪が多い地域では，人はよく知らない他者とのつながりを放棄し，仲間内だけのつきあいに限定するようになることが予測される。これは，犯罪が多い地域ではともすれば人々は排他的なネットワークを形成するようになるかもしれないことを示唆している。そのため，今後，地域の社会関係資本と犯罪の関係をとらえる際には，「犯罪が起こりにくい地域コミュニティ」という視点に加えて，「犯罪によって変化しにくい地域コミュニティ」はどのようなものかについても検討していく必要があると言えるだろう。

6　お わ り に

　これまでの研究においては，犯罪データの性質上，分析の際には国家，州 (日本の場合は都道府県)，郡などといったマクロな単位で行うことが多かった。つまり，警察機関の統計など（日本の場合は法務省によって公表されている刑法犯認知件数など）を分析に利用することが多く，そのような統計指標は国，都道

府県，町丁目といった単位で整理されているため，分析の単位もそれに依存するというわけである。たとえば，パットナム（2000）や内閣府国民生活局（2003）の分析では，州や都道府県を分析単位とした相関分析によって，社会関係資本と犯罪の関係について論じている。しかし，州や都道府県といったマクロな単位を用いた分析では，社会関係資本と犯罪の単純な共変関係について概観することはできても，その内部で何が起きているかといったマイクロなメカニズムについては詳細に検討することができない。

これに関連して，マクロレベルのデータのみを用いる際に生じる生態学的誤謬（ecological fallacy）の問題が，生態学・社会学・疫学などの領域で古くから指摘されている。これは，変数間に交絡が生じている場合にマクロレベルのみの分析を行うと，ミクロレベルの真の関係とは異なった関係が見え，間違った推論をしてしまうという問題である。たとえば，ロビンソン（Robinson, 1950）による有名な例では，アメリカの州単位の相関分析において黒人比率が高い州ほど非識字率が高い（相関係数は0.77）という結果が見られた場合でも，個人単位で分析をやり直した場合にはその関連がほとんど消滅してしまう（相関係数は0.12）ことを報告している（実際には，非識字と外国出身であることの間に強い相関があった）。このように，マクロレベルによる分析のみでは変数間の交絡を見逃し，誤った推論をしてしまう可能性が高くなるのである。

また，このような問題は，地理学などの分野で可変地域単位問題（Modifiable Areal Unit Problem：MAUP）または集計単位問題としてよく知られている問題とも関連している。こちらも，分析単位を変化させることによって，算出される結果が変化してしまうという問題であり，従来，この問題については，「大きな集計単位による分析は『荒い』分析であるため，導き出された結果は誤りであり，集計単位が細かく小さいほど正しい結果となる」と言われることもあった。しかしながら，この点に関して，青木（1998）は仮想データを用いた数値実験によって，集計の単位が細かいほど結果が「正しい」という単純なものではないということを示している。

さらに，これまでの調査研究における地域の社会関係資本の測定は，個人に

対して質問を行い，それを地域単位で集積し，地域の社会関係資本の指標とすることが多かった。しかし，個人に対して測定した社会関係資本を地域レベルで単純に集積したものを，地域の社会関係資本と呼んでよいのか，という疑問が残る。

このような諸問題への対処法として，本章では，近年，社会科学の領域でも注目され始めている地理情報システム（geographic information system：以下，GIS）[7]や空間統計学を用いた研究手法について紹介する。GIS や空間統計学による分析は，犯罪学においては古くから用いられてきた。また，犯罪学に限らず，多くの社会科学の領域において，海外では早くから GIS が注目されていた（原田，2003）。これに対し，日本においてはようやく犯罪学への応用が緒についてきたというのが現状である。GIS を用いた犯罪研究においては，犯罪が地図上のどのような場所で多く発生しているのかという情報と，その犯罪発生に寄与していると思われる都市内の要因——たとえば交通施設，商業施設，公共施設，住宅地など——の地理的布置がどの程度重なりあうのか，といったことを分析対象とすることができたり，そのような分析結果を地図としてビジュアライズすることによって研究者や実務家の間で研究成果を共有できたりするといったメリットがある。

しかしそれ以上に，GIS を用いることにより，地域内の人々のマイクロな相互作用をモデルに組み込んだ空間統計学的分析手法を使用することができるという利点がある。これらの分析手法は上述したマクロレベルのデータを使用したこれまでの社会関係資本と犯罪に関する研究の問題点に対してブレークスルーをもたらすことが期待される。さらに，社会心理学の領域でしばしば用いられる郵送調査によるマイクロデータと，マクロレベル（州，都道府県，郡，町丁目）のデータを同じ地図上で同時に扱うことも可能である。しかし，社会関係資本と犯罪の地理的分布の関連について，GIS と空間統計学を用いて検討した研究は，日本においてはまだほとんど存在しない。

以下では，筆者が行った調査によるデータを用いて，GIS による分析の一例を紹介する[8]。図 7-3 は，都内のある市で行われた郵送調査での回答者を，

その住所をもとに電地図上にプロットしたものである（図中の点が各回答者を表す）。社会関係資本の指標としては，回答者自身がもつ「社会参加」「一般的信頼感」「互酬性の規範」が測定された[9]。このようなデータセットから，たとえば，ある回答者Aから周囲100メートル（もちろん，この値は研究の目的によって自由に設定できる）以内に含まれる他の回答者の社会関係資本指標の値によって，回答者Aの犯罪被害に遭う傾向がどの程度影響を受けているのか，といったことを計算することができる。つまり，都道府県や市区町村，町丁目といった行政区界によって回答者の値を集積することなく，周囲の他者の社会関係資本による犯罪への影響を計算することができるのである。たとえば，周囲を高信頼者で囲まれた回答者は，周囲を低信頼者に囲まれた回答者よりも犯罪に遭う確率が少ないのかどうか，ネットワークを豊富にもった人々に囲まれている回答者は，そのスピルオーバー効果によって「治安の良さ」というポジティブな恩恵を受けることができるのかどうか，といったことをよりマイクロな視点で分析することができるのである。

　図7-3の地域における分析では，回答者自身の「社会参加」「一般的信頼感」「互酬性の規範」は自身の犯罪被害の傾向に影響を与えておらず，周囲100メートル以内の他の回答者の「社会参加」「一般的信頼感」「互酬性の規範」が犯罪被害を抑制するのに寄与しているという結果が見出された。すなわち，これまでの研究で用いられてきた都道府県，市区町村，町丁目などのマクロなデータ範囲よりもさらに細かい地理的範囲内において，社会関係資本による犯罪抑制のメカニズムが働いていたのである。

　住民同士によるマイクロな影響過程というものは，本来，地域に埋め込まれた資源としての社会関係資本を研究する際には，無視することのできない要素である。しかし，従来のようなマクロデータのみを用いた研究では，その内部のダイナミクスが見えてこない。GISや空間統計学を用いることによって住民間の相互影響の程度を検出することは，従来の研究の問題点に対処する有効な手法の一つであると考えられる。今後，犯罪研究に限らず，このような新しい分析ツールを有効に活用することによって，地域の社会関係資本に関する研

図7-3 回答者の地理的分布と紐付けされたデータベース

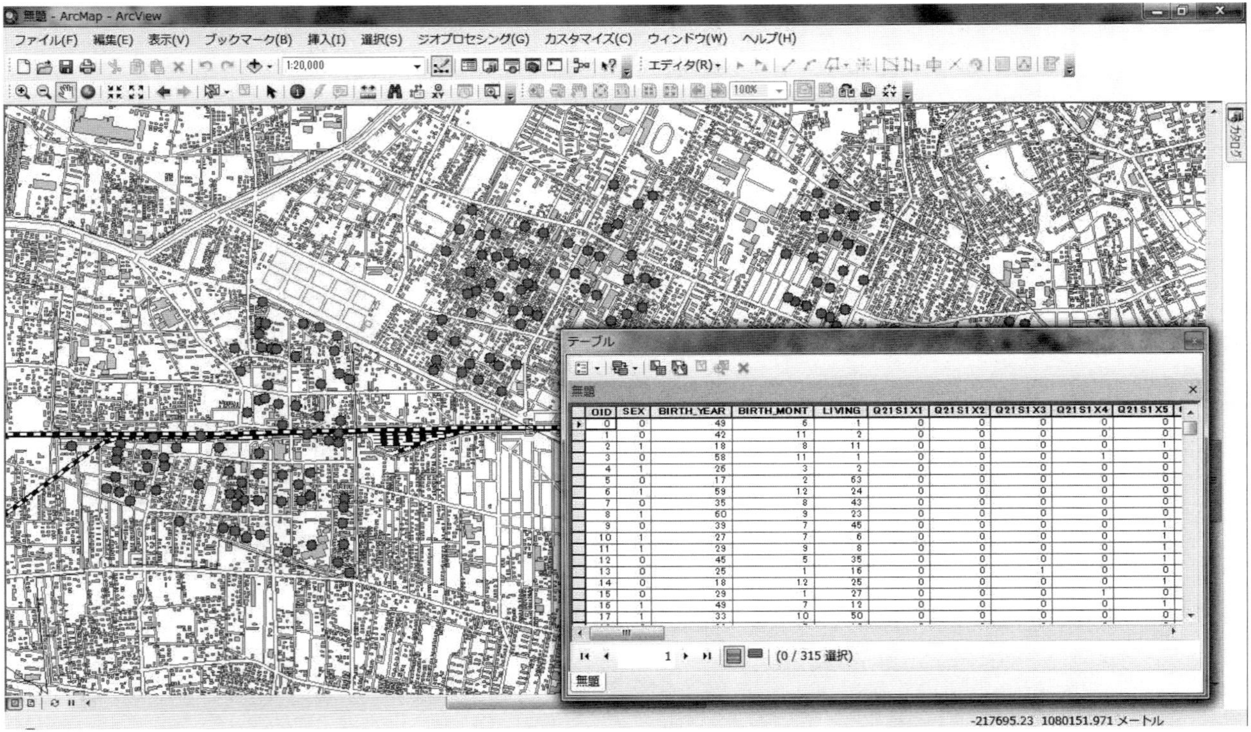

究がさらに発展していくことが期待される。

注
(1) パットナムは，アメリカにおける社会関係資本の衰退を，生活時間調査などのデータ——世代別による価値観の変容，テレビの影響，人々のワークスタイルの変化，地理的流動性の増加など——を用いて指標化している。そして，この指標が高い州ほど殺人発生率が低いことを示している。
(2) 住民の連帯と地元警察の協力によって防犯を目指す地域組織。イギリスに端を発し，その後，欧米など各国に広がった。
(3) メデジン市は世界最大のコカイン密輸の拠点であり，ここには大小合わせて100を超える麻薬組織が存在する。この巨大麻薬組織はメデジン・カルテルと呼ばれている。
(4) 一般的信頼感は，見知らぬ他者の意図について判断する際に用いる，人間一般がどれくらい信頼できるかについての「デフォルト値」(山岸，1998)である。一般的信頼感は，信頼者が被信頼者のもつ資源から利益を得ることを可能にする。また，人が他者を信頼するとき，その人はより広い協力的ネットワークを形成することができ，それらの協力関係から利益を得ることができる。このように，信頼関係は社会関係資本を生み出すのに役立つ（Warren, 2008）。
(5) 20-69歳までの男女を対象として系統抽出を行い，抽出された4,000名に対して郵送法による質問紙調査を行った（各市1,000名ずつ）。回収率は，武蔵野市＝34.3％，清瀬市＝32.25，旭市＝33.6％，小田原市＝34.0％であった。
(6) 侵入盗とは，住宅，事務所，店舗などに侵入し，金品を盗む犯罪をさす。
(7) GISとは，地図の形で表される情報と，一般的なデータベースを，コンピュータ上で紐付けしたものである。たとえば，郵送調査の回答者を地図上にプロットすることによって，回答者同士の地理的な距離を分析に用いることができるようになったり，それを用いて，距離の近い者同士は犯罪被害傾向も似ているのかどうかといったことが分析できるようになったりする。
(8) ここでの分析には，ESRI Japan株式会社のArcView 9.3.1を用いた。
(9) 「社会参加」は，自治会・町内会，ボランティア団体，農協や同業者の団体などの地域内の社会集団への参加の有無の合計，「一般的信頼感」は，「ほとんどの人は信頼できる」という項目への同意の程度（1点-4点），「互酬性の規範」は，「誰かに助けてもらったら，自分もまた他の人を助ける」という項目への同意の程度（1点-4点）でそれぞれ測定した。

参考文献

青木義次 (1998)「集計単位問題についてのノート」『総合都市研究』65, 17-24頁。
原田豊 (2003)「クライムマッピング――地理的犯罪分析の現状と方向性第二回:海外における取組み」『捜査研究』620, 12-18頁。
内閣府国民生活局 (2003)『ソーシャル・キャピタル――豊かな人間関係と市民活動の好循環を求めて』国立印刷局。
大渕憲一 (2006)『犯罪心理学――犯罪の原因をどこに求めるのか』培風館。
高木大資・小林哲郎・針原素子・池田謙一 (2009)「犯罪は地域コミュニティに何を引き起こすのか?社会関係資本論からの検討」『日本社会心理学会大会論文集』50, 90-91頁。
高橋良彰・渡邉和美 (1999)『新犯罪社会心理学』学文社。
山岸俊男 (1998)『信頼の構造――こころと社会の進化ゲーム』東京大学出版会。
Anreil, B. (2006) *Diverse communities*, Cambridge University Press.
Berkowitz, B. (2000) "Community and neighborhood organization" In Rappaport, J. & E. Seidman (Eds.) *Handbook of community psychology*, Plenum, pp. 331-358.
Blau, J. R. & P. M. Blau (1982) "The cost of inequality : Metropolitan structure and violent crime" *American Sociological Review*, 47, pp. 114-129.
Bowles, S. & H. Ginitis (2002) "Social capital and community governance" *Economic Journal*, 112, pp. 419-436.
Bursik, R. J. Jr. & H. G. Grasmick (1993) *Neighborhoods and crime : The dimensions of effective community control*, Lexington Books.
Dasgupta, P. (2005) "Economic of social capital" *Economic Record*, 81, pp. 2-21.
Della Porta, D. & A. Vannucci (1999) *Corrupt exchanges : Actors, resources, and mechanisms of political corruption*, Walter de Gruyter.
Durlauf, S. N. & M. Fafchamps (2005) "Social capital", In Aghion, P. & S. Durlauf (Eds.) *Handbook of Economic Growth*, North Holland, pp. 1639-1699.
Fine, B. (2001) *Social capital versus social theory : Political economy and social science at the turn of the millennium*, Routledge.
Fukuyama, F. (1995) *Trust : The social virtues and the creation of prosperity*, The Free Press.
Goldsmith, V., P. G. McGuire, J. H. Mollenkopf & T. A. Ross (2000) *Analyzing crime patterns*, Sage Publications.
Hagan, J., H. Merkens & K. Boehnke (1995) "Delinquency and disdain : Social capital and the control of right-wing extremism among East and West Berlin youth" *American Journal of Sociology*, 100, pp. 1028-1052.

Healy, T. & S. Cote (2001) *The well-being of nations : The role of human and social capital*, Organization for Economic Co-operation and Development.

Hirschi, T. (1969) *Cause of delinquency*, University of California Press.

Jacobs, J. (1961) *The death and life of great American cities*, Vintage Books.

Kennedy, B. P., I. Kawachi, D. Prothrow-Stith, K. Lochner & V. Gupta (1998) "Social capital, income inequality, and firearm violent crime" *Social Science & Medicine*, 47 (1), pp. 7-17.

Kornhauser, R. R. (1978) *Social sources of delinquency : An appraisal of analytic models*, University of Chicago Press.

LaFree, G. (1999) "A summary and review of cross-national comparative studies of homicide" In Smith, M. D. & M. A. Zahn (Eds.), *Homicide : a sourcebook of social research*, Sage, pp. 125-145.

Land, K. C., P. L. McCall & L. E. Cohen (1990), "Structural covariates of homicides rates : Are there any invariances across time and social space ?" *American Journal of Sociology*, 95, pp. 922-963.

Lederman, D., N. Loayza & A. M. Menendez (2002) "Violent crime : Does social capital matter ?" *Economic Development and Cultural Change*, 50, pp. 509-539.

Merton, R. K. (1938) "Social structure and anomie" *American Sociological Review*, 3, pp. 672-682.

Merton, R. K. (1957) *Social theory and social structure*, Free Press.

Portes, A. (1998) "Social capital : Its origins and applications in modern sociology" *Annual Review of Sociology*, 24, pp. 1-24.

Putnam, R. D. (1993) *Making democracy work : Civic traditions in modern Italy*, Princeton University Press.

Putnam, R. D. (2000) *Bowling alone : The collapse and revival of American community*, Simon & Schuster.

Robinson, W. S. (1950) "Ecological correlation and the behavior of individuals" *A. S. R.*, 15, pp. 351-357.

Rosenfeld, R., S. F. Messner & E. P. Baumer (2001) "Social capital and homicide" *Social Force*, 80 (1), pp. 283-309.

Rubio, M. (1997) "Perverse social capital : Some evidence from Colombia", *Journal of Economic Issues*, 31, pp. 805-816.

Saeger, S. & G. Winkel (2004) "Crime, social capital, and community participation", *American Journal of Community Psychology*, 34, pp. 219-233.

Sampson, R. J. (1997) "The embeddedness of child and adolescent development : A community-level perspective on urban violence" In McCord, J. (Ed.) *Violence and childhood in the inner city*, Cambridge University Press, pp. 31-77.

Sampson, R. J., J. D. Morenoff & F. Earls (1999) "Beyond social capital : Spatial dynamics of collective efficacy for children" *American Sociological Review*, 64, pp. 633-660.

Sampson, R. J. & S. W. Raudenbush (1999) "Systematic social capital observation of public spaces : A new look at disorder in urban neighborhoods" *American Journal of Sociology*, 105, pp. 603-651.

Sampson, R. J., S. W. Raudenbush & E. Earls (1997) "Neighborhoods and violent crime : A multilevel study of collective efficacy" *Science*, 277, pp. 918-924.

Skogan, W. (1990) *Disorder and decline : Crime and the spiral of decay in American neighborhoods*, University of California Press.

Wandersman, A. & P. Florin (2000) "Citizen participation" In Rappaport, J. & E. Seidman (Eds.) *Handbook of community psychology*, Plenum, pp. 247-272.

Warren, M. E. (2001) *Democracy and association*, Princeton University Press.

Warren, M. E. (2008) "The nature and logic of bad social capital" In Castiglione, D., J. W. Van Deth & G. Wolleb (Eds.) *The handbook of social capital*, Oxford University Press, pp. 122-149.

リーディングリスト

現在,「ソーシャル・キャピタルと犯罪」というテーマで包括的・体系的にまとめられた書籍は少ない。そのため,以下にあげる推薦図書の中には,体系的なレビュー論文というよりはむしろ,著者による実証研究の報告という形で記述されているものも含まれていることに留意されたい。

矢島正見・丸秀康・山本功(2004)『よくわかる犯罪社会学入門』学陽書房。
 ——ソーシャル・キャピタルに関する議論は含まれないが,犯罪社会学についての基礎的な知識をわかりやすくまとめたもの。特に第3部における各犯罪社会学理論についての解説は,ソーシャル・キャピタルと犯罪の関係についての研究においても有益である。

Lederman, D., N. Loayza & A. M. Menendez (2002) "Violent crime : does social capital matter ?", *Economic Development and Cultural Change*, 50, pp. 509-539.
 ——世界価値観調査(World Value Survey)によるソーシャル・キャピタル指標と世界保健機関(WHO)による殺人率の指標を用いて,39の国を単位としたマクロな分析を行ったもの。

Messner, S. F., & E. P. Baumer & R. Rosenfeld (2004) "Dimensions of social capital and rates of criminal homicide", *American Sociological Review*, 69, pp. 882-903.
　──アメリカにおける社会関係資本に関する大規模電話調査データ（Social Capital Benchmark Survey）を用いて，主に社会関係資本と社会解体理論の理論的観点から実証的に分析したもの。

Rosenfeld, R., S. F. Messner & E. P. Baumer (2001) "Social capital and homicide", *Social Forces*, 80, pp. 283-309.
　──社会関係資本と犯罪社会学理論の関係について，特に社会解体理論，アノミー理論，緊張理論の観点から論じた後，大規模な社会調査データ（General Social Survey）によってそれを実証的に検討したもの。

Williams Ⅲ, F. P. & M. D. McShane (2003) *Criminological theory (4th ed.)*, Prentice Hall.
　──社会関係資本についての議論にはほとんど触れられていないが，主要な犯罪社会学理論が全てカバーされており，さらにそれらの関係についても述べられているため，本章で紹介した各犯罪社会学理論の理解にとって有用である。

第8章　教　育

露口健司

1　はじめに

　社会関係資本に関する研究は，コールマン（Coleman, 1988）以降，教育分野において発展し続けている。教育分野の学術論文データベースである ERIC (Educational Research Information Center) データベースにおいて "social-capital" をキーワードとして検索を行うと，1,000件以上の学術論文がヒットする。各年の論文発表数は図8-1に示す通りである。学術論文数は年々増加傾向にあり，特に，パットナム（Putnam, 2000）が報告された2000年頃からの増加が顕著である。

　欧米圏での研究が進む一方，日本では，それほど進展していない。パットナム（2000）を引用した理論的考察（金子，2008；平塚，2006；髙野，2004他），マイノリティネットワーク形成を対象とするフィールドワーク（木村，2008），集合データを用いた教育効果の研究（稲葉，2007；日本総合研究所，2008；山内・伊吹，2005）などが報告されている。また，学校・保護者・地域との紐帯が学力などの教育効果とつながりを有することが明らかにされている（志水，2005）が，研究の数はわずかである。教育分野における社会関係資本の体系的な研究動向は十分につかめていない状況である。そこで本章では，今後の研究推進のための基盤的作業として，教育分野における社会関係資本研究の動向整理を行う。

　もちろん，学術論文のすべてをカバーすることは困難である。そこで，被引用頻度が高く，学校を対象としている実証性の高い学術論文を中心にレビューを行うこととした。レビューの対象とした学術論文は章末の「参考文献」に掲げている。また我々は，より多くの学術論文を取り上げ，個々の研究内容の紹

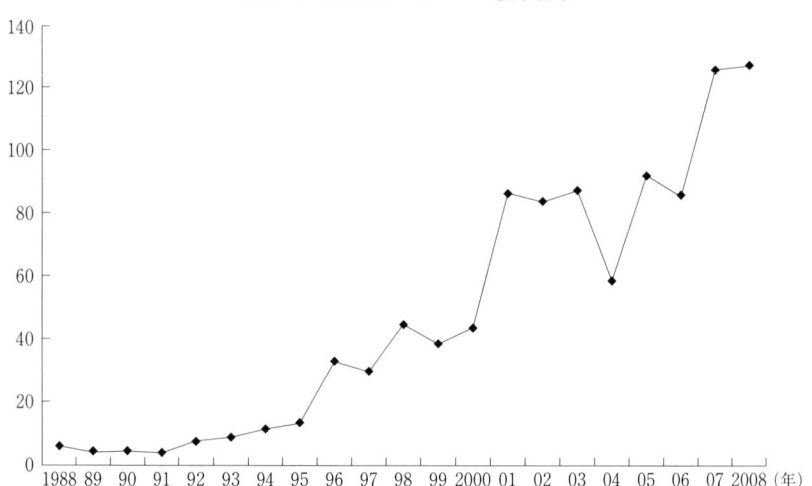

図8-1 ERIC データベース検索結果

介よりもむしろ，社会関係資本研究全体の動向把握に重点を置く「広く浅いレビュー」を行うこととした。教育分野における社会関係資本研究の蓄積により，何がどこまで明らかにされているのかを確認するとともに，最後に，日本で社会関係資本研究を推進する上での方向性を提示したい。

2　ソーシャル・キャピタルの構造

社会関係資本の構造，すなわち社会関係資本の構成要素とそれらの相互関係については，ネットワーク・互報性の規範・信頼の3要素論でとらえる方法が定着している。これは，教育分野において最も引用されているコールマン（1988）やパットナム（2000）の両者がほぼ同様の主張を展開しているためである。ただし，構成要素間の区分が曖昧であること，また要素間の関連性が不明瞭であることなどの課題も一方では指摘されている（Portes, 1998）。

学校教育の場面では，3要素間の関係は次のように説明することができる。たとえば，4月の学級編制において学級担任と保護者集団の間に○年○組という閉じたネットワークが形成される。担任教師は高い実践的指導力を示し，年

間を通しての効果的かつ継続的指導を予測させ,保護者が求める情報を積極的に提供し,誠実で善意ある態度で保護者と接する。保護者は,家庭においては学習習慣・生活習慣の形成に努め,教師の求めに応じて会議参加やボランティア参加などの支援を提供する。こうした社会的交換や相互作用の経験を通して「我々はお互いに協力し合うべき」とする互報性の規範が形成される。互報性の規範の下での行為が「子どもの肯定的な変化」などの何らかの視覚的成果につながるとき,ネットワーク内に信頼が醸成される。そして信頼は,ネットワーク活動の効率化や機能性の向上を促進するのである。

3 ソーシャル・キャピタルの次元と指標

教育分野における社会関係資本研究では,コールマン (1988) が言及した家庭内社会関係資本や家庭外社会関係資本に加え,多様な社会関係資本が研究対象となっている。先行研究は,ネットワークや信頼の対象を参照すると,以下に示す4つの社会関係資本次元に整理することができる。社会関係資本次元の測定指標もかなり多様であり,各次元ごとに複数の指標が設定されている。以下,社会関係資本の次元と指標について簡潔に整理しておく(図8-2参照)。

① 家庭内社会関係資本

第1は,家庭内社会関係資本である。指標としては,たとえば子どもに対する教育関心と情熱 (Fan & Chen, 1999 ; Huang, 2009),子どもに対する期待感 (Carbonaro, 1998 ; Coleman, 1988 ; Furstenberg & Hughes, 1995),相談的支援 (Ream & Palardy, 2008),家庭での対話 (Croll, 2004 ; Fan & Chen, 2001 ; Ho Sui-Chu & Willms, 1996),宿題のチェック (Croll, 2004 ; Gutman & Midgley, 2000) などの教育参加要因が設定されている。コールマン (1988) が指摘するように,親の存在(一人親家庭・再婚家庭)やきょうだい数などの家族構成も重要な指標として活用されている[1]。

② クラス社会関係資本

第2は,子ども相互あるいは子どもと教師の関係に焦点を当てたクラス社会

図8-2 教育における社会関係資本の構図

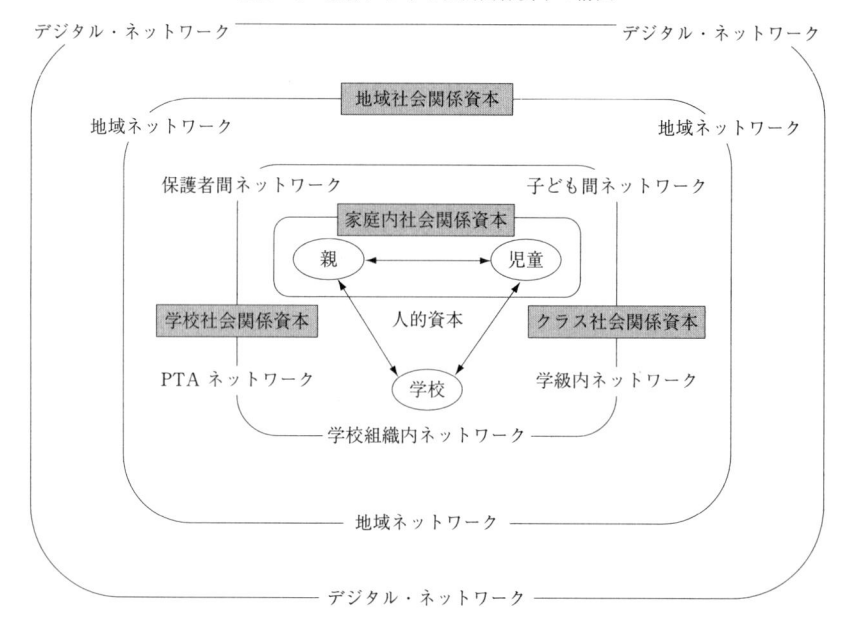

[図：教育における社会関係資本の構図。デジタル・ネットワーク、地域ネットワーク、地域社会関係資本、保護者間ネットワーク、子ども間ネットワーク、家庭内社会関係資本（親・児童）、学校社会関係資本、クラス社会関係資本、人的資本、学校、PTAネットワーク、学級内ネットワーク、学校組織内ネットワークなどが階層的に示されている]

関係資本である。クラス社会関係資本は，ネットワークの種類によって次の2つに類型できる。

1つは「子ども間ネットワーク」である。指標としては，クラス内での他の生徒との対話時間（Anderson, 2008），校内での友人の数（Morgan & Sorenson, 1999），社会問題について語る友人がいるなどの良好な友人関係（Huang, 2009）などがある。また，クラスの範疇には含まれないが，部活動への参加（White & Gager, 2007）も，学校における子ども同士のネットワークに含むことができる。

もう1つは「学級内ネットワーク」である。学校での安心感（Sacco & Nakhaie, 2007），学校への愛着（Garcia-Reid, 2007），子どもの学校適応（Anderson, 2008），学級集団効力感（Goddard, Logerfo & Hoy, 2004）などの集合変数が指標として設定されている。また，教師による子どもの支援（Gutman & Midgley, 2000），生徒による質問や相談を受け付けて生徒をほめる（Anderson,

2008 ; Groninger & Lee, 2001），教師の指導がうまく教師から関心をもたれている（Groninger & Lee, 2001）などの対教師関係についても学級内ネットワークに含まれる。

③ 学校社会関係資本

第3は教師や保護者をネットワーク構成主体とする学校社会関係資本である。学校社会関係資本もネットワークの種類によって次の3つに類型できる。

第1は，教師相互あるいは校長と教師間の学校組織内ネットワークである。校長・教師あるいは教師相互間の信頼関係（Bryk & Schneider, 2002 ; Goddard et al., 2009 ; Hoy & Tschannen-Moran, 1999），教師相互の同僚性（Little, 1982），学年チームのコミュニケーション関係（Penuel et al., 2009）などの指標がある。

第2は，学校参加や学校支援に象徴されるPTAネットワークである。たとえば，PTA（PTO）をはじめとする学校での会議への出席状況（Pong, 1998; Putnam, 2000），授業や行事支援の学校ボランティア参加状況（Pong, 1998 ; Gutman & Midgley, 2000），学校訪問回数（Ream & Palardy, 2008）などである。ただし，訪問回数を社会関係資本の指標とすることにはいつくかの疑問も提示されている。すなわち，問題を抱えている子どもの親に，学校・教師とのコンタクトが多くなる傾向があるためである。親が保護者がどの程度学校に来たのかよりも，なぜ学校に来たのか，そこに着目する必要がある（Ho Sui-Chu & Williams, 1996）。

第3は，保護者間ネットワークである。親相互の関係について，コールマン（1998）は，カトリック系学校における親相互の閉じたネットワークに着目している。しかしながらその後の研究では，閉鎖系――開放系というネットワーク形態とは別の視点に立つことが多い。たとえば，子どもの友人の親をどの程度知っているか（Carbonaro, 1998 ; Desimon, 1999 ; Furstenberg & Hughes, 1995 ; Parcel & Dufur, 2001 ; Pong, 1998 ; Teachman et al., 1997），あるいは親相互の相談・支援のためのネットワークに参加しているかどうか（Furstenberg & Hughes, 1995）などである。

④　地域社会関係資本

　第4は，地域社会関係資本である。子ども・親・教師のいずれもが，学校だけではなく複数の地域ネットワークに参加している。たとえば，子どもの場合であれば地域のスポーツ・文化活動への参加（Kahne & Sporte, 2008 ; White & Gager, 2007），ボランティア活動への参加（Furstenberg & Hughes, 1995）などが地域社会関係資本に該当する。日本の場合は，塾への参加も一種の地域社会関係資本としてとらえることも可能であろう。親の場合であれば地域組織への参加や地域のボランティア活動（Croll, 2004 ; Putnam, 2000）が代表的な指標である。なお教師・管理職の場合は，教育委員会・公民館・児童相談所・警察・消防等との教育課題解決のための地域ネットワーク（柏木，2007），近隣他校・異校種の管理職相互のネットワーク（川上，2005）などが代表的な指標である。

　これらのほか，教育分野では，デジタル・ネットワークによって形成される社会関係資本にも関心が集まっている。教師相互では，指導方法や教材開発等の情報共有のためのネットワークが，また，親相互では，子育てや学校（塾）選びなどについてのネットワークが形成されており，一定程度有効に機能している（菅谷・金山，2007）。しかしながら，子ども相互のデジタル・ネットワークについては「学校裏サイト」「出会い系サイト」などに象徴される複数のリスクも指摘されている。

4　ソーシャル・キャピタルの機能

（1）直接効果

　コールマン（1988）以降，社会関係資本が人的資本に及ぼすインパクトの検証は，教育分野における社会関係資本研究の最重要課題として位置づけられてきた。社会関係資本の縮減が教育の質に重大なダメージを与えるとするパットナム（2000）の研究，社会関係資本の教育面での効果を明らかにした OECD 報告（Healy & Cote, 2001）は，社会関係資本の機能に対する関心をさらにかき立てるものとなった。

次元を区分しない社会関係資本の総合的指標を用いた研究では，パットナム (2000) が，社会関係資本と子どもの学業成績・就学継続率との正の相関を明らかにしている。また，子ども・親・学校の三者をとりまく社会関係資本は，数学と国語の学業成績を高めることが明らかにされている (Goddard, 2003 ; Goddard et al., 2009)。これらのほか，教育分野の先行研究では以下に示すような社会関係資本の次元ごとに教育効果が認められている。[2]

① 家庭内社会関係資本

家庭内社会関係資本の機能としては，学業成績，退学抑制，大学進学等の効果が認められている。

学業成績（テストスコア）については，子どもに対する相談的支援 (Ream & Palardy, 2008)，宿題チェック (Croll, 2004)，子どもとの対話 (Croll, 2004 ; Ho Sui-Chu & Willms, 1996)，親の子どもに対する期待感 (Carbonaro, 1998) が正の影響を及ぼしている。きょうだい数が多い (Coleman, 1988 ; Dunifon & Kowaleski-Jones, 2002 ; Han, Waldfogel, & Brooks-Gunn, 2001)[3]，一人親家庭 (Bassani, 2008) などの家族構成要因は負の影響を及ぼしている。また，家庭での親の教育参加（出席管理・宿題管理・支援助言）が GPA に影響を及ぼすことも明らかにされている (Ream & Palardy, 2008)。

退学抑制については，一人親家庭やきょうだい数等の家族構成要因が退学率に影響を及ぼすとするコールマン (1988) の研究，子どもへの期待感が退学率を抑制するというコールマン (1988) やカルボナロ (Carbonaro, 1998) の研究がある。

大学進学については，親の子どもに対する期待・情熱・支援が大学進学（及び高校卒業）に影響を及ぼすこと (Furstenberg & Hughes, 1995)，また，家庭内の対話が 4 年制大学進学を促進することが明らかにされている (Sandefur et al., 2006)。なお，サンデファーら (Sandefur et al., 2006) では，再婚家庭やきょうだい数（多）などの家族構成，親による高卒期待や職業系大学期待などの相対的な低期待は，4 年制大学進学を抑制することも明らかにされている（人種・民族，親学歴，SES をコントロール）。

② クラス社会関係資本

先行研究では，学業成績と退学抑制に対する効果が検証されている。学業成績について，生徒相互の社会関係資本が高いクラスでは，数学の学力（Morgan & Sorensen, 1999 ; Pribesh & Downey, 1999）や言語系学力が高い（Anderson, 2008）。また，教師――生徒間の社会関係資本が高いクラスでは，リーディンクスコア（Goddard, 2003）や言語系学力（Anderson, 2008）が高いことが明らかにされている。教師――生徒関係の社会関係資本は退学を抑制する効果も有している。特に，教師と生徒の対話は学力リスク（ミドルスクールで GPA がC，2‐8年生の間に謹慎を受けた，本人が高校卒業の期待をもたない，8年生のときに事務所に呼び出された，親が問題行動で警告を受けた）のある生徒の退学を予防する効果がある（Croninger & Lee, 2001）[4]。

③ 学校社会関係資本

教師相互や校長――教師関係においては，信頼に焦点化された研究がいくつか報告されている。ブレイクとシュナイダー（Bryk & Schneider, 2002）やゴッダード（Goddard, 2009）では，信頼構築が学業成績に直接影響を及ぼすとする結果を提示している。ただし教育経営学分野の研究では，信頼と学力との関係は，直接影響関係ではなく媒介影響関係としてとらえられている。たとえば教師相互の信頼については，それが専門家コミュニティ（professional community）の形成を媒介して学力向上に結びつくこと（Bryk et al., 1999）が，校長――教師の信頼関係については，それが教師の組織市民行動（organizational citizenship behavior）やエンパワーメント（enpowerment）の向上を媒介して学力向上に結びつくこと（Bryk & Schneider, 2002 ; Podsakoff et al., 1990 ; Rinehart et al., 1998）が，それぞれ検証されている。

学校――親関係（PTA ネットワーク）においては，学校参加場面に焦点化された研究が進展している。親の学校参加の主たる教育効果は，子どもの退学抑制と大学進学である。たとえば学校との対話機会が多い家庭，学校参加頻度が高い家庭では，退学の確率が抑制される傾向にある（Carbonaro, 1998）。また，PTA 等の学校会議に参加する家庭では大学進学の確率が高い（Furstenberg &

Hughes, 1995 ; Sandefur et al., 2006)。ただし，親が個人として学校参加するかどうかは，学業成績とは有意な関係がないとされている (Pong, 1998)。個人レベルでの親の学校参加は，学力よりもむしろ問題行動や中途退学の抑制，大学進学の促進と強く関係している (McNeal, 1999)。

個人レベルでの親の学校参加は子どもの学業成績に有意な影響を及ぼさない。しかしながら，集団レベルでの親の学校参加状況は子どもの学業成績に正の影響を及ぼしている。学校での会議に対する出席率が高い学校，ボランティア参加率が高い学校，学校の方針を理解している親が多い学校では，子どもの学業成績が高い傾向が示されている (Morgan & Sorensen, 1999 ; Pong, 1998)。親が学校に関わることによって，子どもが学校の大切さを自覚し，親は他の親・教師・管理職のことを知ることができ，子どもについてのより詳細な情報が得られる (Turney & Kao, 2009)。これらの学校参加（＝ネットワーク参加）によって得られる諸情報が先の教育効果につながるものと解釈できる。

保護者間ネットワークは，学業成績，問題行動や退学率の抑制，大学進学率の促進に効果を有している。たとえば，子どもの友人の親を知っていることは，数学やリーディングの学力につながる (Desimon, 1999)。子どもの友人の親を知っていることは，問題行動を抑制し (Parcel & Dufur, 2001)，高校卒業や大学進学を促進する (Furstenberg & Hughes, 1995)。また，親が互いに支援し合う関係にある場合にも，高校卒業や大学進学は促進される (Furstenberg & Hughes, 1995)。親相互のネットワークは子どもの効果的な育成に対するフィードバックが得られるだけでなく，学校方針・教師・友達に関する決定的な情報を得ることができる (Carbonaro, 1998)。学校——親関係と同様，親相互の関係においても，ネットワークを介して得られる情報が教育効果を高めるものと解釈できる。

④ 地域社会関係資本

親による地域組織への加入，地域組織での活動，宗教ボランティア参加が子どもの学業成績に正の影響を及ぼすとする結果が報告されている (Croll, 2004)。また，親を含めた住民による地域・市民活動への参加が活性化している地域で

は，子どもたちの地域・市民活動参加も促進されること（Kahne & Sporte, 2008）がこれまでに解明されている。

子どもの地域・市民活動参加については，次のような教育効果が報告されている。たとえばスポーツチーム，ボーイ（ガール）スカウト，教会活動，その他地域クラブへの参加は，学業成績に対して正の影響を及ぼしている（Pribesh & Downey, 1999）。また，子どもによる地域の宗教活動への参加が大学進学に正の影響を及ぼすとする結果も報告されている（Furstenberg & Hughes, 1995）。

なお，学校と地域とのネットワークについては，子どもの主体性や社会性を高める効果があることが指摘されている（柏木，2007）。

（2）相補的効果

教育における社会関係資本は多元的に構成されている。家庭・クラス・学校・地域のいずれの社会関係資本も機能している場合，それにアクセスしている親子は高い教育効果を享受することができるであろう。一方，これらの社会関係資本のほとんどが機能していない，あるいは集合的に機能していたとしても個人としてアクセスできていない場合，高い教育効果を享受することは困難となるであろう。

社会関係資本には，バッサーニ（Bassani, 2008）が指摘する相互補完的な効果も認められている。すなわち，家庭・クラス・学校・地域のいずれかの次元で社会関係資本が機能していない場合，機能している社会関係資本が当該機能不全の社会関係資本を補完する。たとえば，家庭内社会関係資本が脆弱な子どもであっても，教師の指導の下，社会関係資本が機能しているクラスにおいて生活していれば，一定の教育効果は期待できる。

（3）階層要因（人種・民族・SES等）による調整効果

先述した社会関係資本の教育効果は，すべての家庭にあてはまるものではなく，人種・民族・SES等の階層要因によって調整されるとする研究が多く報告されている。[5]

たとえば白人家庭では，家庭内社会関係資本及び学校社会関係資本が学業成績を促進し，無断欠席・退学を抑制する効果をもつ。しかしながらヒスパニックやアジア系では，社会関係資本の教育効果がほとんど認められていない（McNeal, 1999）。また，高SES・高所得の家庭では，学校社会関係資本（親と学校の紐帯，親相互の紐帯）が学業成績や退学抑止に効果をもつ。しかし，低SES・低所得の家庭の場合，そうした効果が認められない（Horvat et al., 2003 ; McNeal, 1999 ; Teachman et al., 1997）。さらに，ミドルクラスの家庭では学校社会関係資本（親のPTA参加など）が学業成績に影響を及ぼすが，それ以外の階層では教育効果が認められていないことも報告されている（Ream & Palardy, 2008）。

　こうした調整効果の出現は，マイノリティや低階層家庭において①社会関係資本へのアクセス可能性が低いこと，また②ネットワークに参加しているとしても，それが教育に関する問題解決と無縁なネットワークであることに起因している。

　社会関係資本研究には，地域レベルでの集合的資本の問題とともに，現在，個人がそれを活用できているかというアクセス可能性の問題がある。家庭の条件が悪いと社会関係資本は活用しにくいが，ミドルクラスはそれを活用しやすい（Croll, 2004）。たとえば，ミドルクラスの家庭は子どもの教育に関心をもち，学力向上や社会スキルの育成のために親が努力する。また，学校にかかわるネットワークや親相互のネットワークにアクセスする確率が高い。一方，ワーキングクラスや貧困クラスの家庭は教育関心が相対的に低く，学校や地域に社会関係資本がある場合でも，アクセスする確率が低いのである（Lareau, 2002）。

　社会関係資本へのアクセスを制限するのは，人種・民族・SESという階層要因よりも，むしろ仕事・時間・言語などであるとする研究も一方で存在する。ワン（Wang, 2008）は，すべての人種・民族グループにおいて，時間（inconvenient meeting time）と仕事（cannot get off from work）が学校参加の障壁となっていることを指摘した上で，マイノリティの場合はさらに言語的障壁・文化的障壁・学校不信が障壁となっていると言及している。事例として取り上げ

られている中国系マイノリティグループの親による学校参加行動では，親と学校とのかかわりが個人面談と学校行事参加に限られている点を指摘している。教師との接触は少なく，直接対話は特別な目的がある場合に限られる。学校行事には参加するが，ボランティアや労力を要する活動には参加しない（できない）。PTO には滅多に参加しない。PTO とは，学校予算，校長報告等の報告が中心であり，それらは理解できないからである。

　もちろんマイノリティや低階層の家庭においても，親相互や親類などとの紐帯は存在する。しかしながら，そうしたネットワークは家計問題を一定程度軽減するが，宿題の管理などについての有用な情報や問題解決の足しになる支援が得られにくいことが指摘されている（Delgado-Gaitan, 1992）。ミドルクラス家庭は，教師，カウンセラー，法律家，医師等，子どもの教育問題の解決に資する専門家とのネットワーク数がワーキングクラスよりも多いことも明らかにされている（Horvat et al., 2003）。

5　ソーシャル・キャピタルの決定要因

(1) 階層要因──人種・民族・SES 等

　個人レベルの人種・民族・SES・家族構成などは「社会関係資本へのアクセス決定要因」として扱うことができる。たとえば，個人レベルの親の SES の高さは家庭内社会関係資本（家庭内対話・宿題管理）を促進する（Ho Sui-Chu & Willms, 1996），学校社会関係資本（親と学校との対話・親と学校の紐帯・学校参加・ボランティア）を促進する（Dominna, 2005 ; Ho Sui-Chu & Willms, 1996 ; Hoover-Dempsy et al., 1987 ; Teachman et al., 1997），子どもの地域社会関係資本（市民活動）へのアクセスを促進する（White & Gager, 2007）こと等が報告されている。また，特に学校社会関係資本に対しては，人種・民族の影響が認められている（Dominna 2005 ; White & Gager, 2007）。この点について（Turney & Kao, 2009）は，白人以外は，複数の学校参加障壁を経験していることを明らかにしている。低 SES やマイノリティに所属する家庭は，地域に豊かな社会関係資本が形成さ

第 8 章 教 育

れていたとしても，アクセスが困難であると解釈できる。

一方，集合レベルでの人種・民族・SES 等は，「社会関係資本生成の決定要因」として扱うことができる。集合レベルデータを用いた研究として，たとえば，校区の SES（フリーランチ比率），人種（校内の有色人種比率）は，クラス社会関係資本・学校社会関係資本に対してネガティブな影響を及ぼしている（Goddard, 2003; Goddard et al., 2009)[6]。また，単なる構成比率ではなく，教師間の人種葛藤や児童間の人種葛藤が認められる学校では，学校社会関係資本（特に親――学校の信頼）が抑制されることが明らかにされている（Bryk & Schneider, 2002)。

ミドルクラスの親が多い校区では，なぜ社会関係資本が生成されやすいのか。この点は，ミドルクラスの親が保有する愛他性や貢献意欲等の価値観によって説明されている。すなわち，ミドルクラスの家庭では，子どもとのかかわりについての負担を強いられる場面において，親自身の負担よりも，子どもにとっての望ましい成果の達成を重んじる傾向がある。したがって，ミドルクラスの多い地域では，教育課題の解決に対する集団的な協調行動が得られやすいのである（Horvat et al., 2003)。

（2）階層以外の決定要因

学校社会関係資本については，階層要因以外の社会関係資本アクセス決定要因が指摘されている。たとえば，両親との同居，きょうだい数，時間的余裕，母親の就労形態（専業主婦かパート），3 世代同居，子どもが低学年（以上，Turney & Kao, 2009)，カトリックスクールへの就学（Teachman et al., 1997）などである。学校社会関係資本へのアクセスに対しては，家庭内社会関係資本の状況が重要な要因となっている。

また，近年では，学校側が意図的に学校社会関係資本の生成・拡充を操作できるとする視点から，次のような決定要因が提示されている。第1は，生徒の学校所属意識である（Adams et al., 2009)。より多くの子どもが学校に対して愛着を持ち，学校を楽しみにしているような状況下では，親の学校参加が促進さ

185

れ，学校社会関係資本が醸成される。第2は，親と教師との相互作用である (Adams et al., 2009；Hoy & Tschannen-Moran, 1999；露口，2009)。教師が有能さを示す，親が必要とする情報を提供する，誠実かつ丁寧に親に接する，親が学校に参加した場合に充実感がもてるように工夫する等の実践を展開することで，親の学校参加は促進され，学校社会関係資本が醸成される。第3は，サービス・ラーニングの実践である。これは，簡単に言えば，子どもと地域の紐帯を高める学習プログラムである。サービス・ラーニングの経験者，クラスで市民性学習を経験した生徒は，地域の市民活動に参加する傾向にあることが明らかにされている（Kahne & Sporte, 2008；倉本，2008）。学校組織からのアクションによって学校社会関係資本を醸成しようとする視点に立った研究はわずかであり，今後の展開が期待される。

（3）転居と転校

　親は地域に一定期間居住することで，社会関係資本へのアクセスが可能となる[7]。しかし，転居や転校を繰り返し行うことで，そうしたチャンスを放棄しているとする視点がコールマン（1988）によって示されている。

　転居については，たとえば，アストンとマクラナハン（Aston & McLanahan, 1994）やコールマン（1988）では，引っ越しの回数が多くなるほど，高校退学率が高くなることが明らかにされている。その後，年齢を基準とする分析が展開されるようになった。たとえば，8年生までの転居は高校退学を促進してしまうこと（Swanson & Schneider, 1999），11-16歳の間に2回以上引っ越した場合に，高校中退の可能性が高くなること（Hofferth et al., 1998）などが検証されている。

　一方，転校についても，高校中退や学習行動に対する負の効果が指摘されている。たとえば，5年生以降の転校回数は，公立高校の中途退学に深刻な影響を及ぼしている（Smith et al., 1992）。8年生までの転校回数は，高校退学を促進する（Swanson & Schneider, 1999）。転校経験のない家庭では，高校卒業率が高い（Furstenberg & Hughes, 1995）。転校を重ねれば重ねるほど，学習上の問題行

動が出現しやすくなる（Tucker & Long, 1998）などである。

ただし，転居や転校による負の効果は，すべての家庭において同様に出現するのではなく，家族構成による影響を受けることがこれまでに判明している。すなわち，両親がそろっている家庭では，転校が問題行動につながるリスクは小さいが，それ以外の家庭（一人親，再婚家庭など）では，転校は問題行動を誘発するのである（Tucker & Long, 1998）。

また，転校の回数は，再婚家庭，母子・父子家庭において多くなることを鑑みると（Teachman et al., 1997），転校は階層と社会関係資本との媒介要因として理解することができる。

6 おわりに

最後に，以上の研究動向レビューを踏まえ，教育分野における社会関係資本研究の今後の方向性を提示する。

数多くの研究において検証されているように，教育における社会関係資本（家庭・クラス・学校・地域）は，学業成績・退学抑制・大学進学促進等のさまざまな教育効果を有している。本章において取り上げた社会関係資本研究は，注(2)に示すように，緻密な調査設計の下に進められており，信頼性・妥当性に配慮し，一般化をかなり意識している。しかし，欧米での調査結果が日本にそのままあてはまるかと言えば，そうでもない。社会関係資本のように価値・文化に左右される変数を使用する場合は，「文化的差異」への配慮が必要不可欠である。日本でも，大量サンプルを用いた縦断的調査研究による教育効果の検証作業が求められる。

現時点では，都道府県レベルの集合データを用いた相関分析がいくつか報告されている（たとえば稲葉，2007；日本総合研究所，2008；山内・伊吹，2005）。これらは社会関係資本の教育効果を検証した大変貴重な研究である。日本総合研究所が算出している都道府県レベルの社会関係資本指数（つきあい・交流，信頼，社会参加）と，教育統計との相関を確認すると，確かにいくつかの組み合わせ

において有意な相関が認められている。たとえば，つきあい・交流と全国学力・学習状況調査結果（中学校）が $r=.308(p=.035)$，社会参加と高校中退率が $r=-.308(p=.035)$ となっている。ただし，複数の変数をコントロールした階層化重回帰分析を実施すると，社会関係資本による直接的効果は消失してしまう。

　都道府県の集合データを用いた分析は，パットナム（2000）の方法論から強い影響を受けている。この方法論は，社会関係資本の測定において一般的なネットワークや信頼を対象とする。しかし，教育分野では，コールマン（1988）を原点として研究が蓄積されており，ネットワークや信頼の対象が特定化されている。複数地域の児童生徒や保護者を対象とし，社会関係資本や学業成績測定のための大規模サンプルを経年で採取するような調査は，日本においては，管見の限り皆無である。コールマン（1988）型の調査デザインによる社会関係資本と教育効果の検証が日本において求められる。

　その際，重視しなければならないのは，次の3つの視点である。

　まず第1に，地域（校区）レベルで社会関係資本を測定し，社会関係資本の地域レベルでの分散を確認する作業が必要である。平塚（2006）は，社会関係資本の教育効果に関する議論を整理した上で，地域間の社会関係資本の分散（地域間格差）を重要な制度的・政策的課題として指摘している。地域（校区）レベルでの社会関係資本を測定することで，どの地域において社会関係資本醸成の戦略が必要で，資源投入が必要であるのかを見極めることができる。

　第2に，地域（校区）レベルにおいて豊かな社会関係資本が醸成されていたとして，誰がアクセスできており，誰ができていないのか，その実態を確認する必要がある。アクセス可能性の検討においても，先述した先行研究の知見が大いに役立つ。

　第3に，社会関係資本はどのようにして醸成され，それが存続あるいは消滅するのか。また，社会関係資本へのアクセスが困難な者に対して，どのような戦略と支援を提供すればよいのか。この点の検討が必要となる。しかしながら，社会関係資本の醸成方法やアクセス困難な者に対するアプローチについては，

先行研究ではほとんど言及されていない。

　学校をとりまく社会関係資本を醸成するためには，地域社会の中に「触媒機能」と「結合機能」を主体的に引き受ける組織が必要となる。より多くの地域において，これらの機能の遂行が期待されるのは学校であろう。すでに先進的に動いている学校では，家庭内のボンディング社会関係資本を醸成するための支援や啓発を実施している。また，親の参加やネットワークづくりに着手しており，学習プログラム（総合的な学習の時間，サービス・ラーニングなど）を活用したブリッジング社会関係資本の醸成も進めつつある。いずれも，社会関係資本醸成のための触媒的な機能を果たしている。また，学校には，教育にかかわる多様なネットワークが集中しており，これらの各ネットワークを結びつけるリンキング社会関係資本としての結合機能も果たしていると言える。教育分野では，社会関係資本醸成のための効果的方法を研究対象として，形式知とし，多くの学校に還元する役割が求められる。

　しかし，学校における社会関係資本の醸成には限界がある。学校には一定割合で，不適応や孤立傾向を示す親が出現する。親相互のネットワークは，特にミドルクラスで生じやすい現象であり（Delgado-Gaitan, 1992），また，同質の特徴を持つ親同士がネットワークを形成しやすい（Horvat et al., 2003）。たとえ社会関係資本が豊かな地域であっても，こうした親相互のネットワークから孤立する親が出現する。そうした親を学校が啓発し，ネットワークにアクセスさせることは極めて困難な作業である。そこで，示唆的な実践が，F&ST（The Families & Schools Together）というNPOによる家庭支援サービスの実践である（Terrion, 2006）。F&STとは，ストレス傾向・孤立傾向が強い親を対象とする支援プログラムであり，このプログラムに親を参加させることで，社会関係資本へのアクセスを促進させる。困難な親に対する支援は，学校教育よりもむしろ，社会教育の視点から調査を進める方が効果的かもしれない。

　今後は，小地域レベルで社会関係資本研究が進み，校区での社会関係資本の醸成が議論の対象となるであろう。学校がやるべきことが増えると心配する意見も出てきそうである。しかし，「忙しいから社会関係資本醸成（信頼やネット

ワークづくり）に着手できない」とする論理よりも，「社会関係資本が乏しいから忙しく，問題が解決できない」とする論理の方がより妥当である。

注
(1) なお，親の職業や学歴は「家庭内人的資本」として扱われ，家庭内社会関係資本の決定要因としてとらえられている（Bassani, 2008 ; Huang, 2009）。
(2) 教育における社会関係資本研究の多くは，計量的方法によって効果を検証している。方法の特徴は次の4点である。①子どもや親の大規模サンプルを使用した研究が多いこと。②以前の学業成績等をコントロールするために縦断的調査が行われていること。③線形階層モデル（HLM）等のマルチレベル分析が活用されていること。④目的変数を説明し得る変数をコントロールした上で効果を検証していることである。日本では学校を対象として，これらの要件を満たす調査を実施することは極めて困難であると言える。
(3) きょうだい数については，学業成績に対する影響は認められないとする研究も報告されている（Parcel et al., 2001）。また，一人親家庭については，マルチレベル分析によって，クラスレベルでの一人親家庭比率の高さが，個々の子どもの学業成績に負の影響を及ぼすとする結果が示されている（Bassani, 2008）。
(4) なお，クラス内ではないが，部活動への参加についてもさまざまな効果が検証されている。ホワイトとゲイジャー（White & Gager, 2007）は，部活動の教育効果に関する研究を整理し，学業成績，生活満足度，社会的調整力，高い自己概念，高校卒業率，非行の抑制，暴行・傷害犯罪の抑制効果等が認められていることを指摘している。
(5) ただし，人種・民族・SES に左右されない社会関係資本も存在する。それは，家庭内社会関係資本（子どもへの相談的支援）である。家庭内社会関係資本はすべての階層において，学業成績に正の影響を及ぼしている（Ream & Palardy, 2008）。
(6) ゴッダードら（Goddard et al., 2009）は，人種・民族・SES と学業成績との直接的な関係を計量的に説明する伝統的なモデルを覆すものである。この研究は，学校現場にとって，大いなる希望を与える。階層による学力への影響が検証されたとしても，階層を操作できない学校職員にとっては動きようがない。しかし，社会関係資本が階層と学力を媒介するモデルの場合，学校職員は社会関係資本生成の工夫をすれば，学力向上につながるため，少なからず希望をもつことができる。
(7) もちろん，流動的な地域住民が多い地域では，社会関係資本は醸成されにくい。
(8) 相関分析に使用した教育統計は次の通りである。いずれの指標も国公私立を含めている。小学生学力（平成21年度全国学力・学習状況調査の小学校4領域平均），中学生学力（同中学校4領域平均），教員休職率（精神性疾患による病気休職者

第 8 章 教 育

数／教員数），給食費未納率（平成17年度の学校給食費の徴収状況，未納児童生徒数／学校給食提供指導生徒数），不登校発生率（1,000人当たりの不登校児童生徒数），高校中退率（中途退学率），校内暴力発生率（1,000人当たりの発生件数）。
(9) 校区のような小地域単位の分析は，因果関係を検討する際に有効であり，また，社会関係資本と教育効果のように両者の関係や影響プロセスが十分理解されていない場合に有効である。ただし，小地域での分析のためには，独自調査によるデータ入手が必要となり，コストが増大する。この他，分析単位の議論については埴淵ら（2008）を参照。

参考文献

稲葉陽二（2007）『ソーシャル・キャピタル――「信頼の絆」で解く現代経済・社会の諸課題』生産性出版。
柏木智子（2007）『学校と地域の連携推進に関する研究――地域社会づくりのための主体形成に着目して』（博士学位論文）。
金子郁容（2008）『日本で「一番いい」学校――地域連携のイノベーション』岩波書店。
川上泰彦（2005）「学校管理職による情報交換と相談――校長・教頭のネットワークに着目して」『日本教育経営学会紀要』47, 80-95頁。
木村和美（2008）「マイノリティによるネットワーク形成と社会関係資本――被差別部落A地区における保護者組織を事例に」『教育社会学研究』83, 65-82頁。
倉本哲男（2008）『アメリカにおけるカリキュラムマネジメントの研究――サービス・ラーニング（service learning）の視点から』ふくろう出版。
菅谷実・金山智子（2007）『ネット時代の社会関係資本形成と市民意識』慶應義塾大学出版会。
志水宏吉（2005）『学力を育てる』岩波書店。
高野良一（2004）「ソーシャル・キャピタルと教育システム――ロバート・パットナムの所説を中心に」『法政大学キャリアデザイン学部紀要』44, 75-104頁。
露口健司（2009）「公立小学校における保護者セグメントの決定要因――学校との相互作用，家庭効力感，地域効力感の視点から」『日本教育行政学会年報』35, 165-181頁。
日本総合研究所（2008）『日本のソーシャル・キャピタルと政策――日本総研2007年全国アンケート調査結果報告書』（http://www.osipp.osaka-u.ac.jp/npocenter/scarchive/sc/file/report01.pdf）2/26/2010。
埴淵知哉・市田行信・平井寛・近藤克則（2008）「ソーシャル・キャピタルと地域――地域レベルソーシャル・キャピタルの実証研究をめぐる諸課題」稲葉陽二編著『ソーシャル・キャピタルの潜在力』日本評論社, 555-572頁。

平塚眞樹（2006）「移行システム分解過程における能力観の転換と社会関係資本——『質の高い教育』の平等な保障をどう構想するか？」『教育学研究』73（4），391-401頁。

山内直人・伊吹英子（2005）『日本のソーシャル・キャピタル』大阪大学大学院国際公共政策研究科。(http://www.osipp.osaka-u.ac.jp/npocenter/nihonnosc.pdf) 2/26/2010。

Adams, C. M., P. B. Forsyth & R. M. Mitchell (2009) "The formation of parent-school trust: A multilevel analysis" *Educational Administration Quarterly*, 45 (1), pp. 4-33.

Anderson, J. B. (2008) "Social capital and student learning: Empirical results from Latin American primary schools" *Economics of Education Review*, 27, pp. 439-449.

Aston, N. M. & S. S. McLanahan (1994) "Family structure, residential mobility, and school dropout: A research note" *Demography*, 31 (4), pp. 575-584.

Bassani, C. (2008) "Social capital and disparities in Canadian youth's Mathematics achivement" *Canadian Journal of Education*, 31 (3), pp. 727-760.

Bryk, A. S., E. Camburn & K. S. Louis (1999) "Professional community in Chicago elementary schools: Facilitating factors and organizational consequences" *Educational Administration Quarterly*, 35, pp. 751-781.

Bryk, A. S. & B. Schneider (2002) *Trust in schools: A core resource for improvement*, Russell Sage Foundation, N.Y.

Carbonaro, W. J. (1998) "A little help from my friend's parents: Intergenerational closure and educational outcomes" *Sociology of Education*, 71 (4), pp. 295-313.

Coleman, J. S. (1988) "Social capital in the creation of human capital", *American Journal of Sociology*, 94, pp. 95-120.

Croll, P. (2004) "Families, social capital and educational outcomes" *British Journal of Educational Studies*, 52 (4), pp. 390-416.

Croninger, R. G. & V. E. Lee (2001) "Social capital and dropping out of high school: Benifits to at-risk students of teachers' support and guidance" *Teachers College Record*, 103 (4), pp. 548-581.

Delgado-Gaitan, C. (1992) "School matters in the Mexican-American home: Socializing children to education" *American Educational Research Journal*, 29, pp. 495-513.

Desimon, L. (1999) "Linking parent involvement with student achievement: Do race and income matter?" *The Journal of Educational Research*, 93 (1), pp. 11-29.

Domina, T. (2005) "Leveling the home advantage: Assessing the effectiveness of parental involvement in elementary school", *Sociology of Education*, 78, pp. 233-249.

第 8 章 教 育

Dunifon, R. & L. Kowaleski-Janes (2002) "Who's in the house ? Race differences in cohabitation, single parenthood, and child development" *Child Development*, 73 (4), pp. 1249-1264.

Fan, X. & M. Chen (2001) "Parental involvement and students' academic achievement : A meta-analysis" *Educational Psychology Review*, 13, pp. 1-22.

Furstenberg, F. F. & M. E. Hughes (1995) "Social capital and successful development among at-risk youth" *Journal of Marriage and the Family*, 57, pp. 580-592.

Garcia-Reid, P. (2007) "Examining social capital as a mechanism for improving school engagement among low income hispanic girls" *Youth & Society*, 39 (2), pp. 164-181.

Goddard, R. D. (2003) "Relational networks, social trust, and norms : A social capital perspective on students' chances of academic success", *Educational Evaluation and Policy Analysis*, 25 (1), pp. 59-74.

Goddard, R. D., L. LoGerfo & W. K. Hoy (2004) "High school accountability : The role of perceived collective efficacy" *Educational Policy*, 18 (3), pp. 403-425.

Goddard, R. D., S. J. Salloum & D. Berebitsky (2009) "Trust as a mediator of the relationships between poverty, racial composition, and academic achievement : Evidence from Michigan's public elementary schools" *Educational Administration Quarterly*, 45 (2), pp. 292-311.

Gutman, L. M. & C. Midgley (2000) "The role of protective factors in supporting the academic achievement of poor African American students during the middle school transition" *Journal of Youth and Adolescence*, 29 (2), pp. 223-248.

Han, W., J. Waldfogel & J. Brooks-Gunn (2001) "The effects of early maternal employment on later cognitive and behavioral outcomes" *Journal of Marriage and the Family*, 63 (2), pp. 336-354.

Healy, T. & S. Cote (2001) *The well-being of nations : The role of human and social capital*.（日本経済調査協議会訳〔2002〕『国の福利――人的資本及び社会的資本の役割』日本経済調査協議会）

Ho Sui-Chu, E. & J. D. Willms (1996) "Effects of parental involvement on eighth-grade achievement" *Sociology of Education*, 69, pp. 126-141.

Hofferth, S. L., J. Boisjoly & G. J. Duncan (1998) "Parents' Extra familial Resources and Children's School Attainment" *Sociology of Education*, 71 (3), pp. 246-268.

Hoover-Dempsy, K. V., O. C. Bassler & J. S. Brissie (1987) "Parent imvolvement : Contributions of teacher efficacy, school socioeconomic status, and other school characteristics" *American Educational Research Journal*, 24, pp. 417-435.

Horvat, E. M., E. B. Weininger & A. Lareau (2003) "From social ties to social capital :

Class differences in the relations between schools and parent networks", *American Educational Research Journal*, 40 (2), pp. 319-351.

Hoy, W. K. & M. Tschannen-Moran (1999) "Fave faces of trust: An empirical confirmation in urban elementary schools" *Journal of School Leadership*, 9, pp. 184-208.

Huang, L. (2009) "Social capital and student achievement in Norweian secondary schools" *Learning and individual difference*, 19, pp. 320-325.

Kahne, J. E. & S. E. Sporte (2008) "Developing citizens: The impact of civic learning opportunities on student's commitment to civic participation" *American Educational Research Journal*, 45 (3), pp. 738-766.

Lareau, A. (2002) "Invisible inequity: Social class and childrearing in black families and white families" *American Sociological Review*, 67, pp. 747-776.

Little, J. W. (1982) "Norms of collegiality and experimentation: Workplace conditions of school success", *American Educational Research Journal*, 19 (3), pp. 325-340.

Mcneal, R. B. (1999) "Parental involvement as social capital: Differential effectiveness on science achievement, truency, and dropping out" *Social Forces*, pp. 117-144.

Morgan, S. L. & A. B. Sorensen (1999) "Parental networks, social closure, and mathematics learning: A test of Coleman's social capital explanation of school effects" *American Sociological Review*, 64, pp. 661-681.

Parcel, T. L. & M. J. Dufur (2001) "Capital at home and at school: Effects on child social adjustment" *Journal of Marriage and Family*, 63, pp. 32-47.

Penuel, W., M. Riel, A. Krause & K. Frank (2009) "Analyzing teacher' professional interactions in a school as social capital: A social network approach" *Teachers College Record*, 111 (1), pp. 124-163.

Podsakoff, P. M., S. B. Mackenzie, R. H. Moorman & R. Fetter (1990) "Transformational leader behaviors and their effects on followers' trust in leader, satisfaction, and organizational citizenship behaviors" *Leadership Quarterly*, 1 (2), pp. 107-142.

Pong, S. (1998) "The school compositional effect of single pareuthood on 10th-grade achievement" *Sociology of Education*, 71, pp. 24-43.

Portes, A. (1998) "Social capital: Its origins and applications in modern sociology", *Annual Review of Sociology*, 24, pp. 1-24.

Pribesh, S. & D. B. Downey (1999) "Why are residential and school moves associated with poor school performance?" *Demography*, 36 (4), pp. 521-534.

Putnam, R. D. (2000) *Bowling Alone: the collapse and revival of American community.* （柴内康文訳［2006］『孤独なボウリング――米国コミュニティの崩壊と再生』柏書

房)

Ream, R. K. & G. J. Palardy (2008) "Reexamining social class differences in the availability and the educational utility of parental social capital" *American Educational Research Journal*, 45 (2), pp. 238-273.

Rinehart, J. S., P. M. Short, R. J. Short & M. Eckley (1998) "Teacher empowerment and principal leadership: Understanding the influence process" *Educational Administration Quarterly*, 34, pp. 630-649.

Sacco, V. F. & M. R. Nakhaie (2007) "Fear of school violence and the meliorative effects of student social capital" *Journal of School Violence*, 6 (1), pp. 3-25.

Sandefur, G. D., A. M. Meier & M. E. Campbell (2006) "Family resources, social capital, and college attendance" *Social Science Research*, 35, pp. 525-553.

Smith, M. H., L. J. Beaulieu & G. D. Israel (1992) "Effects of human capital and social capital on dropping out of high school in the south" *Journal of Research in Rural Education*, 8 (1), pp. 75-87.

Swanson, C. B. & B. Schneider (1999) "Students on the move: Residential and educational mobility in America's schools" *Sociology of Education*, 72, pp. 54-67.

Teachman, J. D., K. Paasch & K. Carver (1997) "Social capital and the generation of human capital" *Social Forces*, 75 (4), pp. 1343-1359.

Terrion, J. L. (2006) "Building social capital in vulnerable families: Success markers of a school-based intervention program" *Youth & Society*, 38 (2), pp. 155-176.

Tucker, C. J., J. Marx & L. Long (1998) "'Moving on': Residential mobility and children's school lives" *Sociology of Education*, 71, pp. 111-129.

Turney, K. & G. Kao (2009) "Barriers to school improvement: Are immigrant parents disadvantaged?", *The Journal of Educational Research*, 102 (4), pp. 257-271.

Wang, D. (2008) "Family-school relations as social capital: Chinese parents in the United States", *The School Community Journal*, 18 (2), pp. 119-146.

White, A. M. & C. T. Gager (2007) "Idle hands and empty pockets: Youth involvement in extracurricular activities, social capital, and economic status" *Youth & Society*, 39 (1), pp. 5-111.

リーディングリスト

稲葉陽二（2007）『ソーシャル・キャピタル——「信頼の絆」で解く現代経済・社会の諸課題』生産性出版。
　——都道府県レベルデータを用いて社会関係資本の教育効果をいち早く検証した点に，教育分野では関心が寄せられている。

Bryk, A. S. & B. Schneider (2002) *Trust in schools: A core resource for improvement*, Russell Sage Foundation, NY.
　——学校改善や学力向上には信頼等の人と人とのつながりが重要であることを，大規模なパネルデータで実証した研究。

Coleman, J. S. (1988) "Social capital in the creation of human capital" *American Journal of Sociology*, 94, pp. 95-120.（野沢慎司監訳〔2006〕『リーディングスネットワーク論——家族・コミュニティ・社会関係資本』勁草書房）
　——教育分野における社会関係資本研究の基盤となっている論文。これ以降，「社会関係関係資本が人的資本に及ぼす効果」を対象とする研究が進展した。

Punam, R. D. (2000) Bowling Alone: the collapse and revival of American community.（柴内康文訳〔2006〕『孤独なボウリング——米国コミュニティの崩壊と再生』柏書房）
　——教育分野では，州レベルデータを用いて社会関係資本と学力の関連性を明らかにしている点が注目されている。

第9章　情報通信技術

柴内康文

1　はじめに

　社会関係資本に関する学術的な，また広く一般からの関心を集めるきっかけの一つとして，ロバート・パットナムによる2つの著作 (Putnam, 1993, 2000) を挙げることができるが，特に2000年に刊行された『孤独なボウリング──米国コミュニティの崩壊と再生』(原題：*Bowling Alone*) は，20世紀のアメリカを舞台とした社会関係資本の変動を分析・考察する中で，そこに重要な役割を果たした (果たしうる) 存在としてメディア，また情報通信技術の役割について言及したことでも広く知られ，後続する研究に大きな影響を与えてきた。

　パットナムの論じた一連の議論については，新たなメディアの登場をめぐる2回の時間的契機が深いかかわりをもっていると考えられる (図9-1)。その1つはマスメディア，とりわけテレビの登場と普及である。彼の主張によれば，アメリカにおける社会関係資本の蓄積は20世紀の前半3分の2までの増大から，1960-70年代に端を発する急減へと転換したとされる。一方でアメリカ世帯におけるテレビは，主に1950年代に急激な普及を見せており，ちょうどテレビの全面的普及に引き続く形で社会関係資本の減少が起こるという時間的連動性をそこに見出すことができる。パットナムはこのことを重視し，社会関係資本の主要な毀損要因の一つとしてテレビの存在を仮定したのであった。[1]

　第2の契機は，インターネットの登場である。前述のパットナムの2著作に挟まれた期間である1990年代後半は，まさに社会関係資本に関する関心が学術界において，また一般において急速に高まっていった時期と重なっており，実際に関係する学術論文数もこの時期に急増している (Ostrom & Ahn, 2003)。ま

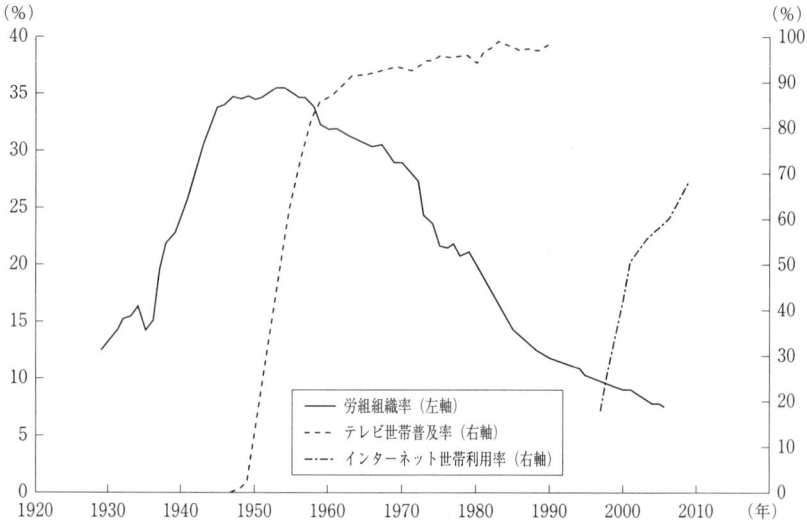

図9-1 パットナムによるアメリカ社会関係資本の消長とメディアの普及

(出典)【労組組織率】パットナムの主張する20世紀アメリカ社会の社会関係資本の消長パターンを示す例として，長期変動データが公開されているアメリカの労組組織率（民間セクター）を用いた。Hirsch, B. T. (2008), "Sluggish Institutions in a Dynamic World : Can Unions and Industrial Competition Coexist ?" *Journal of Economic Perspectives*, 22 (1), pp. 153-176. および "Union Membership and Coverage Database from the CPS" (http://unionstats.gsu.edu, 7/30/2010) に掲載された同論文補遺データより。【テレビ世帯普及率】Carter, S. C., S. S. Gartner, M. R. Haines, A. L. Olmstead, R. Sutch, & G. Wright (Eds.) (2006) *Historical Statistics of the United States, Earliest Times to the Present : Millennial Edition*, Cambridge University Press. に所収の世帯数およびテレビ所有世帯数より算出。【インターネット世帯利用率】アメリカ国勢調査局 Current Population Survey データより (http://www.census.gov/population/www/socdemo/computer.html, 7/30/2010)。データの得られない年については直線補完を行った。

さにそれと時を同じくする1990年代後半を中心にインターネットや携帯電話等の情報メディアが登場し，2000年代以降その利用はますます多様性を増しながら，人々の生活に深く浸透して現在に至っている。パットナムの主張の通りにアメリカの（さらには現代社会の広範にわたる病理的現象として）社会関係資本が崩壊の危機にあるとするならば，コミュニケーション技術としてのインターネットや携帯電話等が逆説的に，現実社会の絆を弱体化させるなどしてその崩壊をさらに促進させるのか，あるいは危機に瀕した状況を新たな結びつきによって逆転させるものとなるのかについての関心が巻き起こるのも極めて自然

なことであったと言えるだろう。

　もっとも，新たなメディアの登場が，社会的な，しばしば悪い影響と結びつけて考察されることは珍しいことではない。国内においても「一億総白痴化」のようなよく知られた言説にその例を見ることができるが，『孤独なボウリング』の中でも自発的結社の一例として取り上げられたカトリック系友愛団体である「コロンブス騎士会」が1926年に，その集会における議論のテーマとしてまさに「電話は人を活動的にしているか，あるいは怠け者にしてしまったか？」「電話は，家庭生活や，友を訪ねる旧い習慣を破壊しているか？」といった論点を取り上げていたことが伝えられている（Fischer, 1992）。

　現時点から考えた場合，当時の「電話」がそのようなことをもたらしたかは多少違和感のあるところだが，この言葉をインターネットや携帯電話に置き換えれば，むしろそれは現代の多くの人々にとってリアリティをもつ問いに一変するであろう。その意味でメディアと社会関係資本の問題は幾度も繰り返される古くて新しい問いであり，それゆえに実証的，また長期的視点からの検討が不可欠なものであると言える。以下，本章ではパットナムの提起した広範な論点を，社会関係資本以前に先行する重要なメディア研究とも関連づけながら整理した上で，その後主に2000年代，パットナム以降を中心に登場した実証研究について紹介する。

2　ソーシャル・キャピタルとメディア
――パットナムの論点を中心に

(1)「テレビの影響」のメカニズム

　パットナムは，『孤独なボウリング――米国コミュニティの崩壊と再生』以前，テレビが社会関係資本に悪影響をもたらすと比較的シンプルな形で想定していたが（Putnam, 1995），その後の批判を受ける形で，ニュース番組視聴は新聞購読とも相関があり，各種の社会参加のような社会関係資本関連変数と正の関係があるとした。その一方で，ニュースへの関心そのものが全体として低下

しつつあり，またテレビの利用は多くの場合は娯楽に費やされているとした上で，テレビが社会関係資本に与える影響について，それを習慣的に長時間視聴し，また主要な娯楽として位置づけているものが市民参加を減らしていることを，生活時間調査の結果やカナダにおける新規のテレビ受信導入地域を用いた準自然実験の結果（Williams, 1986）などを援用して主張した。この娯楽を中心としたテレビ視聴がもつネガティブな影響について，パットナムが想定したメカニズムは ①視聴時間そのものがもたらす活動の置き換え，②テレビ全体としての社会的参加抑制の心理的影響，③特定の番組内容による影響の3つに分類される。

第1は，テレビ視聴は人々を屋内につなぎ止める時間を必然的に増加させることにより，結果的に競合する社会的活動を減少させる可能性があるというものである。

第2は，テレビのもつ受動的視聴形態がいわば依存的な状態を作り出す，擬似的な人間関係という代替物を提供することにより現実の社会参加を損なわせる，エピソード的描写を通じて貧困等の原因帰属を個人に向かわせることにより社会問題についての認識を弱める，総体として不信に満ちた極端で暴力的な社会認識を与えるなどといったメカニズムを挙げ，ジョシュア・メイロウィッツのメディア相互行為論（Meyrowitz, 1985）やフレーミング効果（Iyengar, 1991），培養理論（Gerbner & Gross, 1976）といったメディア研究における数多くの議論，また実証的知見を援用しながら，テレビの視聴，またその内容がもつ全体としての心理的影響を指摘するものである。

第3は，特にテレビの個別の内容を踏まえる形で，ニュースのような番組ではなく，ドラマやリアリティ番組等の社会への関与を必ずしももたらさない番組によってテレビが代表されていること，さらに，ケーブルテレビなどを通じた近年のチャンネル数の増大によって娯楽番組ですらトップ番組の視聴率が減少しており，テレビが「体験の共有」によってもたらしていた社会的連結効果が失われつつあるというものである。

（2）インターネットのもつ課題

　では，社会関係資本の低減の果てに新たに登場したメディアであるインターネットはどのような役割を果たすと考えられただろうか。インターネットは，多様な利用可能性がある中でもとりわけコミュニケーションのためのメディアであり，その利用の活発化は社会関係資本の再生に寄与する可能性が期待できる。それが基本的に少人数間をつなぐものであれば，電話研究が明らかにしてきたように既存の人間関係を補強するものにとどまるかもしれないが，興味関心の共有に基づく「バーチャル・コミュニティ」がその普及初期から数多く立ち現れたことは，新たな形の平等的なコミュニティを作り出す可能性を示唆するものとも言える。ここで，パットナムはインターネットが社会関係資本を生み出していく上での問題点を4点提示した。

　第1は，「デジタルデバイド」として知られる，不利な立場の人間がインターネットにアクセスしにくい不平等性の問題で，これはとりわけブリッジング社会関係資本に対する脅威であると考えられる。

　第2は，コンピュータ・コミュニケーションが文字を中心に組み立てられていることである。このことは表情や身振りなど，非言語的メッセージの中に込められている社会的手がかりを通じた感情や信頼性を読み取りにくくするため，対人的な信頼と協力を抑制するのではないかというものである。特に，実際の社会と離れて形成されるオンラインコミュニティは，匿名性また流動性が高いという不確実な状況下にあるため，このようなコミュニケーション上の特性が互酬性の発達と社会関係資本の構築を難しくするのではないかと考えられた。このような技術決定論的な視点は，「コンピュータを媒介したコミュニケーション（Computer-Mediated Communication, CMC）」研究において中心的パラダイムとされてきた議論をその背景として展開されている（Kiesler, Siegel & McGuire, 1984）。

　第3は，オンラインコミュニティがトピックを限定した狭い関心の領域内で形成される等質性の高いものになりやすいことで，このこともまたブリッジング社会関係資本に対する障害となるとする。特に近年では，関連する情報を自

動的に選別するフィルタリング技術が発展しており，このことも効率性の向上の反面，思いがけない偶然の接触を大きく減らすことを通じて社会的凝集性を低下させる可能性が考えられる。[3]

最後は，インターネットの発展の方向性として，能動性をもつコミュニケーション志向の「電話」的なものと，受動的で娯楽志向の「テレビ」的なものを対置して考えた時に，商業的な動機づけとして後者が促進されやすいのではないか，というものであった。

以上のように，パットナムはインターネットがもつ社会関係資本再生の可能性を指摘しつつも，それが無条件に有望なものではないという慎重な留保を行っている。以下ではテレビとインターネットの2領域について，用いられる研究手法について略述し，その後主に2000年の『孤独なボウリング――米国コミュニティの崩壊と再生』前後以降に現れた個別の実証研究や論点を中心に整理する。

3　現時点での到達点

（1）研究方法について

情報通信技術と社会関係資本の関係を実証的に検討する研究の多くでは，調査的手法が用いられることが多く，因果関係推定のために同一人物に対する追跡であるパネル調査が行われることも少なくない。各種のメディア利用は基本的には個人的行為であり，また信頼や互酬性のような心理変数，社会参加や対人ネットワークなどに対する影響に研究上の関心がもたれることが多いので，分析単位も個人に設定されることが通常である。

ただし，社会関係資本には集合財的側面があり，また地域コミュニティ等における情報技術利用が個人並びに地域にどのような影響を及ぼしうるか，という検討課題も無視できないことから，近年ではこれらの問題について，特定地域を対象とした上での情報通信技術利用に関する調査分析のみならず，各地域コミュニティを分析単位に採用した検討（柴内，2010）や，特定地域の各街区特性も考慮した階層線型モデル（HLM）による分析（志村・池田，2008）なども

第 9 章　情報通信技術

行われるようになってきている[4]。

　なお手法については調査以外の可能性もありうる。たとえばインターネットにおける情報探索や，特定のサービス利用，コンテンツ接触が社会認識や信頼感に対して及ぼす影響を検討する際には，従来からメディア研究の中で盛んに行われてきた実験的なアプローチも適用可能であり，マイクロ過程における信頼感の醸成メカニズムの検討などに適していると考えられる（後述のマッツの研究などを参照）。

　またこの領域における検討には，独自の測定上の特徴がありうることも挙げられよう。すなわちメディア利用，特にインターネット等の情報通信技術利用については，利用頻度や接触パターン等の行動，メールの受発信の件数，相手数や，形成されたネットワークの構造などについて，クライアント PC に組み込まれた専用ソフトウェアやサーバ記録等を活用することによって，自己報告によらない客観的指標を測定することが技術的に可能となっている。このことも研究の可能性を大きく広げているということができる。

（2）テレビの影響──実証的展開

　テレビ視聴が全体として，社会参加や信頼といった社会関係資本にかかわる指標に対してネガティブな影響を与える可能性があるか，ということについては当初から批判が行われてきており（Norris, 1996；Uslaner, 1998），パットナムも『孤独なボウリング──米国コミュニティの崩壊と再生』においてそのことを踏まえる形で娯楽のもたらす影響を中心とし，また多くの先行研究に基づく各種のメカニズムの指摘を行ってきた（関連して以下も参照；Brehm & Rahn, 1997；Shah, 1998）。

　ここで，いくつか日本国内の研究に限定してこの問題について見ておくと，まず2005年に行われた全国サンプリング調査データを用いた辻（2006）の分析がある。彼は社会関係資本に関連する変数として一般的信頼，関係積極性，集団活動参加の重要性評価の三変数を構成し，デモグラフィック変数を統制しながら平日・休日のテレビ視聴・新聞購読・インターネット利用の時間量との関連を検討した。インターネット利用はどの指標との関連を見出さなかったもの

の，新聞購読は全面的に三指標との関連を示し，またテレビ視聴も弱いながらも全体として三指標に対しプラスの関連をもっていた。テレビ番組種別を個別に用い，あるいはテレビの情報面・娯楽面での重要度評価を測定し独立変数とした分析においてもネガティブな影響を見出すことはできなかった。

この研究の目的変数は心理尺度を中心としたものであったが，首都圏の1,000サンプルを対象に社会的ネットワークの規模や社会参加活動といった行動面の指標を利用して分析を行った江利川・川端・山田 (2007) においても，平日のテレビニュース視聴時間はこれらにプラスの影響を与えているものの，テレビ視聴時間全体や娯楽系番組接触傾向は，ネットワークや社会参加に影響を与えているわけではなかった。このようにテレビ視聴，あるいは娯楽番組視聴を総体として考えた場合，社会関係資本との間にパットナムが当初主張していたような関連は国内においても必ずしも確認できているわけではない。[5]

ここで近年の社会関係資本とテレビ視聴の問題に関しては，娯楽番組の中でもさらに詳細な視聴ジャンルに分け入って検討する作業がいくつかの研究で行われている。その結果を見るとたとえば，『フレンズ』などを代表としたいわゆるシチュエーション・コメディ（シットコム）と呼ばれる連続ドラマについて，その視聴と対人的信頼との間の正の関連を複数の研究が見出しており (Lee, Cappella, & Southwell, 2003 ; Shah, McLeod & Yoon, 2001)，国内研究では先述の辻 (2006) にも同様に，ドラマの視聴が一般的信頼にプラスの関連をもっていたことが示されている。もっとも，そのシャーらの研究は同時にシットコムやリアリティ番組が市民参加に対してはネガティブな，一方で社会派ドラマはポジティブな影響を与えることも報告しており (Shah et al., 2001)，関連の内実は実際には複雑なものである。テレビの影響はあるとしても，そのコンテンツの内容と，さらに視聴のされ方の相互作用の中で起こるものであるだろう。この点については，都市対郊外といったコミュニティの特性，またエスニシティによって，（ニュース）番組視聴の社会関係資本に対する影響の出方が異なるといった指摘なども行われている (e.g., Beaudoin, 2009 ; Beaudoin & Thorson, 2004)。

なお最近では，むしろテレビをはじめとしたマスメディアについて，共有体

験を与え社会的連結をもたらす機能をもつとして社会関係資本に対してプラスの意味をもちうるものとしてとらえ，近年急速に進行した視聴の個別化や多チャンネル化の方がむしろ社会関係資本にダメージを与えると論じるものがあり，たとえば，米倉・山口（2010）は調査データも踏まえ，そのような共有体験，あるいは共時感覚を提供する担い手としての公共放送という実践的な観点からの考察を行っている。

　ここで，順序は多少異なるが先取りする形で「マスメディアとしてのインターネット」も含む形で議論しておきたい。インターネットは人々の相互作用の場であるのみならず，現在ではニュース，娯楽を問わず情報入手の手段としての意味が非常に大きくなっており，新聞やラジオ，テレビといった伝統的なマスメディアの代替物としての意味も大きいからである。この点について，広く一般に議論を提起したことで知られているのがキャス・サンスティーンである（Sunstein, 2001）。彼は，インターネットにおいて自由にニュースが選択できること，特にフィルタリング技術の発達がもたらした情報環境のパーソナライゼーションを通じて，各人が自分専用にカスタマイズされた情報源「デイリーミー」を作り出すことが可能となり，多様な考え方への偶然の思いがけない接触や多数の人々の間の共有体験という，討議的民主主義(デリバラティブ・デモクラシー)の重要な前提が失われる可能性があると主張した。この議論の背景には，そのような共有の社会認識基盤が，社会関係資本の重要な前提条件となっているという考え方がある。[6]

　関係する実証研究として，ケーブルテレビやインターネットのようなメディアの高い選択性が生み出す帰結としての知識格差の拡大を検討したマーカス・プライアーの知見がある（Prior, 2005）。彼はまずテレビ番組のジャンルの選好パターンを利用して娯楽系コンテンツを好む傾向を示す得点を作成した。ここで，ニューメディアへのアクセスのないもの，ケーブルテレビ，あるいはインターネットを利用しているもの，その双方を利用しているものといった４つのグループを分けて検討したところ，多チャンネル視聴が可能なケーブルテレビ，さらにインターネットを通じた多様なコンテンツが接触可能な人間は，娯楽的選好得点の低さと政治知識，あるいは投票参加が連動しているが，既存のメ

ディアのみしか接触しない人間については，娯楽選好得点と政治知識・投票参加には関係がなかった。テレビなど伝統的なメディアのみに接触している場合，チャンネルは選べても基本的に自らの好みと必ずしも合致しない情報にも広く接触することになり，人々の間で政治知識等における格差が生じにくい。一方で（現在この方向に社会が変化しているように）選択の自由度が高く，自らの選好を情報接触行動に反映させやすい新しいメディアを積極的に利用する場合は，たとえば政治に関心をもつものは多くの政治知識を得るが，そうでないものは（自分の関心領域の知識を得る代わり）政治知識を減らすといった格差が拡大するという結果である。もっとも，選好に基づくウェブ情報の選択的接触については，そのようなことは個人の関心の強い問題に限ってみられることと，またそれは政治的寛容性の低下や異質な情報の回避に結びついているわけではないことを日米の調査データ分析で示した研究もあり（Kobayashi & Ikeda, 2009），カスタマイズ性の高いメディアを通じた情報接触が社会の結節を弱めることになるのかについては，引き続き慎重な観測が必要である。

(3) インターネットの影響——全体的影響と個別サービスごとの検討

　ここからは，相互作用の場としてのインターネットについて検討する。インターネットの対人関係に対する影響についての初期の研究のうち，いわばテレビと同様にその利用のもたらすものを総体としてとらえ，この領域に大きな影響を与えたのが1998年のクラウトらによる知見である（Kraut, Patterson, Lundmark, Kiesler, Mukophadhyay & Scherlis, 1998）。インターネットの普及初期に，それを初めて利用する世帯に接続環境を提供して2年間の追跡調査を行ったこの研究では，インターネット利用時間の長さが家族とのコミュニケーションの減少と地域における社会的ネットワークの規模の縮小，またその結果として孤独感と抑うつ傾向の増大をもたらすという結果が示されていた。人々をつなぐコミュニケーションを支えるという「社会的」な技術が，いわば期待と逆行するような社会参加の減少と心理的健康へのダメージという影響をもたらしうるとして，この現象は「インターネット・パラドックス」と呼ばれ多くの研究を

生み出す契機ともなり，また『孤独なボウリング』にも引用され社会関係資本を生み出す基盤としてのインターネットの問題点を示す傍証として扱われた。

　ただ，この知見についてはその後の追試において必ずしも安定的に支持されるものとは言えず，多くの方法論的問題点や，普及初期の過渡期の影響である可能性からも批判されている。実際，その後にクラウトらの研究チーム自身が行った追跡調査によっても，必ずしも同様の結果が得られなかったことが報告されている (Kraut, Kiesler, Boneva, Cummings, Helgeson & Crawford, 2002)。なお，ここで新たに示されたのが，利用者の特性とインターネット利用が交互作用を引き起こすという結果である。すなわち内向性・外向性のような個人特性を含めて考えた場合，外向的な人間はインターネット利用の増大とともに，孤独感を減少させコミュニティへの参加を増していたが，内向的な人間は利用の増大とともに孤独感を増しコミュニティへの参加を減少させていた。これはインターネットそのものが全体として関係性に影響を与えるというよりも，ユーザの傾向性を拡大させ，「富めるものがさらに富む」現象を引き起こす可能性を示唆するものである。

　その後，インターネット利用が社会に定着する中で行われた多くの研究は，電子メールや電子掲示板など，対人的相互作用のために用いられるツールについておおむね社会関係資本に対してプラスの効果をもつとするものが一般的であるように思われる。引用頻度も高いいくつかの研究を見ても，バリー・ウェルマンらは約4万人のサイト利用者調査から，電子メール利用が既存の対面や電話を通じた関係を増加・減少させるのではなく，それらに対し追加的に作用していること，また同期的・非同期的インターネット利用，さらにオンライン上の組織・政治参加の多いものは，オフラインの組織，政治参加も増大することを示している (Wellman, Quan-Haase, Witte & Hampton, 2001)。ダーヴァン・シャーらもDDBライフスタイル調査を分析し，電子メール送信を含む，インターネットの情報交換的利用が，市民参加や対人的信頼と正の関係をもつという結果を得た (Shah, Kwak & Holbert, 2001)。

　国内の研究例も挙げると，宮田加久子らが山梨県における2年半・3波のパ

ネル調査の分析によって，PC メール利用がネットワーク規模の増大をもたらしていることや，オンライン上の一般的信頼を増大させていること，またオンライン上の一般的信頼や互酬性規範意識が増加すると，オフライン上の一般的信頼の増大へと広がる因果的関連を示している（宮田，2008；Miyata & Kobayashi, 2008）。

　ここでインターネットの利用はこの十余年の経験の中で，ここまでの電子メールや掲示板などの伝統的なオンラインコミュニティから，さらに多様な利用へとさまざまな発展をみせている[8]。社会関係資本とインターネットに関する研究も今後さまざまな領域で展開される可能性があり，以下では最近利用の進んだ個別のアプリケーション，サービスごとに検討された特徴的な論文を紹介する。

① SNS

　おおよそ2004年頃から社会的ネットワークを維持し，また拡大することをその名に掲げた SNS（Social Networking Services）が開始され，国内では mixi，またアメリカを中心とする国外では Facebook などが代表的なサービスとして知られている。SNS が社会関係資本をどのような形で支えているのかについて大学生サンプルを対象にして検討を行ったニコル・エリソンらはその利用頻度が，心理尺度で測定されたボンディングまたブリッジング社会関係資本と強い関連をもち，とりわけ後者についてそうであったことを報告している（Ellison, Steinfield & Lampe, 2007）。

　さらにこの研究は，Facebook が高校時代の友人のような，過去に所属していたコミュニティにおける人間関係を維持する上で重要な役割を果たしていることを示したことに加え，先述のクラウトらの追跡調査結果とは異なり，自尊心や生活満足が低い回答者において，Facebook 利用がブリッジング社会関係資本を高める効果が最も大きいという交互作用が見られることを明らかにし，社会関係資本を欠きやすい人々に対して，オンラインサービスが有効な支援となる可能性を示唆している。この知見については，その後もパネルによる検討が行われている（Steinfield, Ellison & Lampe, 2008）。

② オンラインゲーム

ネットワーク上に構築された仮想空間に多数のユーザが同時に参加し，協力，対立しながら進める MMORPG（多人数同時参加型オンラインロールプレイングゲーム）は，これまで論じてきたような現実社会の人間関係に基づき，あるいはそれを補完するのではなく，別種の仮想的な文脈における相互作用を提供する場として機能している。小林・池田（2006）は MMORPG「リネージュ」のユーザを対象に，ゲーム内で形成された集団への参加程度や集団の同質性，開放性がその内部の信頼感と正の関連をもつことを明らかにした。

以上の結果のみでは，オンラインゲーム内に閉じた社会関係資本の性質（が，現実社会のものと遜色ないこと）を示す知見にとどまるが，興味深いのはゲーム内集団における互酬性感覚を高くもつユーザが，現実社会におけるインフォーマルな集団参加を促進するという知見を得たことである。このことは，仮想空間上のゲーム内において形成された社会関係資本も，現実社会へと広く汎化する可能性を示唆している。

③ e コマース

インターネットはコミュニケーションのために，あるいは情報入手のためのみに用いられているわけではない。インターネットの汎用性の高さは，人々の社会的行動を幅広く支えるインフラストラクチャとしての機能を提供しており，その代表例の一つはオンラインショッピングなどの形で利用されている電子商取引の分野である。ダイアナ・マッツの2つの研究は，実験デザインを用いた非常に興味深い手法で一般的信頼と e コマースの関連を検討している（Mutz, 2005；2009）。まず2005年の研究では，意図的な財布紛失を用いてその返却状況を調査した雑誌記事を題材に，多くの人が誠実に振る舞う／振る舞わないストーリーをランダムに分けられた実験参加者にそれぞれ読ませることによって，一般的信頼の高低を人為的に操作した。その結果，一般的信頼を高める操作を施された群は，現時点で未経験の，オンライン上での将来の購買意図を高く報告したのに対し，低める操作を施された群はその意図を低く報告していた。それに加え3カ月後に行われたフォローアップ調査でも，一般的信頼を高められ

た群では実際のオンライン上での購買確率が高くなっていた。

　この研究は一般的信頼が経済行動に関係するという社会関係資本論の中核をなす因果をマイクロレベルで確認したものである。マッツは続く2009年の研究でさらに，ｅコマースの利用自体が一般的信頼を高める可能性を検討した。オンライン購買を過去未経験の実験参加者に対し，他研究の謝礼を装って無料CDをオンラインで注文させる操作を施した。商品が迅速，丁寧に送付される肯定的経験条件と，注文したものが満足に届かず連絡先も不明の否定的経験条件を設けたところ，2-4週間後のフォローアップ調査で前者は一般的信頼を上昇させ，効果は低下させるという結果を得た。

　インターネットは現在では多様な行動の場になっているが，一般的信頼のような社会関係資本の主要な構成要素について，それを有することがオンライン上の行動に影響を与えるとともに，オンライン上の行動・経験そのものによってもそれが作り出されるということ，またインターネットは特殊な「バーチャル」コミュニティというよりも日常の行動の場として機能しており，その普及発達が「現実」の人間関係を損なうといった議論がもつ限界を示したという点で，この一連の研究は興味深いものである。

4　おわりに

　ここまで，情報通信技術と社会関係資本の関連についての検討を，テレビを中心としたマスメディアからインターネットに関する問題へと進めてきた。ただこれまでマスメディアが果たしてきた機能についても，インターネットが包含，また両者が融合する方向の変化がますます進みつつあり，今後はとりわけインターネット等の果たす役割についての検討が求められる。

　2000年代以降を中心とした，メディア環境の大きな変化と同時に平行して行われてきた多くの実証研究が明らかにしてきたのは，それが我々の生活にますます深く浸透し，そこでの経験，行動は特別なものというよりも，むしろシームレスに我々の現実体験と並立，組み込まれる形で，社会関係資本を生み出す，

また社会関係資本がメディア上のさまざまな現象の原因となりうるということであるだろう。ただし，個別の研究については一貫しない部分や，影響の方向性，またメカニズムがあいまいである部分もまだ少なくない。モデル化の努力も含め，更なる実証的検討が求められるところである。

ここで，インターネットを中心とした新たな情報通信技術をめぐる問題について興味深い点は，それがこれまでの電話，あるいはテレビなどと違って単機能のシステムではなく，人間関係や社会関係を生み出しまた支える上で自由度の高い設計が行えることであると言えるだろう。本章ではいくつかのインターネット上の特徴的なサービスに関する知見を紹介しているが，最近でもTwitterのようなマイクロブロギングサービスが新しく関心を集めており，興味深い社会現象を生み出している。インターネットにおいては，社会関係資本との親和性という観点から，さらにはブリッジング／ボンディングのような理論的，実証的枠組みも活かしたシステムを設計する自由度がある程度確保されているので，この領域には実践的課題となるテーマが多数存在する。すなわち，近隣コミュニティの特性と社会関係資本に関する研究が，いかにしてより良い居住環境が可能となるかという関心を背景にしているように，人々がその中で暮らす情報環境も日常的に社会のあり方を認識しまた他者と交流，参加する場となっていることから，いかに社会関係資本にフレンドリーな環境を設計するかという課題が浮上してくる。ユーザの行動や形成された社会的ネットワークに関するデータが，少なくとも技術的には測定しやすいということもこのような実践面に寄与することとなる。社会関係資本研究を進めていく場として，また社会関係資本自体を生み出していく場として，インターネット等の情報通信技術は今後も重要な意味をもつであろう。

注
(1) なお，メディア効果論においてこの頃起こっている「パラダイム転換」もあわせてとらえると興味深いかもしれない。1960年代ころまでは，マスメディアの影響は限定的なものであり，まさに対人的なネットワークがその影響を媒介するといった

「限定効果論」が主要な理論的位置を有していたが，テレビの普及（そして社会関係資本の「低減」）と時間的に前後して，メディアの強力な効果を仮定する「新効果論」が登場する。その中には培養理論のような，パットナムが社会関係資本への（悪）影響を論じる前提となったものも含まれている。
(2)　一般に社会関係資本に関する各領域の研究は，その原因を扱うものと結果を扱うものに分かれるが，こういった登場の経緯から，メディア変数は一般に社会関係資本に対する先行要因として検討されることが多い。
(3)　ただし，前述の第2の点と関連させれば，むしろ視覚的な影響等が低下することなどが，異質なつながりや平等な発言を促進するという見方もある（McKenna & Bargh, 2000）。
(4)　なお分析単位としては，インターネット利用と信頼等の関連に関するクロスカントリーレベルの検討データもある（e.g., Uslaner, 2003；平成21年度情報通信白書など）。
(5)　社会関係資本にテレビが与えた影響とは，世代的変化と交絡した形で長期にわたってこれまで現れたものであるとするのであれば，現時点におけるワンショットの，あるいはパネル調査による検討には本質的限界がある。この問題の検討には全く異なる研究デザインが求められる。
(6)　関連する受け手の断片化（audience fragmentation）の問題については，ハヴィック（Havick, 2000），テュークスベリー（Tewksbury, 2005）などの議論を参照。
(7)　最近の研究には，オンラインニュースの接触や討議参加が政治的な議論を行う対人ネットワークの多様性と関連することを示すと同時に，全般的なインターネット利用の有無が多様性を低減させることも報告し，インターネットの娯楽的利用がネガティブな影響をもつという，テレビに関する議論との共通性を推論するものもある（Brundidge, 2010）。
(8)　電子メールやオンラインコミュニティのような直接的な相互作用が信頼等に与える影響全般，特にPCと携帯電話の影響パターンの比較や，地域社会においてそれらの利用がもたらす影響等についての広範なレビューやモデル化については宮田（2005），小林（2009）等を参照。

参考文献

江利川滋・川端美樹・山田一成（2007）「ソーシャルネットワークの規定因――テレビ視聴行動と社会関係資本（2）」『日本社会心理学会第48回発表論文集』608-609頁。
小林哲郎（2009）「地域社会とインターネット」三浦麻子・森尾博昭・川浦康至編

『インターネット心理学のフロンティア』誠信書房, 218-250頁。

小林哲郎・池田謙一 (2006)「オンラインゲーム内のコミュニティにおける社会関係資本の醸成——オフライン世界への汎化効果を視野に」『社会心理学研究』22 (1), 58-71頁。

柴内康文 (2010)「地域情報化とソーシャル・キャピタル」『行動計量学』37, 19-26頁。

志村誠・池田謙一 (2008)「地域オンラインコミュニティと地域参加に対して地域の構造要因が及ぼす影響の検討」『日本建築学会計画系論文集』630, 1743-1748頁。

辻大介 (2006)「社会関係資本と情報行動」東京大学大学院情報学環編『日本人の情報行動2005』東京大学出版会, 263-275頁。

宮田加久子 (2005)『きずなをつなぐメディア——ネット時代の社会関係資本』NTT出版。

宮田加久子 (2008)「情報メディアが社会関係資本に及ぼす影響」稲葉陽二編著『社会関係資本の潜在力』日本評論社, 143-169頁。

米倉律・山口誠 (2010)「『孤独なテレビ視聴』と公共放送の課題——『日・韓・英——公共放送と人々のコミュニケーションに関する国際比較ウェブ調査』の2次分析から」『放送研究と調査』2010年1月号, 22-34頁。

Beaudoin, C. E. (2009) "Exploring the Association between News Exposure and Social Capital: Evidence of Variance by Ehnicity and Medium" *Communication Research*, 36 (5), pp. 611-636.

Beaudoin, C. E. & E. Thorson (2004) "Social Capital in Rural and Urban Communities: Testing Differences in Media Effects and Models" *Journalism & Mass Communication Quarterly*, 81 (2), pp. 378-399.

Brehm, J. & W. M. Rahn (1997) "Individual-level Evidence for the Causes and Consequences of Social Capital" *American Journal of Political Science*, 41, pp. 999-1023.

Brundidge, J. (2010) "Encountering "Difference" in the Contemporary Public Sphere: The Contribution of the Internet to the Heterogeneity of Political Discussion Networks" *Journal of Communication*, 60, pp. 680-700.

Ellison, N. B., C. Steinfield & C. Lampe (2007) "The Benefits of Facebook "Friends:" Social Capital and College Students' Use of Online Social Network Sites" *Journal of Computer-Mediated Communication*, 12 (4), pp. 1143-1168.

Fischer, C. S. (1992) *America Calling: A Social History of the Telephone to 1940*, University of California Press. (吉見俊哉・松田美佐・片岡みい子訳 [2000]『電話するアメリカ』NTT出版)

Gerbner, G. & L. Gross (1976) "Living with Television : The Violence Profile" *Journal of Communication*, 26, pp. 172-199.

Havick, J. (2000) "The Impact of the Internet on a Television-based Society" *Technology in Society*, 22, pp. 273-287.

lyengar, S. (1991) *Is Anyone Responsible ? How Television Frames Political Issues*, University of Chicago Press.

Kiesler, S., J. Siegel & T. W. McGuire (1984) "Social Psychological Aspects of Computer-mediated Communication" *American Psychologist*, 39 (10), pp. 1123-1134.

Kobayashi, T. & K. Ikeda (2009) "Selective Exposure in Political Web Browsing : Empirical Verification of 'Cyber-balkanization' in Japan and the U.S." *Information, Communication & Society*, 12, pp. 929-953.

Kraut R., S. Kiesler, B. Boneva, J. Cummings, V. Helgeson & A. Crawford (2002) "Internet Paradox Revisited" *Journal of Social Issues*, 58, pp. 49-74.

Kraut, R., M. Patterson, V. Lundmark, S. Kiesler, T.Mukophadhyay & W. Scherlis (1998) "Internet Paradox : A Social Technology that Reduces Social Involvement and Psychological Well-being ?" *American Psychologist*, 53, pp. 1017-1031.

Lee, G., J. N. Cappella & B. Southwell (2003) "The Effects of News and Entertainment on Interpersonal Trust : Political Talk Radio, Newspapers, and Television" *Mass Communication & Society*, 6, pp. 413-443.

McKenna, K. Y. A. & J. Bargh (2000) "Plan 9 from Cyberspace : The Implications of Internet for Personality and Social Psychology" *Personality & Social Psychology Review*, 4, pp. 57-75.

Meyrowitz, J. (1985) *No Sense of Place : The Impact of Electronic Media on Social Behavior*, Oxford University Press.（安川一・高山哲子・上谷香陽訳 [2003]『場所感の喪失——電子メディアが社会的行動に及ぼす影響（上)』新曜社）

Miyata, K. & T. Kobayashi (2008) "Causal Relationship between Internet Use and Social Capital in Japan" *Asian Journal of Social Psychology*, 11, pp. 42-52.

Mutz, D. (2005) "Social Trust and E-commerce : Experimental Evidence for the Effects of Social Trust on Individuals' Economic Behavior" *Public Opinion Quarterly*, 69 (3), pp. 393-416.

Mutz, D. (2009) "Effects of Internet Commerce on Social Trust" *Public Opinion Quarterly*, 73 (3), pp. 439-461.

Norris, P. (1996) "Does Television Erode Social Capital ? A Reply to Putnam" *PS : Political Science and Politics*, 29, pp. 474-480.

Ostrom, E. & T. K. Ahn (2003) "Introduction" in Ostrom, E. & T. K. Ahn (Eds.)

Foundations of Social Capital, Edward Elgar Publishing, pp. xi-xxxix.

Prior, M. (2005) "News vs. Entertainment: How Increasing Media Choice Widens Gaps in Political Knowledge and Turnout" *American Journal of Political Science*, 49 (3), pp. 577-592.

Putnam, R.D. (1993) *Making Democracy Work: Civic Traditions in Modern Italy*, Princeton University Press.（河田潤一訳［2001］『哲学する民主主義』NTT 出版）

Putnam, R. D. (1995) "Tuning in, Tuning out: The Strange Disappearance of Social Capital in America" *PS: Political Science and Politics*, 28, pp. 664-683.

Putnam, R. D. (2000) *Bowling alone: The Collapse and Revival of American Community*, Simon & Schuster.（柴内康文訳［2006］『孤独なボウリング──米国コミュニティの崩壊と再生』柏書房）

Shah, D. V. (1998) "Civic Engagement, Interpersonal Trust, and Television Use: An Individual-level Assessment of Social Capital" *Political Psychology*, 19, pp. 469-496.

Shah, D. V., N. Kwak & R. L. Holbert (2001) "'Connecting' and 'Disconnecting' with Civic Life: Patterns of Internet Use and the Production of Social Capital" *Political Communication*, 18, pp. 141-162.

Shah, D. V., J. M. McLeod & S. H. Yoon (2001) "Communication, Context, and Community: An Exploration of Print, Broadcast, and Internet Influences" *Communication Research*, 28 (4), pp. 464-506.

Steinfield, C., N. Ellison & C. Lampe (2008) "Social Capital, Self-esteem, and Use of Online Social Network Sites: A Longitudinal Analysis" *Journal of Applied Developmental Psychology*, 29 (6), pp. 434-445.

Sunstein, C. R. (2001) *Republic. com*, Princeton University Press.（石川幸憲訳［2003］『インターネットは民主主義の敵か』毎日新聞社）

Tewksbury, D. (2005) "The Seeds of Audience Fragmentation: Specialization in the Use of Online News Sites" *Journal of Broadcasting and Electronic Media*, 49 (3), pp. 332-348.

Uslaner, E. M. (1998) "Social Capital, Television, and the 'Mean World': Trust, Optimism, and Civic Participation" *Political Psychology*, 19, pp. 441-467.

Uslaner, E. M. (2003) Trust in the Knowledge Society. Paper prepared for the Conference on Social Capital, Tokyo: Cabinet of the Government of Japan, March pp. 24-25, 2003.（西出優子訳［2004］「知識社会における信頼」宮川公男・大守隆編『ソーシャル・キャピタル──現代経済社会のガバナンスの基礎』東洋経済新報社，123-154頁）

Wellman, B., A. Quan Haase, J. Witte & K. Hampton (2001) "Does the Internet

Increase, Decrease, or Supplement Social Capital? Social Networks, Participation, and Community Commitment" *American Behavioral Scientist*, 45 (3), pp. 436-455.

Williams, T. M. (Ed.) (1986) *The Impact of Television: A Natural Experiment in Three Communities*, Academic Press.

リーディングリスト

池田謙一編（2005）『インターネット・コミュニティと日常世界』誠信書房。
　——インターネット利用をめぐる広範な社会心理学的実証研究を展開しているが，対人関係，社会参加や信頼感，互酬性などをめぐり，特に携帯電話利用との比較やオンラインゲームの参加までをカバーした知見を提供している。

志村誠・池田謙一（2009）「インターネットによる社会的ネットワークの広がり」『児童心理学の進歩』48, 295-325頁。
　——特に社会的ネットワークに対するインターネットの影響について，先行するCMC（Computer-Mediated Communication）研究から出発し，既存，および新たなネットワークへのインパクトまで最新の成果を網羅的に紹介する。

菅谷実・金山智子編（2007）『ネット時代の社会関係資本形成と市民意識』慶應義塾大学出版会。
　——市民社会と情報技術との関わりについて，社会関係資本をベースにした基礎的考察から，地域情報化をめぐる具体的な事例検討，さらにコミュニティ参加の創造性，国際性などのテーマも含む実践的視点をふまえた論文集。

宮田加久子（2005）『きずなをつなぐメディア——ネット時代の社会関係資本』NTT出版。
　——本章テーマに関する国内の先駆的著作。概念的な整理検討から，ネット利用が社会関係資本形成に及ぼす影響と，その形成結果が持つ個人・社会的帰結に関する実証的検討をふまえ，有効利用のための方策提言に結びつけている。

Shah, D. V. (2008) "Media Effects on Social Capital", In Donsbach, W., J. Bryant & R. T. Craig (Eds.) *The International Encyclopedia of Communication*, Blackwell Publications, pp. 4650-4654.

Cho, J., H. Rojas & D. V. Shah (2003) "Social Capital and Media", In Christensen, K. & D. Levinson (Eds.) *Encyclopedia of Community: From the Village to the Virtual World.* Sage., pp. 1291-1294.
　——コミュニケーション論，あるいはコミュニティ論をテーマに扱う大項目専門事典において，社会関係資本とメディアの問題を特に取り扱った2編であり，包括的なレビュー論文として参考になる。

第 10 章　健　康

高尾総司

1　はじめに

　公衆衛生学領域で社会関係資本が注目を集めるようになったのは，この10年ほどのことである。他の領域，たとえば，社会学・経済学・政治学などでは，より以前から議論されている。

　公衆衛生学における主たる方法論は疫学ということになる。疫学を細分化する決まった方法はないが，アウトカムか曝露のいずれかに着目して分類するのが理解しやすい。アウトカムに着目すれば，要は医学領域における種々の疾患領域から分類することになり，「感染症」の疫学，「循環器疾患」の疫学，「がん」の疫学といった具合である。一方，曝露については，いくつかの切り口があるが，たとえば「環境」疫学，「職場」の疫学，「栄養」疫学といったことになろう。社会疫学は，この曝露に着目した分類で言うところの，健康の社会的決定要因（social determinants of health）を取り扱う疫学と言ってよいだろう。社会関係資本と健康との関連に関する研究は，社会疫学の中でも，さらに特異的な一分野ということになる。

　さて，社会関係資本と健康と言えば，つまり，曝露が社会関係資本，アウトカムが健康ということになる。これを，どちらから整理して，レビューするのが良いかという点については，身体的健康，精神的健康，といったアウトカム側からのレビューは，イチロウ・カワチらによる『ソーシャル・キャピタルと健康』（原題：*Social Capital and Health*）（Kawachi, Subramanian & Kim, 2008）の第II部においてすでに紹介されている。一方で，社会関係資本そのものを，ボンディングやブリッジングに分類して整理することもできるが，後述するように

社会関係資本の構成要素を分類して整理できるほど豊富な研究がなされているわけでもない。そこで，本章においては，世代別に分類し，レビューを試みる。日本においては，保健制度との兼ね合いから，母子保健，学校保健，職域保健，地域保健，において，それぞれ主たる対象となる，幼児，子ども（学生），働き盛り世代，高齢者を代表して考えるとわかりやすいだろう。そして，それぞれの世代ごとに，社会関係資本の測定，世代に特異的な健康アウトカム，等を考慮しながらまとめる。また，包括的なレビューは前述のカワチらのテキストにおいて行われているので，むしろ，最低限押さえておきたい事項や代表的な論文を紹介することで，社会関係資本に関心のある大学院生や研究者が，これから研究を始めるにあたって必要なことを学ぶことができることを意図する。

2　最低限押さえておきたい事項

レビューを行う前に，整理しておかなくてはならない点がいくつかある。社会関係資本の定義，構成要素，準拠地域，社会関係資本の負の側面，健康に影響を及ぼすメカニズム，主観的健康の取り扱い方，マルチレベル分析の必要性，である。

（1）ソーシャル・キャピタルの定義

公衆衛生学領域における研究で用いられている社会関係資本の定義は大きく分けて2つある。1つ目は，信頼や互酬性の規範などを集団の特性としてとらえている。2つ目はネットワーク理論に基づく定義である（詳細は "Social Capital and Health" 第1章を参照）。公衆衛生学領域では，これまでのところ圧倒的に前者が多く用いられてきていることが指摘されている。前者については，多くの場合，個人に対する質問を何らかの2次単位（地域など）について集計し，2次レベル変数を作成する方法が用いられており，質問項目としては，カワチらが用いた (Kawachi, Kennedy & Glass, 1999)，一般的信頼，互酬性の規範，組織への参加などが汎用化されている。したがって，この場合は社会関係資本を集

団の特性としてとらえていることになる。後者については，社会関係資本を個人の特性としてとらえる場合と集団の特性としてとらえる場合の両方がある。いずれの場合も，社会関係資本はネットワークの中に埋め込まれた（embedded）リソースとしてとらえる。個人レベルでは，リソース・ジェネレーター（Resource Generator），ポジション・ジェネレーター（Position Generator），ネーム・ジェネレーター（Name Generator）などが用いられ（*"Social Capital and Health"* 第2章も参照），集団レベルでは，ソシオグラムからネットワークの構造的特性を定量化する方法が用いられる。ソシオグラムを用いる場合は，当然ネットワークの全構成要素にアプローチする必要があり，これまで公衆衛生学領域の研究ではほとんど用いられておらず，たとえば地域に対する調査をサンプリングによって行うことが想定されるようなデザインでは適用は困難であろう。個人レベルでの評価については，フラミンガム研究における（オリジナルコホートの）子どもの世代のコホートにおいて，連絡用に聴取していた参加者の関係者リストをネーム・ジェネレーターと考えて肥満・喫煙の広がりを検証した研究が近年発表されている（Christakis & Fowler, 2007, 370-379；2008）。

（2）ソーシャル・キャピタルの構成要素
1）認知的ソーシャル・キャピタルと構造的ソーシャル・キャピタル

もっともわかりやすいところで言えば，一般的信頼は認知的社会関係資本に分類され，種々の組織への参加は構造的社会関係資本に分類される。

なぜ，これらの2つの構成要素を分類する必要があるかと言えば，健康をアウトカムとした研究において，その影響の方向性が異なることがあると考えられているからである。具体的には，高い認知的社会関係資本は良好なメンタルヘルスと関連しているが，一方で高い構造的社会関係資本は時としてメンタルヘルスの悪化と関連することがある（De Silva, 2006）。

2）ボンディング・ソーシャル・キャピタルとブリッジング・ソーシャル・キャピタル[3]

これまでの研究では，貧困地域において，ボンディング型が負の側面をもつといった研究がなされてきた。しかし，定量的な研究はわずかしかなく，ダニ

エル・ミッチェルらの研究（Mitchell & LaGory, 2002）がほぼ唯一と言ってもよい。調査はインタビュー形式を取るが，種々の組織への参加を問い，さらにその組織の構成について人種，年齢，学歴などの点で，似ている（ボンディング型）か，異なっている（ブリッジング型）か，を問うている。本研究では，それぞれの社会関係資本は個人レベルのものとして概念化している。結果は，ボンディング型はむしろ精神的苦痛（psychological distress）を高め，一方，ブリッジング型はこれを緩和していた。

　その他に，ボンディング・ブリッジング型を扱っている研究として，キムらの研究（Kim, Subramanian & kawachi, 2006）がある。ここでは，コミュニティレベルのボンディング型は　①フォーマルなグループへの参加数が国の中央値以上で，かつ，最も重要なグループは人種，性別，学歴の点において似たような構成をしていると回答した人の割合（標準化したもの），②同じ人種に対する信頼の平均レベル（標準化）として定義し，ブリッジング型は　①フォーマルなグループへの参加数が国の中央値以上で，かつ，最も重要なグループは人種，性別，学歴の点において異なる構成をしていると回答した人の割合（標準化），②異なる人種の人を家に招いたり，招かれたりする平均回数（標準化），③交友関係の多様性の平均レベル（標準化），として定義した。結果は，両者において健康への影響で明確な差を認めなかった（点推定値に大きな差は無いが，むしろボンディング型が有意に健康に望ましい影響を示した一方で，ブリッジング型の影響は有意ではなかった）。

　日本においては，筆者らのグループにおける研究が2010年12月に発表された。質問項目について表10-1に掲載する。上記の研究と同じような考え方に基づき，6つの種類の組織への参加を尋ね，それぞれの組織の構成として，性別，年齢，職種などが似ているか（ボンディング型），異なるか（ブリッジング型）として測定した。一般に，ボンディング型・ブリッジング型の枠組みでは必ずと言って良いほど，人種・社会経済因子（socio-economic status, SES）が取り上げられるが，日本において人種はたいていの調査では日本語の読み書きができるとの条件が付いてしまうために，在日の外国人は対象から除外され，結局は

表 10-1　ボンディング・ブリッジング社会関係資本測定の例

現在，以下の組織やクラブの会員ですか。「はい」に○をされた方は，矢印の先の質問についても，該当する番号に○をご記入ください。

1．PTA，父母の会
いいえ
はい　→　そこには色々な性別や年齢や職種の人が参加していますか。
　　　　　　1．さまざまな人が参加している
　　　　　　2．だいたい似た感じの人が参加している

2．スポーツ，レクリエーション，趣味・文化サークル
いいえ
はい　→　そこには色々な性別や年齢や職種の人が参加していますか。
　　　　　　1．さまざまな人が参加している
　　　　　　2．だいたい似た感じの人が参加している

3．県人会，同窓会，OB会
いいえ
はい　→　そこには色々な性別や年齢や職種の人が参加していますか。
　　　　　　1．さまざまな人が参加している
　　　　　　2．だいたい似た感じの人が参加している

4．後援会，政治団体
いいえ
はい　→　そこには色々な性別や年齢や職種の人が参加していますか。
　　　　　　1．さまざまな人が参加している
　　　　　　2．だいたい似た感じの人が参加している

5．市民団体，環境・自然保護団体
いいえ
はい　→　そこには色々な性別や年齢や職種の人が参加していますか。
　　　　　　1．さまざまな人が参加している
　　　　　　2．だいたい似た感じの人が参加している

6．地縁的な活動（自治会，町内会，婦人会，老人会，消防団，青年会，青少年団体，ボーイ・ガールスカウトなど）
いいえ
はい　→　そこには色々な性別や年齢や職種の人が参加していますか。
　　　　　　1．さまざまな人が参加している
　　　　　　2．だいたい似た感じの人が参加している

日本人だけになってしまうし，社会経済的因子については，調査において特に収入などを露骨に問うとたいていの場合，回収率を下げることが危惧されたり，また，調査実施協力機関などから削除を求められたりすることも少なくない。なお，本研究では，キムらの研究とは異なり，それぞれの社会関係資本は個人レベルのものとして取り扱っている。これは，キムらのように地域レベルでの平均値のような形で概念化したとしても，たとえば，インドにおける実証研究 (Varshney, 2002) では，宗派間の暴力事件の発生が少ない都市においては，種々の市民組織においてヒンズー教徒とイスラム教徒の両方が含まれているといった明確な仮説があるのに対して，筆者らの研究においては集団レベルに集計した場合どのように健康に影響を及ぼすのかについての事前の仮説をもちえず（つまり，日本において，年齢や性別の異なる組織への参加が多い地域の方が，少ない地域よりも健康水準が高いとの実感を特にはもっていないため），まずは，個人レベルで評価することにした。

なお，筆者らの研究では，ボンディング型の健康への影響は点推定値では予防的であるが有意ではなく，一方，ブリッジング型は有意に予防的であった（当然，両者を統合した社会関係資本指標と健康の関係は，若干薄められたものとなっている）。貧困地域に限らない，一般的なサンプルでそのような傾向が認められており，これは，日本における相対的に高い（と想定される）ボンディング型のためなのかもしれない。

(3) 準拠地域（分析単位）の問題

地域における社会関係資本研究においては，その対象とする単位（一般的には，個人の回答を集計する単位）として，国，州（県），市町村，近隣（近所）のように，大きな単位から小さな単位に研究が進められてきた。また，社会関係資本が健康に影響するメカニズムとしても，この単位の大小は関係するものと考察されており，単位が大きい時には，政策などを通して影響し，単位が小さい時には社会的凝集性 (social cohesion) などの集団としての効用 (collective efficacy) を通して影響すると考えられている。しかし，一方でこのようなわ

ば「地理的な」単位だけではなく，コミュニティとしては，職場，学校，家庭，宗教のように地理空間的な枠組みではとらえられないものも考慮する必要がある。この点を踏まえると，地域の社会関係資本だけでなく，母子保健における幼児（主として未就学児童）では家庭の社会関係資本を，学校保健における子ども（学生）では学校の社会関係資本を，働き盛り世代では職場の社会関係資本を，同時に考慮する必要性が見えてくる。

（4）ソーシャル・キャピタルの健康への負の影響の側面

　公衆衛生学領域の研究は，社会関係資本の健康への良い影響に重点を置きすぎてきたとの批判がある。しかし，（公衆衛生学領域の）全死亡や主観的健康をアウトカムとした研究では比較的良い影響を示唆する研究結果が多い一方で，（他領域で）行われてきた負の側面に着目する研究のアウトカムは青少年の逸脱行動（飲酒，喫煙，薬物など）などが多かったことを考えると，やむを得なかった面もあるかもしれない。つまり，健康に関連したアウトカムを研究の関心対象にするとしても，曝露である社会関係資本の定義や測定が曖昧なままであり，測定の曖昧な曝露と測定の曖昧なアウトカムとの関連を評価するより先に，より明確なアウトカムである「死亡」からさかのぼって研究を進めていくのが，疫学的にはいわば常套手段であるからである。とはいえ，死亡や主観的健康をアウトカムとした研究については，量的蓄積もなされ，日本においても藤澤らの研究（Fujisawa, Hamano & Takegawa, 2009），市田らの研究（Ichida, Kondo, Hirai, Hanibuchi, Yoshikawa & Murata, 2009）をもってある程度確立されたと言っても良いと思われる[(4)]。今後の研究課題は社会関係資本と死亡との間に介在する健康行動，疾患罹患などをアウトカムとした研究の実施であり，これに際しては仮に結果が公衆衛生学的に望ましくないものであったとしても，それをきちんと報告していくことが重要となっていくだろう。

（5）ソーシャル・キャピタルが健康に影響を及ぼすメカニズム

　社会関係資本と健康の関連そのものについては，前述したようにすでにある

程度確立されつつあると言って良い。したがって，次の課題として，そこに介在するメカニズムを実証するための研究の実施が考えられる。カワチらによれば，そのメカニズムは以下の通りである（Kawachi & Berkman, 2000）。

① 密なネットワークにより健康に良い情報が伝達されることで，良い健康行動への行動変容を起こす（健康行動を介するメカニズム），情報の伝達だけではなく，健康行動への規範（その地域では，多くの人が運動することを当たり前と思っている，など），逸脱行動へのインフォーマルな（警察権力などによらない，住民の自発的な）社会統制，などによる行動変容も考えられる。

② 地域の組織により健康に良いサービス（かかりつけ医への受診，健康増進施設など），サービスへの容易なアクセス（移動手段，など）が提供される。地域の組織の結束が固ければ，限られた予算の範囲であっても効率的なサービス提供が可能になる。

③ 地域における信頼が高く，相互の協力が豊かであれば，住民間の摩擦が少なく，情緒的なサポートや自己・お互いを尊重する行動により心理社会的（psychosocial）に健康に良い影響を及ぼす。

④ 近隣（近所）よりは大きな地域単位，たとえば市町村・県レベルなどで考えると，地方自治体の行政パフォーマンスが良く，サービスの質が高まる。これに関しては，ロバート・パットナムの北イタリアと南イタリアを比較した実証研究（Putnam, 1993）がイメージしやすい。

（6）主観的健康（self-rated health）の取り扱い方

日本語に訳される際に，主観的健康観と主観的健康を明確に区別していない場合がしばしば見受けられる。前者は，「健康に感じる」というまさに認知そのものを問うているわけであるが，後者は単なる認知ではなく，明確に死亡を予測しうる，「健康」の代替測定指標として用いられているのである。日本では，おそらくは地域・職域の健康診断が行われていることもあり，主観的健康のような質問紙から得られる情報よりも，血液検査結果に重きを置く傾向が否めず，結果として主観的健康を活用した研究は多くはない。一方で海外では，

主観的健康は死亡を予測する良い指標としてその妥当性の評価 (Idler & Benyamini, 1997) も含め，よく用いられている。ただし，日本においても同様に妥当性が保証されているかという点については，少々心許ない状況であることは否定できず，特に種々の年代で利用する際には注意が必要であろう。

また，よくある質問文は，行動危険因子サーベイランスシステム (Behavioral Risk Factor Surveillance System, BRFSS) などで用いられている "Is your overall health excellent, very good, good, fair, or poor ?" であり，回答の選択肢は，excellent / very good / good / fair / poor である。賢明な読者諸氏にあってはそのような失敗はないかもしれないが，筆者は最初に用いた時には，excellent を「最高に良い」と訳してしまい，日本人の両極に〇を付けたがらない傾向と相まって，excellent を選択する対象者がほとんどいなかった。以後は，「良い／まあ良い／普通／あまり良くない／良くない」として用いている。

さらに主観的健康をアウトカムとする場合，公衆衛生学領域の研究では，二値化することが極めて多い。これは，死亡をアウトカムとして考えれば 1 ＝死亡，0 ＝生存で，(脳死などを考慮しなければ) 極めて明確で分かりやすいことと，対応する分析方法としてロジスティック回帰分析があり，この慣習にならって主観的健康も 1 ＝fair/poor としてコーディングすることが多い。ちなみに，伝統的な疫学研究では，曝露は健康に有害な因子，アウトカムは死亡 (疾病) であり，両者の関係 (影響の指標；effect estimate，たとえばオッズ比) は 1 を超えるのを見慣れていることから，主観的健康を用いる場合でも，主観的不健康にして用いる方が，馴染みやすいようである (つまり，社会関係資本は予防的な因子として，オッズ比が 1 を下回ると何となく落ち着くのである)。

(7) マルチレベル分析の必要性

社会関係資本と健康に関する疫学研究が従来の社会疫学研究あるいは疫学研究と大きく異なる点がある。それは，定義・測定のところで述べたように，社会関係資本は集団の特性として概念化する場合が圧倒的に多い。しかし，この集団レベルの社会関係資本の効果を，説得力をもって実証するためには，あく

までも集団レベル変数が個人のアウトカムに直接効果をもっていることを示さねばならず，つまり，ある個人の居住する地域の構造的な要因（たとえば，貧しい人が多い）によって，集団レベル変数も個人のアウトカムも説明されてしまう（compositional な効果）のではなく，いわゆる文脈（contextual）効果があることを示す必要がある。これを示すために，疫学領域でよく用いられるロジスティック回帰分析などでは不十分であり，マルチレベル分析を行うことが求められる。

なお，従来のロジスティック回帰に同じ集団に属する個人にまったく同じ値を割り振って，集団レベルの変数のオッズ比を推定することは可能である[5]。しかし，各測定は独立であるとの前提に大きく反することとなり，結果として従来のロジスティック回帰分析を用いて集団レベル変数のオッズ比を推定すると，その標準偏差が過小推定されることになる。言い換えると，有意になりやすくなるということであり，つまりは，従来のロジスティック回帰で集団レベル変数の影響を推定し，仮に有意になったとしても，それはモデルを用いる前提を無視したことによって見かけ上発生した本来は無いはずの関連かもしれないとの批判に耐えられないのである。

また，公衆衛生学領域では主として社会関係資本を集団の特性として扱っているものの，個人レベルの社会関係資本を同時に調整すると集団レベルの社会関係資本の影響は，概して減弱し，場合によっては有意でなくなってしまう。したがって，集団レベルの社会関係資本の影響を述べたい場合に，個人レベルの社会関係資本を同時に調整した結果を求められる可能性があり，これに際してもマルチレベル分析は必須となる。

3　世代ごとにみる現時点での到達点と今後の課題

これまでの研究は，ほとんどが幅広い年齢層の地域住民を対象にしている。この対象に関して言えば，ある程度，社会関係資本と健康の関係は確立されつつある。日本においても，2009年に主観的健康をアウトカムとし，小地域を2

次レベルとしたマルチレベル分析を用い，藤澤らの論文 (Fujisawa, Hamano & Takegawa, 2009) が発表された。一方で，世代を絞っていくと，いまだ先行研究は極めて少ないのが現状であるが，市田らの論文 (Ichida, Kondo, Hirai et al., 2009) は，藤澤らの論文と同時に発表されており，65歳以上の高齢者を対象にしている（藤澤ら，市田らの論文へのコメンタリーも参照されたい）(Inaba, 2009 ; Takao, 2009)。

（1）幼児の世代における研究のまとめ

アウトカムから見ると，死亡をアウトカムとした研究はない（0歳児はともかく，幼児であれば高齢者と比して，そうそう死亡イベントが発生するわけではないので当たり前かもしれない。しかし，今後，乳幼児の事故（死）などをアウトカムとした研究には可能性があると考えられる）。主観的健康をアウトカムとした研究もない（本人が回答することが容易ではなく，たいていは親が代理で回答するからだろうか）。体格，メンタルヘルスをアウトカムとする研究 (Harpham, De Silva & Tuan, 2006)，メンタルヘルスをアウトカムとする研究 (Caughy, O'Campo & Muntaner, 2003) が，それぞれ1つずつある。

前者は，ベトナムにおいて，20のコミュニティからランダムサンプルされた1歳児 (0.5-1.5歳) 2,000人と8歳児 (7.5-8.5歳) 1,000人の養育者に聞き取り調査を行い，養育者を生物学的母親として制限した2,907人の母親（1歳児の母親1,953人，8歳児の母親954人）の構造的・認知的社会関係資本と児の体格（体重・身長，それぞれz変換）・メンタルヘルスをアウトカムとした研究を実施している。社会関係資本の測定は，短縮版 A-SCAT (Adapted Social Capital Assessment Tool) (Harpham T, 2002) を用い，構造的社会関係資本としてフォーマル／インフォーマルなメンバーシップ，フォーマル／インフォーマルなサポート，市民参加を，認知的社会関係資本として信頼，帰属意識，社会の調和，公平性を問うている。アウトカムのうち，体格については短期の栄養状態を反映するものとして体重を，長期のものとして身長を用いている。メンタルヘルスは8歳児のみ聴取している。体格については，8歳児ではほとんど関連がな

く，1歳児ではサポートや認知的社会関係資本が望ましい方向に関連していた。8歳児のメンタルヘルスについては，サポート，市民参加が有り（リファレンス：なし）の場合，認知的社会関係資本が高い（リファレンス：低い）場合に，おおむね半分程度に児のメンタルヘルスを予防していた。

後者ではボルチモアにおいて実施された調査のうち，39の近隣の200のアフリカ系アメリカ人の家族において3-4.5歳児（未就学児童）を対象にメンタルヘルスをアウトカムとした研究を実施している。社会関係資本の測定は，親（主として養育者）の地域に対する認知（psychological sense of community, PSOC）を用いている。13のリッカート・スケールの質問からなり，因子分析により10の一般的な認知と，3の隣人を知っているか，に分類した。児のメンタルヘルスは，問題行動（不安・うつのような内的問題と攻撃性のような外的問題）である。経済的に豊かな近隣にあっては，近隣の人をよく知らないと回答した親の児の方が，よく知っていると回答した親の児よりも内的問題は多かった。対照的に貧困な近隣では，よく知っている方が，むしろ内的問題が多かった。

岡山県でもM町において筆者らが調査を実施した。同様に，母親の社会関係資本と未就学児童の健康の関連を評価したものとなっている（親が代理で回答するので，曝露は親の社会関係資本になってしまうのだろう）。社会関係資本は一般的信頼，互酬性の規範，社会参加である。児童の健康アウトカムとしては，養育者の評価した主観的健康，肥満，などである（未就学児童の生活習慣との関連について，現在論文投稿中）。

幼児の社会関係資本の測定は容易ではないが，未就学児童を中心とする幼児の年代にあっては，本人の友人関係が健康に及ぼす影響は少ないと考えられ，両親・育児者の社会関係資本が幼児の健康への影響が大きいと考えて良いだろう。

（2）子ども（学生）の世代における研究のまとめ

死亡をアウトカムとする研究はない。主観的健康をアウトカムとした研究は2つ（Drukker, Buka, Kaplan, McKenzie & Van Os, 2005 ; Drukker, Kaplan, Feron &

第 10 章 健康

Van Os, 2003) ある。メンタルヘルスをアウトカムとした研究は，*Social Capital and Health* 第9章の表1および表2に紹介されており，5本程度ある。ここでは，主観的健康をアウトカムとした2つの研究を紹介する。

　前者はオランダのマーストリヒトにおいて，家族を単位としたコホート研究から得た個人データと社会関係資本を測定するための別のデータをコミュニティ単位でリンクして用いている。対象となる子どもは大半が11歳（だいたい11-12歳）であり，質問紙（Child Health Questionnaire；CHQ）を用いて主観的な健康について聴取されている（メンタルヘルスもあるがここでは省略し，一般的健康〔general health〕についてのみ説明する）。社会関係資本の測定は，36の近隣からそれぞれ200名ずつ20歳から65歳の無作為に選択された成人に対して，質問紙で行っている。インフォーマルな社会統制（Informal Social Control, ISC）5項目と，社会的凝集性と信頼（Social Cohesion & Trust, SC&T）5項目，いずれも5件法によって尋ねている（Sampson, Raudenbush & Earls, 1997）。マルチレベル分析を用いて，コミュニティレベルのインフォーマルな社会統制および社会的凝集性と信頼が，子どもの主観的健康に及ぼす影響を評価した。社会関係資本は，個人レベルの交絡因子を調整しても子どもの主観的健康に有意に好ましい影響を及ぼしていた。

　後者は，シカゴ（複数のエスニック・グループについて）での調査と上記のマーストリヒトの調査結果を比較する研究である。社会関係資本の測定は上記と同様である。子どもの主観的健康については，"How do you perceive your health?" という質問に，excellent / very good / good / pair / poor で回答している。成人の主観的健康についての妥当性の評価に対して，子どもの場の妥当性の評価は十分になされているとは言えないが，実際に用いている研究は少なくなく，また本研究に関して言えば，上記の CHQ の一般的健康との相関は有意であった（相関係数は-0.53）。近隣の高いインフォーマルな社会統制および社会的凝集性と信頼は，マーストリヒト，およびシカゴのヒスパニック系住民では良い主観的健康と関連していたが，シカゴの非ヒスパニック系住民では関連していなかった。

"Social Capital and Health" 第3章において，子どもの社会関係資本の測定について注意すべき点として，家族内と家族外の社会関係資本の区別と子どもにとっての「地域」の意味が挙げられている。前者については，一般的には家族外の社会関係資本として，ドラッカーらの2つの研究と同様に地域の社会関係資本を測定しているが，子どもと親の関係といった家族内の社会関係資本も考慮する必要があるし，また，子どもにとっての「地域」の意味を考えれば，家族外であっても，単に「地域」だけではなく，学校，友だち，(年齢によっては) バイト先などの社会関係資本を考慮する必要があるだろう。

（3）働き盛り世代における研究のまとめ

　働き盛り世代では，居住する地域における社会関係資本だけではなく，職場における社会関係資本の影響も受けると考えられる。特に，日本においては，働き盛りといえば主として中高年男性を指すことになるが，彼らは地域への愛着が少なく，むしろ職場へのコミットメントが強い傾向がある。したがって，職場における社会関係資本について評価することは重要である。

　職場における社会関係資本の研究は，フィンランドのグループ (Finnish Institute of Occupational Health & Turk University) がほぼ唯一と言って良く，これまでに発表された論文は，2010年6月時点で5本 (Kouvonen, Oksanen, Vahtera, Stafford, Wilkinson, Schneider et al., 2008； Kouvonen, Oksanen, Vahtera, Vaananen, De Vogli, Elovainio et al., 2008； Oksanen, Kouvonen, Kivimaki, Pentti, Virtanen, Linna et al., 2008； Oksanen, Kouvonen, Vahtera, Virtanen, & Kivimaki, 2009； Vaananen, Kouvonen, Kivimaki, Oksanen, Elovainio, Virtanen et al., 2009) である (これ以外に，社会関係資本測定項目の psychometric evaluation の論文が1本，2004年にタイトルに social capital in working life との論文が1本あるが，内容的にはソーシャル・サポートである。また，2010年に horizontal/vertical social capital が健康に対して異なる影響を及ぼすかについて検証した論文が発表されているが，比較しにくいため本章では言及しない)。

　職場の社会関係資本の測定については，フィンランドのグループでは，8項目からなる測定項目を構成している (表10-2，東京医大の小田切らが邦訳を行い，

第 10 章 健　康

表 10-2　職場における社会関係資本測定の例（フィンランドの研究）

Item 1　Our supervisor treat us with kindness and consideration.
Item 2　Our supervisor shows concern for our rights as an employee.
Item 3　We have a 'we are together' attitude.
Item 4　People keep each other informed about work-related issues in the work unit.
Item 5　People feel understood and accepted by each other.
Item 6　Do members of the work unit build on each other's ideas in order to achieve the best possible outcome?
Item 7　People in the work unit cooperate in order to help develop and apply new ideas.
Item 8　We can trust our supervisor.

　1＝まったく同意しない（低い社会関係資本），5＝まったく同意する（高い社会関係資本）で回答。Item 7 は，少ない，多い，で回答。

注：Item 1, 2, and 8 を垂直型（vertical），残りを水平型（horizontal）としている。
(出所)　Kouvonen A, et al. (2006) BMC Public Health, Table1.

日本語版（東京医大，小田切ら）

Item 1　上司は親切心と思いやりをもって私たちに接してくれる
Item 2　上司は私たちの従業員としての権利に対して理解を示してくれる
Item 3　我々の職場では，共に働こう，という姿勢がある
Item 4　仕事に関連した事柄や問題について部署内で情報を共有している
Item 5　お互いに理解し認め合っている
Item 6　部署のメンバーは，出来るだけ最良の成果を出すために，お互いにアイディアを出し合い，活かしあっていますか
Item 7　部署の人々は，新しいアイディアを展開・適用するために協力しあっている
Item 8　我々の上司は信頼できる

　1＝全く当てはまらない（低い社会関係資本），5＝非常に当てはまる（高い社会関係資本）で回答。Item 7 は，ほとんどない，非常に，で回答。

注1：現在検討中のため，今後修正が行われる可能性がある。
注2：8項目のうち，Item 1 と 2 の 2 項目については，組織公平性（Organizational Justice）の質問項目と共有されており，東京大学井上彰臣先生が妥当性等検討したもの（*J Occup Health 2009*, 51: 74-83）と同じ訳文で用いている。井上先生には，本掲載にあたりご快諾いただきましたことを，ここに御礼申し上げます。
(出所)　小田切優子・大谷由美子・井上茂・林俊夫・内山綾子・高宮明子・下光輝一（2010）「日本語版職域社会関係資本質問紙の信頼性と妥当性の検討」『産衛誌』52巻臨増，613頁。

妥当性・信頼性について2010年日本産業衛生学会で発表している)。信頼性，妥当性の詳細については，コウボネンら (Kouvonen, Kivimaki, Vahtera, Oksanen, Elovainio, Cox et al., 2006) を参照するのが良いが，信頼性に関しては内的妥当性として Cronbach's alpha=0.88，職場内での一致の指標（within-unit agreement）として rug=0.88 と報告されている。妥当性については，内容的妥当性 (content/face validity) は検証のしようがないが，コウボネンらは構造的，認知的社会関係資本の側面をとらえる項目であり，少なくとも社会関係資本の結果ではないことを述べている。また，級内相関（intraclass correlation；ICC）は22％であり，職場が社会関係資本の文脈効果（contextual effect）を評価する上で重要な単位であるとした。また別の側面における構成概念妥当性（construct validity）の評価として，それぞれ「似た」「異なる」測定概念との結果の類似・相違の点から検討している（収束的・弁別的妥当性；convergent/discriminant validity）。基準関連妥当性（criterion related validity）としては，主観的健康との関連について示されている。

　フィンランド以外では，筆者らのグループが岡山県において実施した職場の社会関係資本の調査がある。現在のところ出版されているのは，職場の社会関係資本と主観的健康に関する論文1本である (Suzuki, Takao, Subramanian, Komatsu, Doi, & Kawachi, 2010)。フィンランドの研究は，大規模な公務員コホートの一部を利用しており，規模，そのデザインともに他の追随を許さないが，病院職員が含まれたり，女性が70％を占めたりするなど，欧米との働き方の違いも考慮にいれると，日本に結果をそのまま適用できるとは考えにくい。岡山での研究は，規模もあまり大きくはなく，横断研究であるが，一方で，岡山県内に本社を置く企業から，企業規模別にランダムサンプリングを行っており，また，自治体ではなく，営利企業を対象としている点で特徴がある。この調査では，社会関係資本の測定にあたっては，地域において用いられてきた信頼や互酬性の規範について「あなたの会社では」として準拠地域を明確にしたものを用いた。さらに，職場における社会関係資本をより精緻に測定するために，20項目（結束6項目，協力7項目，サポート7項目の3領域）からなる指標を構成

第10章 健康

表10-3 職場における社会関係資本測定の例

質問文:「以下の項目について，最も当てはまる選択肢一つを選び，該当する数字に〇印を付けて下さい。」
選択肢:5択（よくあてはまる・ややあてはまる・どちらともいえない・あまりあてはまらない・まったくあてはまらない）
■ 社会関係資本　会社における結束
1．私の課では，同僚間の信頼は高い　（horizontal/bonding）
2．私の課では，上司・部下間の信頼は高い　（vertical/bridging）
3．私の課では，同僚間で仕事の方針に関して共通認識がある　（horizontal/bonding）
4．私の課では，上司・部下間で仕事の方針に関して共通認識がある　（vertical/bridging）
5．私は課の一員であると感じる
6．私は会社の一員であると感じる
■ 社会関係資本　協力と互酬性
1．私の課では，問題を解決するため，同僚間で進んで協力する　（horizontal/bonding）
2．私の課では，問題を解決するため，上司・部下間で進んで協力する　（vertical/bridging）
3．私の課では，同僚にちょっとした仕事をお互いに頼みやすい　（horizontal/bonding）
4．私の課では，誰かが困っているとき，同僚が助ける　（horizontal/bonding）
5．私の課では，誰かが困っているとき，上司が助ける　（vertical/bridging）
6．私の課では，必要があれば進んで他課への応援をする　（horizontal/bridging）
7．私の課では，日頃から他課との連携を密にとる　（horizontal/bridging）
■ 社会関係資本　社会的サポート，相互作用
1．個人的な問題を抱えている場合，課の同僚に聞いてもらう　（horizontal/bonding）
2．個人的な問題を抱えている場合，課の上司に聞いてもらう　（vertical/bridging）
3．深刻な問題を解決したいとき，課の同僚は頼りになる　（horizontal/bonding）
4．深刻な問題を解決したいとき，課の上司は頼りになる　（vertical/bridging）
5．課内の同僚と一緒に，仕事以外で交流（飲み会など）する　（horizontal/bonding）
6．課内の上司・部下一緒に，仕事以外で交流（飲み会など）する　（vertical/bridging）
7．私は，社内の部活動に積極的に参加している

（表10-3）し，現在試行中である。この指標には，ボンディング型・ブリッジング型，垂直型・水平型の概念も導入している。

また，測定については，職場における社会関係資本と地域における社会関係資本の両方をどのように評価するかという点が大きな問題となる。確かに，工場などでは近隣の住民が多く勤務しており，現住所を問い，地域レベルで集計することも不可能ではないが，多くの企業では地域単位で集計することは困難である。これに対する対策の一つとして，藤原らが用いている「あなたがお住まいの地域では，住民はお互いに信頼しあっていると思いますか」という質問

を用いる方法が考えられる（Fujiwara & Kawachi, 2008）。

研究結果（表10-4）としては，職場や会社単位での集団レベルでの社会関係資本が個人の交絡因子を調整しても，なお個人の健康アウトカムに影響を及ぼすかどうか，いわゆる文脈効果（contextual effect）に最も関心があると言っても良いだろう。したがって，この点を中心にまとめる。集団レベルでの社会関係資本の文脈効果を認めているのは，フィンランドの5つ研究のうちアウトカムが主観的健康，リスク因子の共存を横断デザインで評価したものになる（リスク因子の共存をコホートデザインで評価したものでは有意ではなかった）。一方で，文脈効果を認めなかったものは，アウトカムがうつ病（自己申告でも，投薬データによる測定でも），禁煙，そして，筆者らの研究（主観的健康）である。ただし，筆者らの研究では，会社レベルでの不信（頼）については，点推定値は2.27であり，いくつかの理由により文脈効果を検出できなかった可能性もある（一方で，互酬性の無さの点推定値は0.98）。

（4）高齢者世代における研究のまとめ

ほとんどの研究が，幅広い年代を対象にしており，実は，高齢者だけを対象にした研究のうち，死亡や主観的健康をアウトカムにした研究は意外に少ない（Wen, Cagney & Christakis, 2005）。日本では，市田らの研究（Ichida, 2009）が65歳以上の高齢者を対象としている。加齢に伴う種々のアウトカムについてのレビューは，"Social Capital and Health" 第11章に紹介されており，こちらは量的にも比較的豊富であるが，やはり公衆衛生学領域の研究と言えるものは多くはない。ここでは，ミン・ウェンらの研究を紹介するに留める。

いくつかの研究と同様に，地域レベルの社会関係資本と個人の健康アウトカムはそれぞれ別の調査（前者は，1994-95 Project on Human Development in Chicago Neighborhoods-Community Survey, 後者は Care After the Onset of Serious Illness (COSI) の1993年から1999年分である）に由来するものである。社会関係資本指標としては，集団的な効力（collective efficacy）として，社会的凝集性とインフォーマルな社会統制を，その他ソーシャル・サポート，ネットワークの密度，

第10章 健康

表10-4 職場のソーシャル・キャピタルと健康に関する研究の要約

出所	曝露	アウトカム	共変量	調査デザイン	結果
Okasanen T. et al. (2008a) SSM	Baseline & Follow-up 個ASC+集計SC low-low high-low low-high high-high:リファレンス	主観的不健康	個人レベルの調整：性別、年齢、婚姻状況、職業、4つのリスク因子 集団レベルの調整：職場の特性（臨時雇用；男性；肉体労働者の割合；平均年齢；規模）	コホート マルチレベルロジット	個ASC OR1.78* for low-low 個ASC(adjOR1.97*) OR1.56* for high-low 個ASC(adjOR1.86*) OR1.07 for low-high 個ASC(adjOR1.19) 職場単位SC OR1.27* for low-low 集計SC(adjOR1.14) OR1.01 for high-low 集計SC(adjOR0.99) OR1.12 for low-high 集計SC(adjOR1.08)
Kouvonen A. et al. (2008a) AJE	Baseline 個ASC+集計SC Q1 (low) Q2 Q3 Q4 (high):リファレンス	抑うつ -投薬データ(Tx) -自己申告(Diag)	性別、年齢、婚姻状況、雇用者 adj:+リスク因子 adj2:上記に加えて精神的苦痛	コホート マルチレベルロジット	全参加者：アウトカム Tx OR1.36* for low 個ASC(adjOR1.34*, adj2OR1.13) OR1.00 for low 集計SC(adjOR1.00, adj2OR0.95) 回答者： Diag：OR1.53* for low 個ASC(adjOR1.51*, adj2OR1.20*) OR1.02 for low 集計SC(adjOR1.01, adj2OR0.95) Tx：OR1.34* for low 個ASC(adjOR1.32*, adj2OR1.09) OR0.98 for low 集計SC(adjOR0.97, adj2OR0.93)
Kouvonen A. et al. (2008b) Addiction	Baseline 個ASC+集計SC Q1 (low):リファレンス Q2 Q3 Q4 (high)	禁煙	性別、年齢、婚姻状況、雇用者 adj:+3つのリスク因子+抑うつ adj2:+SEP	コホート マルチレベルロジット (SEPで層別)	OR1.35* for high 個ASC(adjOR1.30, adj2OR1.26*) OR1.11 for high 集計SC(adjOR1.10, adj2OR1.05) 層別： high SEP：OR1.63* for high 個ASC(lowSEP, 1.10; Manual, 1.28)
Vaananen A. et al. (2009) OEM	Baseline 個ASC+集計SC Q1 (low) Q2 Q3 Q4 (high):リファレンス	リスク因子 -喫煙 -BMI>=25 -運動不足 -過飲 1-2 vs 0：a 3-4 vs 0：b	性別、年齢、婚姻状況、雇用者 クロスセクショナル adj:上記に加えて+SEP コホート adj:上記に加えて baselineでの他の+SEP	クロスセクショナル コホート マルチレベルロジット	クロスセクショナル： a：OR1.12* for low 個ASC(adjOR1.09*), OR1.08* for 集計SC(1.05) b：OR1.44* for low 個ASC(adjOR1.37*), OR1.31* for 集計SC(1.21*) コホート： a：OR1.10* for low 個ASC(adjOR1.02), OR1.04 for 集計SC(0.96) b：OR1.35* for low 個ASC(adjOR1.12), OR1.25* for 集計SC(1.03)
Oksanen T. et al. (2009) JECH	Baseline 集計SC 垂直/水平 Q1 (low) Q2 Q3 Q4 (high):リファレンス	抑うつ -投薬(Tx) -自己申告(Diag)	性別、年齢、婚姻状況、雇用者、SEP 相互調整モデル (mutually adj) (vertical/horizontal)	コホート マルチレベルロジット	垂直SC(8項目のうち3つ) Diag：OR1.42* for low 個ASC(mutually adjOR1.39*) Tx：OR1.39* for low 集計SC(mutually adjOR1.39*) 水平SC(8項目のうち5つ): Diag：OR1.44* for low 集計SC(mutually adj1.32*) Tx：OR1.36* for low 集計SC(mutually adjOR1.22*)
Suzuki E. et al. (2010) SSM	個ASC 企業SC (割合) 不信 互酬性の欠如	主観的不健康	性別、年齢、婚姻状況、職業、運動、BMI、疾病	クロスセクショナル マルチレベルロジット	不信 OR2.34* for low レベルの不信 OR2.27 for low 企業レベルの不信（個ASC調整後 OR2.52） 互酬性の欠如 OR1.26* for low 個人レベルの互酬性の欠如（個ASC調整後 OR1.32） OR0.98 for low 企業レベルの互酬性の欠如（個ASC調整後 OR1.32）

注1：SC；ソーシャル・キャピタル OR；オッズ比 SEP；社会経済的地位
2：SSM；Social Science and Medicine, AJE；American Journal of Epidemiology, JECH；Journal of Epidemiology and Community Health, OEM；Occupational and Environmental Health

などであった。健康アウトカムは最大6年間追跡したコホートによる死亡であり，67歳以上のメディケア受給者のうち，指定の疾患で入院した患者1万2,672人を追跡し，コックスの比例ハザードモデルを用いてリスク比を推定した。集団的な効用（社会的凝集性とインフォーマルな社会統制）は死亡を予防し，一方でネットワークの密度は死亡を増加させていた。ただし，これらの関係は，地域レベルの社会経済的因子（SES）を調整すると有意ではなくなっている。

4　おわりに

　社会関係資本と健康に関する研究において，今後の大きな課題がいくつかある。1つは社会関係資本と健康の関係がそもそも，いわゆる因果関係なのかどうか，ということの実証である。もう1つは，いかに，社会関係資本が高いことが住民の健康に好ましいことを実証する研究を重ねても，社会関係資本を醸成し，高める具体的方法が確立されなければ，それは地域の固定の要因であって，個人における年齢や性別と同じように介入不可能な因子ということになってしまう。場合によっては，これ以上掘り下げて研究する意義を失ってしまうことにもなりかねない。ここでは紙面の都合もあり，前者については藤原らの研究（Fujiwara & Kawachi, 2008）を紹介する。後者については，いわゆる介入（実験）研究にかわりうる研究手法についてごく簡単に紹介する。

　多くの研究で社会関係資本と健康の関連は認められてきているが，これをもって因果関係があるとは言えない理由として，因果の逆転（reverse causation），交絡因子の影響が挙げられる。前者については，前向き研究のデザインでもその関連が実証されつつあることから，ある程度説明はなされたものと考えられるが，後者については，個人レベルの社会関係資本では幼少時の生育環境が，その後の個人の社会関係資本と健康アウトカムの両者の共通の原因（common cause）になっている可能性は否定できない。ましてや，遺伝的要因についても同様である。藤原らは，双子のフォローアップデータ（Midlife Development in the U.S., MIDUS）を用いて，14歳まで一緒に生活していた双子を

対象に個人レベルの社会関係資本と主観的健康についての関連を評価している。双子は，いわゆる一卵性双生児（Monozygotic Twin, MZ）と二卵性双生児（Dizygotic Twin, DZ）があるが，MZ では遺伝的要因も幼少時の生育環境も共通しているし，DZ でも幼少時の生育環境は共通している。したがって，もし，社会関係資本と健康の関連が，MZ でも DZ でも認められれば，それは遺伝的要因によるものでも，生育環境によるものでもないことを示唆し，また，MZ では認められず，DZ で認められるならば，それは遺伝的要因によるものであることを示唆することになる。信頼に関しては，主観的健康をアウトカムとした場合に，MZ でも DZ でも，有意に望ましい効果が認められた。

厳密な意味においては，介入方法の確立のためには，介入内容を決定し，それをいわゆる無作為化比較試験のデザインで評価することが求められるかもしれない。しかし，研究のための費用や時間だけでなく，倫理的な面からも，実施可能性は決して高いとは言えない。そこで，今後活用が期待される手法として，Instrumental Variable, Propensity Score という用語だけここで紹介しておく。詳細を学びたい人は，*"Methods in Social Epidemiology"* を参照されたい（Oakes & Kaufman, 2006）。

注
(1) 翻訳書である「ソーシャル・キャピタルと健康」においては，第Ⅱ部は割愛されている。
(2) Kawachi (1999) で用いられた質問項目は以下の通りである。
　1. Civic Trust（信頼）
　　"Generally speaking, would you say most people can be trusted ?"
　　論文中には具体的な回答の選択肢の記述はないが，GSS のコードブックによれば http://webapp.icpsr.umich.edu/GSS/　Most people can be trusted/Can't be too careful/Other, depends
　　これに加えて，Don't know, No answer, Not applicable
　　二次レベル変数：州レベルでの Percentage responding most people can't be trusted
　2. Perception of reciprocity（互酬性）
　　"Would you say that most of the time people try to be helpful, or are they mostly

looking out for themselves ?"

　二次レベル変数：州レベルでの Percentage stating "others are helpful"

3. Membership（メンバーシップ）

　Membership in a wide variety of voluntary associations, including church groups, sports groups, professional societies, political groups, and fraternal organizations.

　二次レベル変数：州レベルでの Per capita membership of voluntary associations

　日本でもこれらの質問を訳して用いている研究が多いが，信頼に関しては，オリジナルの選択肢を用いると Other, depends や Don't Know が非常に多くなることから，内閣府調査と同様に信頼できる，信頼できない，の両極に対していわば Visual Analogue Scale として聴取する方がうまくいくようである。ただし，その場合のカットオフについて具体的な合意はないことには注意する必要がある。メンバーシップに関しては，日本人に「いくつ参加しているか？」と問うても，回答に窮するのではないかとのことから，考えられる組織について列挙し，それぞれの参加を問うものが多い。

(3) リンキングな社会関係資本については，本章では説明を省略している。詳細については，Szreter らの論文を参照されたい（Szreter & Woolcock, 2004）。

(4) 日本における，社会関係資本と主観的健康の関係について，藤澤ら，市田らが，いずれも小地域を準拠地域として，マルチレベル分析を用いて実証し，個人レベルの社会関係資本を調整しても，なお地域レベルの社会関係資本の個人の健康への有意な影響を認めた。前者では，国勢調査区に基づき約50世帯を，後者では「旧村」に基づき約500から3,000世帯を準拠地域とした。これにより，近隣の社会的凝集性などによる集団の効用などをうまくとらえることができたのかもしれない。また，いずれも，マルチレベル分析を用いており，いわゆる地域の文脈効果（contextual effect）を，妥当に評価している。一方で，藤澤らは20歳以上の成人を対象とし，市田らは65歳以上の高齢者を対象としている。また，藤澤らはマルチレベル分析だけでなく，エコロジカルな社会関係資本と健康の関係も分析し，市田らは地域レベルの所得格差と個人の社会関係資本および健康の関係も分析している。これらの結果により，過去に国外で行われた研究をおおまかではあるが，カバーした形となっている。

(5) カワチらの1999年の研究では，州単位の社会関係資本のレベルを high/medium/low の3カテゴリにしたものを，同じ州に居住する対象者全員に同一値として割り当てて分析し，これを contextual analysis と呼んでいる。しかし，マルチレベル分析の手法が応用されるようになってからは，当然のことながら，ほとんど用いられていない。

参考文献

Caughy, M. O., P. J. O'Campo & C. Muntaner (2003) "When being alone might be better : neighborhood poverty, social capital, and child mental health" *Social Science & Medicine*, 57 (2), pp. 227-237.

Christakis, N. A. & J. H. Fowler (2007) "The spread of obesity in a large social network over 32 years" *The New England Journal of Medicine*, 357 (4), pp. 370-379.

Christakis, N. A. & J. H. Fowler (2008) "The collective dynamics of smoking in a large social network" *The New England Journal of Medicine*, 358 (21), pp. 2249-2258.

De Silva, M. (2006) "A systematic review of the methods used in studies of social capital and mental health" In McKenzie, K. & T. Harpham (Eds.) *Social capital and mental health*, London : Jessica Kingsley Publisher.

Drukker, M., C.Kaplan, F. Feron & J. Van Os (2003) "Children's health-related quality of life, neighbourhood socio-economic deprivation and social capital. A contextual analysis" *Social Science & Medicine*, 57 (5), pp. 825-841.

Drukker, M., S. L. Buka, C. Kaplan, K. McKenzie & J. Van Os (2005) "Social capital and young adolescents' perceived health in different sociocultural settings" *Social Science & Medicine*, 61 (1), pp. 185-198.

Fujisawa, Y., T. Hamano & S. Takegawa (2009) "Social capital and perceived health in Japan : An ecological and multilevel analysis" *Social Science & Medicine*.

Fujiwara, T. & I. Kawachi (2008) "Social capital and health. A study of adult twins in the U.S." *American Journal of Preventive Medicine*, 35 (2), pp. 139-144.

Harpham, T., M. J. De Silva & T. Tuan (2006) "Maternal social capital and child health in Vietnam" *Journal of Epidemiology Community Health*, 60 (10), pp. 865-871.

Ichida, Y., K. Kondo, H. Hirai, T. Hanibuchi, G. Yoshikawa & C. Murata (2009) "Social capital, income inequality and self-rated health in Chita peninsula, Japan : a multilevel analysis of 25 communities" *Social Science & Medicine*.

Idler, E. L. & Y. Benyamini (1997) "Self-rated health and mortality : a review of twenty-seven community studies" *The Journal Health Social Behavior*, 38 (1), pp. 21-37.

Inaba, Y. (2009) "Social capital and health in Japan : what has been confirmed and what has not" A commentary on Ichida and on Fujisawa, *Social Science & Medicine*, 69 (4), pp. 506-508.

Iwase T, Suzuki E, Fujiwara T, Takao S, Doi H, Kawachi I. Do bonding and bridging social capital have differential effects onself-rated health ? A community based study in Japan. J Epidemiol Community Health. 2010 Dec 16. [Epub ahead of print]

Kawachi, I., B. P. Kennedy & R. Glass (1999) "Social capital and self-rated health : a contextual analysis" *Am J Public Health*, 89 (8), pp. 1187-1193.

Kawachi, I. & L. Berkman (2000) "Social Cohesion, Social Capital, and Health" In Berkman, L. & I. Kawachi (Eds.) *Social Epidemiology*, New York : Oxford University Press.

Kawachi, I., S. V. Subramanian & D. Kim (2008) *Social capital and health*, New York ; London : Springer.

Kim, D., S. V. Subramanian & I. Kawachi (2006) "Bonding versus bridging social capital and their associations with self rated health : a multilevel analysis of 40 US communities" *Journal of Epidemiology and Community Health*, 60 (2), pp. 116-122.

Kouvonen, A., M. Kivimaki, J. Vahtera, T. Oksanen, M. Elovainio, T. Cox, M. Virtanen, J. Pentti, S. J. Cox & R. G. Wilkinson (2006) "Psychometric evaluation of a short measure of social capital at work" *BMC Public Health*, 6, p. 251.

Kouvonen, A., T. Oksanen, J. Vahtera, M. Stafford, R. Wilkinson, J. Schneider, A. Vaananen, M. Virtanen, S. J. Cox, J. Pentti, M. Elovainio & M. Kivimaki (2008) "Low workplace social capital as a predictor of depression : the Finnish Public Sector Study" *American Journal of Epidemiology*, 167 (10), pp. 1143-1151.

Kouvonen, A., T. Oksanen, J. Vahtera, A. Vaananen, R. De Vogli, M. Elovainio, J. Pentti, S. Leka, T. Cox & M. Kivimaki, (2008) "Work-place social capital and smoking cessation : the Finnish Public Sector Study" *Addiction*, 103 (11), pp. 1857-1865.

Mitchell, C. U. & M. LaGory (2002) "Social capital and mental distress in an impoverished community" *City & Community*, 1, pp. 195-215.

Oakes, J. & J. Kaufman (2006) *Methods in Social Epidemiology*, San Francisco : Jossey-Bass.

Oksanen, T., A. Kouvonen, M. Kivimaki, J. Pentti, M. Virtanen, A. Linna & J. Vahtera (2008) "Social capital at work as a predictor of employee health : multilevel evidence from work units in Finland" *Social Science & Medicine*, 66 (3), pp. 637-649.

Oksanen, T., A. Kouvonen, J. Vahtera, M. Virtanen & M. Kivimaki (2009) "Prospective study of workplace social capital and depression : Are vertical and horizontal components equally important ?" *Journal of Epidemiology and Community Health*.

Putnam, R. D. (1993) *Making democracy work : Civic traditions in modern Italy*, Princeton, N.J. : Princeton University Press.

Sampson, R. J., S. W. Raudenbush & F. Earls (1997) "Neighborhoods and violent crime : a multilevel study of collective efficacy" *Science*, 277 (5328), pp. 918-924.

Suzuki, E., S. Takao, S. V. Subramanina, H. Komatsu, H. Doi & I. Kawachi (2010) "Does low workplace social capital have detrimental effect on workers' health?" *Social Science & Medicine*, 70 (9), pp. 1367-1372.

Szreter, S. & Woolcock, M. (2004) "Health by association? Social capital, social theory, and the political economy of public health" *International Journal of Epidemiology*, 33 (4), pp. 650-667.

Takao, S. (2009) "Research on social capital and health in Japan" A commentary on Ichida and on Fujisawa, *Social Science & Medicine*, 69 (4), pp. 509-511.

Vaananen, A., A. Kouvonen, M. Kivimaki, T. Oksanen, M. Elovainio, M. Virtanen, J. Pentti & J. Vahtera (2009) "Workplace social capital and co-occurrence of lifestyle risk factors: Finnish Public Sector Study" Occupational and Environmental Medicine.

Varshney, A. (2002) *Ethnic Conflict and Civic Life: Hindus and Muslims in India* New haven, C.T.: Yale University Press.

Wen, M., K. A. Cagney & N. A. Christakis (2005) "Effect of specific aspects of community social environment on the mortality of individuals diagnosed with serious illness" *Social Science & Medicine*, 61 (6), pp. 1119-1134.

リーディングリスト

Berkman, L. F. & I. Kawachi (2000) *Social epidemiology*, NewYork: Oxford University Press. xxii, 391.
　――「社会疫学」を学ぶにあたってまず目を通しておくべき本である。The New England Journal of Medicine の書評で "extraordinary work" であって，「将来古典と呼ばれるであろう」などの高い評価を得ている。

Kawachi, I. & B. P. Kennedy (2002) *The health of nations: why inequality is harmful to your health*, New York: New Press.（西信雄・高尾総司・中山健夫監訳，イチロー・カワチ他編著［2004］『不平等が健康を損なう』日本評論社）
　――社会における不平等が生活習慣等の個人のリスク因子を調整してもなお個人レベルの健康格差に寄与するという事実について，わかりやすく説明した一般書である。内容も平易なので，研究者ではなくても，通読しておくことを勧める。アダム・スミス著の "The Wealth of Nations" を意識した原題である。

川上憲人・小林廉毅・橋本英樹編著（2006）『社会格差と健康──社会疫学からのアプローチ』東京大学出版会．
　──イチロー・カワチ教授の支援によって社会疫学に関心を持つ日本の研究者が集まって構成された「社会疫学研究会」の成果物の一つである．Social Epidemiology の翻訳の計画も何度か持ち上がったが出版社が見つからず，日本語で読める社会疫学の入門書を目指して執筆された．

Kawachi, I., S. V. Subramanian & D. Kim (2008) *Social capital and health*, New York ; London : Springer.（藤澤由和・高尾総司・濱野強監訳［2008］『ソーシャル・キャピタルと健康』日本評論社）
　──社会関係資本と健康について学ぶ上で欠かせない研究方法論（まずは測定から）について第Ⅰ部で詳しく説明され，第Ⅱ部では先行研究についてまとめられている．訳書である『ソーシャル・キャピタルと健康』は，このうち第Ⅰ部のみの訳となっているが，原書より販売部数が多いのではないかと言われるほどの好評を博している．The Health of Nations と異なり専門書であるため，基本的には研究者向けの本である．

Kawachi, I., et al. (2004) *Commentary : Reconciling the three accounts of social capital.* Int J Epidemiol, 33 (4) : p. 682-690.
　──いかにして社会関係資本が健康に影響を及ぼすかについて，様々な論争があり，大きく social support perspective, inequality thesis, political economy approach の3つの説明がなされてきた．このコメンタリーでは，(1)社会関係資本を個人の特性と見るか集団の特性と見るか，(2)Szreter と Woolcock の示したボンディング，ブリッジング，リンキングの違いを採用することの方法論的および実証的意義について，説明されている．

Kawachi, I. (2006) *Commentary : social capital and health : making the connections one step at a time*, Int J Epidemiol, 35 (4) : p. 989-993.
　──所得格差と健康の関係については，格差の大きい国でははっきりとした関係が認められた一方で格差の小さい国でははっきりとした関係が認められず，「閾値」があるかどうか議論された．本コメンタリーでは社会関係資本と健康との関係においても，同様に社会における格差が関わってくるかどうかという議論に始まり，社会関係資本を社会における凝集性で概念化する（cohesion theory）か，ネットワークに埋め込まれたリソースとして概念化する（network approach）かについて，そして，上述のコメンタリーでも取り上げられたボンディング，ブリッジングの違いなど，社会関係資本と健康に関する研究を取り巻く議論については幅広く紹介している．また，最後には今後の方向性として因果関係により近づくための方法論として，いわゆる介入研究だけ

ではなく，instrumental variable などの活用についても言及している。

Kawachi, I., Y. Fujisawa & S. Takao (2007) *The Health of Japanese-What Can We Learn From America ?*, Journal of the National Institute of Public Health, 56 : p. 114-121.（日本語の解説つき）

——保健医療科学において，健康格差と保健医療政策に関する特集の一つである。英文に加えて，日本語の解説（正確な訳というよりは，若干英文に無い部分も日本語で補足した）も付いているので読んでおくと良い。内容的には，なぜ所得格差が個人の健康に影響を及ぼすのかについてのメカニズムに関する考察に加えて，特集ということもあり，アメリカの現状から日本の将来への予測にも言及している。

終章　ソーシャル・キャピタルのダークサイド[1]

稲葉陽二

1　はじめに

　社会関係資本は正の外部性（外部経済）を中心に研究が行われてきたが，負の外部性についてもより具体的に検証することが今後の課題である。すでにロバート・パットナム（Putnam, 2000）もザヴィア・ブリッグス（Briggs, 1997）を紹介し次のように指摘している[2]。

　「ネットワークと，それに付随する互酬性規範は，ネットワークの内部にいる人々にとっては一般的に有益であるが，社会関係資本の外部効果は常にプラスというわけでは全くない。例えば，ティモシー・マクヴェイが，オクラホマ・シティでアルフレッド・P・ミュラー連邦ビルを爆破することを可能にしたのも社会関係資本である。」（パットナム，2000，邦訳18頁）

2　ワーレンの悪いソーシャル・キャピタル論

　この社会関係資本のダークサイドに関し，マーク・ワーレンは『社会関係資本ハンドブック』[3]に「悪い社会関係資本の特質と論理」と題する論考を発表している。ワーレン（Warren, 2008）では，まず社会関係資本を「個人が一人で達成できる水準を超える財を生む，協調的な行動の成果をともなう，意図した，または意図せざる，個人的な社会関係への投資」（Warren, 2008, 125）と定義し，社会関係資本の「資本」としての側面を重視した上で以下のようなロジックを「悪い社会関係資本」について展開する。この定義によれば，「社会関係への個

人の投資の外部性は，その社会関係への参加者には正だが，社会全体にとっては負でありうる」（Warren, 2008, 129）ケースということになる。

具体例としてコロンビアのアンチオキア地方，イタリアの政党システム，アメリカの富裕層を挙げている。コロンビアのアンチオキア地方は勤勉で家族を大切にし，ある種のピューリタニズムがあり，道徳観・倫理観が強く，質素で貯蓄に励むという気質があり，模範的な社会関係資本が存在するが，まさにそれが麻薬組織のメディリンカルテルの温床になったという。また，イタリア政党システムの腐敗にかかわっている者のほとんどすべては，本来メンバー間の信頼と互酬性を大切にするフリーメーソンのメンバーだという。このほか，アメリカでは富裕であればあるほど，また社会的地位が高ければ高いほど連帯するコネが多いので，教育へのアクセス，都市のゾーニング，ビジネス上の恩典を受ける場合などに格差が生じそれが社会全体へは負の外部性を生じさせているという（Warren, 2008, 130-132）。

またワーレン（2008）は互酬性については一般的互酬性の方が人々の協力を生みやすく，特定の個人間の特定化互酬性はそのやり取りの中で，票の買収やキックバックなど，負の外部性をもつやり取り（exchange）の中で機能しているという。そのやり取りが公に正当化できるか否かという観点を加えてみると，一般的互酬性は通常，そのやり取りが公に正当化できる場合，具体的には利他性や公益心などの形態となってあらわれる。一方，特定化互酬性は公に正当化できる場合は，挨拶されたら挨拶を返すといった基本的な社交スキルに代表されるもので望ましい。しかし，特定化互酬性で公にそのやり取りを公表できないものは腐敗であるという（Warren, 2008, 138-139）。

以上から，社会全体に対する一般的信頼と一般的互酬性は，公に正当化できる利害関係とやり取りを具現しているもので，悪い社会関係資本になりにくい。逆に言えば，特定の個人間の信頼や互酬性である特定化信頼と特定化互酬性は，公に正当化できない利害関係ややり取りのもとでは悪い社会関係資本になる可能性が高い（Warren, 2008, 141）。このワーレンの議論を本書の序章に示した稲葉の定義にあてはめれば，公共財としての社会関係資本は，基本的には悪い社

会関係資本にはなりにくいということであろう。

　ワーレンの社会関係資本の定義は物的資本のアナロジーであるので，ネットワーク内の個人にはそれに参加することによって必ず正のリターンが生じ，負の外部性はネットワーク外で生じる。ワーレンによれば「グループにとって自分たちの活動の負担を他人へ外部化することがどの位容易であるかを決定づけるのは，権力と資源の分布である」。したがって「負の外部性をうむ社会関係資本は不平等な関係（context）の中で生じがちである」(Warren, 2008, 142)。

「平等主義下の関係（context）では，一般的互酬性は誰もが利益を得る協力を創り出すが，特定化互酬性は社会交流の基本的な接着剤として機能する。しかし，平等主義的でない関係においては，互酬性はより資源をもった人々の手に蓄積される権力（obligations）を生じさせる可能性がある。これらの権力は，忠誠をより強固にしたり，助け合いの行為をより確固なものにするために用いられる。これらの権力は，力の基盤であり，互酬性が一般的か特定化しているかによって，温情主義的なコミュニティか恩顧主義か，政治的腐敗，その他の搾取的ないしは排他的関係となる。」
(Warren, 2008, 142)

　こうした観点から，ワーレンは政治，経済，文化の3つの分野で社会関係資本がもつ負の潜在性が顕在化するのを防ぐ方策として以下の3点を挙げている。
- 政治における分権化（empowerment）と言論の自由（voice）
- 経済的な分配では，生活の糧を得ることができる複数の安定した収入源
- 文化的には，「閉鎖性」（closure）が義務の双務化（symmetry of obligations）を促し，負の外部性を減らす

　また，理論的には，より政治的・経済的・文化的に民主主義的な方が，負の潜在性をもった社会関係資本が負の外部性を発生させる可能性を減らす(Warren, 2008, 143)として「社会関係資本がgoodかbadかは，民主主義の程度に依存する」(Warren, 2008, 142)と述べている。つまり，社会関係資本の負

の外部性は政治体制・機構を民主化することによって緩和することができるとしており，これはパットナム（2000）の自由な市民活動が一般的信頼を醸成するという考えの延長線上にあると理解できよう。[4]

3　アスレイナーの「不平等の罠」

しかし，この点についてはエリック・アスレイナーの反論がある。アスレイナー（Uslaner, 2002）は社会全体に対する一般的信頼は，幼少期家庭で親から受け継ぐ道徳的信頼に基礎をおくものであり，週にほんの数時間ボランティア活動をして得られるものではないとしている。

「殆どの人はボランティア活動にほんの限られた時間しか費やさないし，最もコミットしている活動にさえ週に2～3時間以上を費やすことはほとんどない。これは成人の価値観を形成または再形成するのにとても十分な時間とは言えない。（中略）第2に，より重要な点だが，人々はグループないしはインフォーマルなサークルからの良い感情を持っているからといってそれを社会全般に当てはめることはしない。」（Uslaner, 2002, 40, 稲葉試訳）

また，アスレイナー（Uslaner, 2008）では民主主義がかならずしも腐敗の抑制につながっていない点を挙げ，政治体制と腐敗とは無関係であるとしている。民主主義のアメリカでも南部や都市部では常に政治腐敗が存在しているし，逆に民主主義国家ではないシンガポールや香港では腐敗がみられないではないかという。彼によれば，腐敗は経済的不平等に起因する。経済的不平等が，グループ内のボンディングな社会関係資本を強化し，グループ外に対してはなにをやってもよいという負の外部性を発生させる。また，経済的に不利な立場に置かれている者たちは，政治的ボスに助けを求めるが，彼らは利益誘導集団を形成し，腐敗に走る。不平等が存在すると，人々は自分たちの仲間内だけを信

頼（特定化信頼）し，自分たちのグループ外の人々は信頼しなくなり，社会全般に対する一般的信頼が壊れる。それどころか，グループ外の人々を騙すことにさえ道徳的痛痒を感じなくなる。そして，さらに腐敗がまた不平等を拡大させる。つまり，不平等→信頼の喪失→腐敗→不平等の一層拡大，という「不平等の罠」が生まれるという（Uslaner, 2008, 26-31）。

4　グラエフの規範論とフィールドの格差拡大論

一方，ピーター・グラエフ（Graeff, 2009）は社会関係資本に関連した規範は，他者を規制してある種の行動を容易にするものであるから，どのような状況でも常に肯定的なものとは限らないとして，この他者を抑える犠牲の上に行動をすることが社会関係資本のダークサイドだと指摘している（Graeff, 2009, 146）。また，他者を抑える過程で，フリーライダー問題が生じるが，このための強い社会的コントロールが必要になり，個人の自由が押さえつけられる。また，あるグループが他のグループと競合しているときも，個人の特性が押さえこまれ低い水準で平準化され，かつ構成員がグループに依存するようになるという弊害を指摘している（Graeff, 2009, 147-148）。さらに，レントシーキングやロビイング団体が生まれ，彼らの社会関係資本は，大衆に犠牲を課す負の社会的な影響をもつ（Graeff, 2009, 148）。つまり，社会関係資本のダークサイドとして，他者の排除，規範の強制があるが，グラエフはこれらへの対応策として，（モニタリングだけではなく）プロセスの透明化，他者を含めたグループで活動すること，反腐敗行動規範をつくること，規則順守のためのインセンティブを提供することなどを挙げている(5)（Graeff, 2009, 156-157）。

このほか，社会関係資本のダークサイドとして，社会関係資本が，物的資本や人的資本同様偏在している点をとらえて，それが不平等を拡大させる点を指摘する論者もいる。つまり社会関係資本が偏在していれば，格差の拡大という負の外部性をともなう事象をもたらす可能性が高い。ジョン・フィールドは「社会関係資本は，異なったタイプのネットワークへのアクセスは極めて不平

等に配分されているため,不平等を助長しうる。誰もが,自分のコネを自らの利益のために用いることができるが,一部の人々のコネは他の人々のコネより価値が高い」(Field, 2003, 74)と指摘している。かつ,格差を助長するだけではなく,「より強力なグループは,より弱いグループの社会関係資本を制限したり,あるいは葬り去ることを試みることもできる。これは19世紀のいくつかの温情主義的産業コミュニティで典型的雇用者戦略であった」(Field, 2003, 74)。

5　「しがらみ」をどう考えるか

　ワーレンの議論は,社会関係資本を物理的な投資と同等に定義しているため,社会ネットワークの参加者には必ず正の外部性が生じると考えている。換言すれば社会関係資本の負の外部性はワーレンによれば必ずネットワーク外の者に生じることになる。しかし,ネットワークへの参加者にも負の外部性が生じるケースがある。いわゆる「しがらみ」[6]がもつ負の外部性は,それが悪いことであることを知り,かつ個人的には不本意であっても,つまり個人的には参加者に負の外部性を生じていてもそのネットワークに参加せざるを得ない。組織に属した個人に問題が生じた場合の対応として,意見を述べて対応を求める(Voice)かやめるか(Exit)の二つが考えられるが,現実には Voice や Exit に加えて,沈黙(Silence)し意にそぐわなくとも組織の指示に従うという対応もありうる。

　この「しがらみ」には,地縁・血縁的な生来の事情で参加しているネットワークのケースと,企業における不正行為への参加のように通常は健全なネットワークが,ある事柄については負の外部性を生じさせる場合の2つが考えられる。ジプシーの窃盗団のメンバーの中には個人的には本意ではなく,個人的に負の外部性が生じていても窃盗を働かざるを得ないネットワークに生来おかれている者もいるかもしれない。談合へ参加する企業担当者は,個人的には不本意であってもその企業の社員という社会的ネットワークに参加した以上,個人的に負の外部性が生じていても談合に参加せざるを得ない。ただし,この場[7]

合も当該ネットワークの外にいる個人には外部不経済が生じる点は，ワーレンの指摘通りである。

このほか，ワーレンは民主主義が社会関係資本のダークサイドを減じると論じているが，「しがらみ」はどのような制度のもとでも発生する可能性がある。たとえば，民主主義のもとでも，議員は有権者に便宜をはかるようにしむける「しがらみ」がある。小選挙区制のもとでは，ワーレンのいう特定化互酬性の規範が生じやすく，この「しがらみ」のもつダークサイドは比例代表制などよりより顕在化する可能性が高い。

6　組織ぐるみの犯罪をどう考えるか

一方，アスレイナーは信頼の観点から主に腐敗を論じている。マクロからみた腐敗の因果関係について，格差→一般的信頼の毀損・グループ内の特定化信頼の拡大→腐敗の拡大→一層の格差の拡大という「不平等の罠」論を展開している。アスレイナーは経済的不平等のもとでは，グループ内の特定化信頼が腐敗という負の外部性を生じさせるとしている。特定のグループ内の特定化信頼が，グループ外では負の外部性を生むとしている点では，ワーレンやその他の論者と同じ議論である。しかし，この特定化信頼が格差に影響を受けるという点は，ワーレンが権力の分布の平等性を強調しているのに対し，アスレイナーは主に経済格差を念頭に置いていることによる。フィールドの社会関係資本の偏在が格差を拡大させるという議論と合わせてみれば，アスレイナーの議論の方がより具体的な経路を示唆している(8)。

しかし，アスレイナーの議論はマクロからみた因果関係としては整合性がとれているが，具体的なミクロでみた社会関係資本の負の外部性は含まれていない。グループ内の特定化信頼は必然的にグループ外の者を排除するので，グラエフの指摘するように「他者を抑える犠牲の上に行動をすることが社会関係資本のダークサイド」ということであれば，クラブ財は格差の有無にかかわりなく，必然的に，グループ外に負の外部性を発生させる可能性がある。現実に企

業内では，組織ぐるみの不祥事隠しなど企業内の社会関係資本を悪用した例が多数みられるが，こうした事案はアスレイナーの議論では対象外である。

7　「コネ」の悪用

　社会関係資本のダークサイドは，一般には，ワーレンが言うように「社会関係への個人の投資の外部性は，その社会関係への参加者には正だが，社会全体にとっては負でありうる」という考えが多い。しかし，この考えはネットワーク全体を対象としているもので，現実の世界の不祥事は個々人の行動によって生じるものが多く，ネットワーク内の個人によって引き起こされる不祥事については説明ができない。ワーレンらの論理では，これは個人によるネットワークの悪用であって社会関係資本のダークサイドではない。しかし，「コネの利用」などは現実の世界では明らかに社会関係資本のダークサイドとしてとらえられている。そこで，この個人によって引き起こされる不祥事をいかに社会関係資本の論点に含めるかを考える必要がある。

　本書の序章で社会関係資本のもつ「心の外部性」の特徴として5つ挙げたが，その中で，第4の点，市場に内部化しないことに価値があるという点はこの個人によって引き起こされる不祥事を社会関係資本のダークサイドとして考察する際に重要である。外部性は，通常制度的工夫により市場に内部化できる。公害なら，排出者に課税するか，補助金を出してやめさせるかの施策がある。公園の隣人が享受する外部経済は，地価の上昇で一部内部化できる。いずれにしても市場に内部化させる対応が可能であり，かつ資源配分の効率性の観点からも妥当である。しかし，社会関係資本における外部性は，「心の外部性」だからこそ，多くの場合は内部化しないことに大きな価値がある。他人から好意を受けて，すぐに財布を取り出して支払うのでは意味がない。満員電車でお年寄りに席を譲ったからといって，席を譲られたお年寄りは，その好意に対して現金を支払ったりしないし，逆に席を譲る者がすぐに対価を要求するのでは社会関係資本は崩壊してしまう。社会関係資本の外部性は，市場で内部化してしま

終　章　ソーシャル・キャピタルのダークサイド

えば，人の心を踏みにじることになり，社会関係資本そのものを毀損させてしまう可能性が高い。したがって，社会関係資本における外部性は市場に内部化はできるが，むしろ市場を補完するものとして内部化しない方がその社会的価値を維持できるケースがある。

　この点を社会関係資本のダークサイドに当てはめて考えてみると，通常は健全な社会関係資本の正の外部性を個人的に内部化しようとすると，社会全体に対しては負の外部性を発生させる，とみることができる。職場のネットワークを利用して試験や昇格で（ネットワーク外の人々の犠牲の上で）特別扱いをうける。大分県教育委員会では職場のネットワークを利用して，自らの子弟や知り合いの子弟に便宜をはかったり，昇格に便宜をはかっていた。また，経営者は社内のネットワークの外部性を私的に内部化して利益をはかることもできる。エンロンでは健全な社内のネットワークを利用して，経営者は従業員には自社株の購入を勧める一方で，自分たちは売り抜けていた。いずれも本来，正の外部性をもち，市場に内部化しなくとも協調的行動を促す性質があるネットワークを，個人的に私利をはかるために内部化しようとすると社会全体には負の外部性を発生させる。

　先行研究からみると，これらの社会関係資本のダークサイドに対する対応策は，ワーレンによれば権力などの平等な分配，アスレイナーによれば経済的格差の縮小ということになるように思われる。しかし，フィールドらによれば，クラブ財としてネットワークは必然的に他者の排除を伴い，かつフィールドによれば社会関係資本の偏在自体が経済的格差を助長しかねない。

　一般に公共財としての社会全般に対する一般的信頼やワーレンの言う社会全般に対する一般的互酬性は「しがらみ」や「ネットワークの外部性の私的内部化」の弊害を緩和することが予測されるが，この経路の詳細な検討や，以上の議論が格差の拡大や民主主義との関連などの大きなマクロ的文脈とどう結びつくかは今後の課題である。

8　おわりに

　最後に本書では取り上げなかったが，この20年間，社会関係資本の測定と分析手法は格段の進歩を遂げてきたことに触れたい。1950年にウィリアム・ロビンソン（Robinson, 1950）が集計値での分析では実態を見誤る ecological fallacy（生態学的誤謬）を指摘したが，1990年代までの社会関係資本分析は，正にこの ecological fallacy が十分予想される集計値による分析が主流であった。しかし，2000年に入ると個票データによる分析が実証研究に用いられるようになり，さらに個人だけではなくコミュニティなどの影響も十分考慮するためにマルチレベル分析が用いられるようになった。さらに道具的変数の導入や，特定の状況を人為的に創り出す介入研究も行われるようになった。

　日本では筆者も含め2000年半ばまでは，ecological fallacy を認識してはいるが，データの制約から集計値による分析を続けていた。社会関係資本への認知度が低く研究資金が調達しにくい状況にあったためである。ようやく大規模な調査を実施し個票データが入手できるようになったのは2000年代の半ば以降である。社会疫学という用語を創り，この分野のパイオニアであるハーバード大学公衆衛生大学院のイチロウ・カワチ教授らの『ソーシャル・キャピタルと健康』（高尾総司ら訳）は2008年に上梓されたが，これは基本的には分析手法を扱った専門書である。言い換えれば，社会関係資本の研究は，2000年代半ばまでの何らかの相関を見出しさえすれば論文にする時代は終わりを告げ，より厳密な実証の段階に入りつつある。社会関係資本の研究はまだまだ課題も多いが，学際的研究が大きな意義をもつ分野であり，少子超高齢化社会における政策的含意も大きい。本書が今後の日本の将来の在り方を考える上での契機となれれば幸いである。

終　章　ソーシャル・キャピタルのダークサイド

注
(1) 本章は稲葉（2010）を修正・加筆したものであり，平成21年度日本大学法学部研究費［学術研究費（共同研究）］と平成21年度21世紀文化学術財団学術奨励金を受けている。助成をいただいた日本大学と21世紀文化学術財団に深謝したい。
(2) なおパットナム（2000）は22章「社会関係資本の暗黒面（ダークサイド）」で社会関係資本の負の外部性とは異なった事象（社会関係資本と社会の寛容性と自由は両立するか，社会関係資本は，平等性と相容れないか）を扱っており，かつこうした意味での暗黒面はないとする議論を展開している。
(3) Castiglione et al. (Eds.) (2008) *The Handbook of Social Capital*, Oxford University Press. このほか『社会関係資本ハンドブック』としては Sevendse et al. (Eds.) (2009), Edward Elgar がある。
(4) ただし，パットナムは社会関係資本が健全な民主主義を育み効率的な政府を生むとしているが，民主主義が社会関係資本を健全化するという考えには必ずしも賛同しているわけではない。この点についてはパットナム（2000）第21章を参照されたい。
(5) このほかグラエフ（2009）では世界価値観調査における「両親を尊敬するという規範」を特定化信頼の代理変数として，これに一般的信頼，GDP を説明変数とし，トランスパランシー・インターナショナルが公表している腐敗認識インデックスを被説明変数とした重回帰分析を世界61カ国のクロスカントリーデータにより実施し，特定化信頼が高いほど，腐敗インデックスが高いという結果を得ている。
(6) 広辞苑によれば「しがらみ」とは「水流を堰きとめるために杭をうちならべて，これに竹や木を渡したもの（中略）転じて，柵。また，せきとめるもの，まといつくもの，の意」（第4版，1102頁）とある。
(7) ただし，このケースは談合への参加者には雇用の維持，将来の昇進などのリターンが期待されるとして，物理的投資のアナロジーとしての解釈も可能である。
(8) アスレイナー（2008）では，経済的格差のほか，司法における取扱の公正性にも影響を受けるとしている。
(9) パットナム（2000，邦訳27-28頁）では，ボーリングを通じて知り合った2人の間で腎臓移植をするケースが美談として紹介されているが，これが有償であれば，この美談の価値は半減してしまうであろう。
(10) 詳細については，たとえば『朝日新聞』2008年9月4日付夕刊13頁『「もらったら捕まる」元参事ら罪状認める　大分教員汚職，初公判』参照。
(11) 詳細については，たとえば，藤田正幸（2003）『エンロン崩壊』日本経済新聞社，参照。

参考文献

稲葉陽二（2010）「社会関係資本のダークサイドに関する一考察」『政経研究』第47巻第3号，97-110頁。

Field, J. (2003) *Social Capital*, Routledge.

Graeff, P. (2009) "Social Capital: the dark side", In Svensen and Svensen (Eds.) *Handbook of Social Capital*, Edward Elgar.

Grootaert, C. & T. van Bastelaer (2002) "Conclusion: Measuring Impact and Drawing Policy Implications", In Grootaert, C. & T. van Bastelaer (Eds.) *The Role of Social Capital in Development: An Empirical Assessment*, Cambridge University Press.

Putnam, R. D. (2000) *Bowling Alone: The Collapse and Revival of American Community*, Simon and Schuster.

Robinson, W. S. (1950) Ecological correlations and the behavior of individuals, *American Social Review*, Vol 15, No. 3, pp. 351-357.

Uslaner, E. M. (2002) *The Moral Foundations of Trust*, Cambridge University Press.

Uslaner, E. M. (2008) *Inequality, Corruption, and the Rule of Law*, Cambridge University Press.

Warren, E. M. (2008) "Chapter 5: The Nature and Logic of Bad Social Capital", In Castiglione, D., J. W. Van Deth & G. Wolleb (Eds) *The Handbook of Social Capital*, Cambridge University Press.

索　引

あ行

愛知老年学的評価研究　→AGES
アノミー　155, 156
アノミー理論（anomie theory）　154, 155
暗黙的知識　96
逸脱行動　223
一般的互報性　246
一般的信頼　4
一般的信頼感　160, 162, 166, 168
因果関係　236
インターネット　25, 197
　――・パラドックス　206
インフォーマルな社会統制（social control）
　　154, 229
埋め込み　92
運　68
エリート支配論　89
恩顧主義　247
温情主義　247
オンラインゲーム　209

か行

階層線型モデル（HLM）　202
開発経済学　59
外部性（externality）　6, 57, 157
科学技術政策　75
学業成績　75, 179-183, 187, 188, 190
格差　68
学際性　2
格差論　12
学力　173, 180, 181, 183
学歴　220
学級内ネットワーク　176, 177
学校参加　181, 183-185
学校社会関係資本　177, 180, 183-186
学校組織内ネットワーク　177
家庭外社会関係資本　175
家庭内社会関係資本　175, 179, 182-185, 190
ガバナンス論　60
可変地域単位問題（Modifinable Areal Unit
　　Problem：MAUP）　164
関係資産　82
キール，ルーク　44
機会主義的行動　111
企業権力構造論　89
企業社会関係資本　99
技術経営論　88
技術進歩　61
絆　1
機能　65
規範　1, 20
（互報性の）規範　151
寄付　129
9・11テロ　46
旧共産主義国　46
教育　138
凝集性（cohesion）　3
競争優位　84
協調的行動　7, 64
共有体験　204
緊張理論（strain theory）　154, 156
金融資本　83
空間統計学　165, 166
クムリン，ステファン　47
クラス社会関係資本　175, 180, 185

257

クラブ財　4
グランジャーの因果関係　64
クリーク（クラスター）　93
経営　132
経営資源　84
経営戦略論　88
経済学　55
経済格差　24
経済社会学　81
経済政策　75
経済発展　68
経済倫理学的　59
携帯電話　198
刑法犯認知件数　153, 161
契約のコスト　66
ゲーム理論　59
結束型　17
健康の社会的決定要因　23, 217
公益心　246
広義の社会関係資本　4
公共財　4, 113-115
交渉　66
構造的　6
構造的空隙　90
　——論　91
構造的制約　90
構造的ソーシャル・キャピタル　219
効用　58
交絡因子　234
コース　58
コーポレイト・レピュテーション　99
国民性　14
心の外部性　6
個人の特性　64
国家・制度論　37
子ども間ネットワーク　176
コネ　58, 252
互報性　159, 218

——の規範　3, 14, 129, 155, 166, 168, 174, 175
コミュニタリアズム　16
コミュニティ　31, 141
コモンズの悲劇　115
娯楽番組　204

さ　行

坂本治也　42
殺人発生率　153, 168
サービス・ラーニング　186, 189
参加　137
産業クラスター　58
しがらみ　250
時系列分析　44
資源依存理論　90
市場原理主義　71
市場の失敗　6, 113, 114
システミックモデル（systemic model of crime）　154
自然監視（性）（natural surveillance）　152
私的財　4
自発的結社　43
シビック・パワー（civic power）　42
市民活動　130
市民参加　199
市民社会　135
　——論　60
社会疫学　12, 23
社会階層　23
社会解体理論（social disorganization theory）　154
社会学　11
社会関係資本　2, 37
　——研究の評価　11
　——の「負の側面（dark side）」　41
　——のダークサイド　35, 249
　——の定義　3

索　引

社会還元論　37
社会経済因子　220
社会経済学　55
社会構造　84
社会参加　161, 162, 166, 168
社会資源論　84
社会心理学　11
社会政策　75
社会的凝集性　222, 229
社会的消費　66
社会的不確実性　160
社会ネットワーク　81
　——分析　81
　——論　81
社会福祉政策　47
宗教　138
集計値　254
集計単位問題　164
集合行為のジレンマ　38, 113
集団　58
集団所属の網の目　88
主観的健康　224
主観的不健康　225
準拠地域　218
情報技術　69
情報の経済学　58
情報の不完全性　66
職場　230
自律性　90
新興国　73
人種　220
人的資源論　88
人的資本　57, 83
新聞購読　199
人脈　58
ジンメル紐帯　93
信頼　1, 14, 138, 151, 155, 159, 174, 175, 180, 187-189, 218

信頼性　232
信頼度指標　63
スコチポル，シーダ　46
スピルオーバー　158, 166
スモールワード・モデル　89
生活の質　→QOL
政策　142
清算価値　66
政治学　11, 37
政治的寛容性　206
政治的腐敗　159, 247
生態学的誤謬（ecological fallacy）　164
成長会計　59
政府と社会のシナジー　118
政府なきガバナンス（governance without government）　38
政府に対する信頼　42
政府の失敗　113, 114
セーフティネット　72
世界価値観調査（World Values Survey）　39
世界銀行　116, 117, 120, 121, 123
世界市民会議　73
世銀　→世界銀行
戦時体制　46
全体主義運動　40
選択的接触　206
全米社会調査（General Social Survey）　43
全要素生産性　61
創造性　96
相対所得仮説　24
ソーシャル・キャピタル　2
組織ぐるみ　251
組織認知論　88
組織ネットワーク分析　82
組織文化　86
組織論　81, 132
存続価値　66

259

た 行

第 3 の道　71
第三者利益　90
第三者和合　95
ただ乗り（free ride）　43
多チャンネル化　205
妥当性　232
地域介入プログラム　15
地域社会関係資本　178, 181, 184
地域通貨　67
地域ネットワーク　178
地縁組織　136
地球温暖化問題　73
知識経営論　88
知識の移転　92
中立的増幅効果　40
懲罰　70
貯蓄率　66
地理情報システム（geographic information system：GIS）　165
強い紐帯　92
低開発　109, 121
デジタルバイド　201
デラポルタ，ドナテッラ　49
テレビ　197
転居　186, 187
転校　186, 187
電子メール　207
電話　199
討議的民主主義　205
統治パフォーマンス　41, 42
道徳的信頼　248
特定化互報性　246
トップダウン　44
取締役兼任ネットワーク研究　89
取引費用　110, 113, 117

な 行

内部化　6
内生性（endogeneity）の問題　44
ナック，ステファン　41
ニュース番組　199
認知的　6
　――社会関係資本　14
　――ソーシャル・キャピタル　219
ネイバーフッド・ウォッチ（neighborhood watch）　154, 161
ネットワーク　138, 151, 159, 174
　――論　1, 11
ノリス，ピッパ　40

は 行

「場」　99
パーソナル・ネットワークのサイズ　161
バーチャル・コミュニティ　201
ハイリスク戦略　24
橋渡し型　17
発展段階　61, 62
バックストン，パメラ　40
パットナム，ロバート　37, 197
非民主的政治　40
日和見的行動　70
貧困　112, 123
　――削減　118
　――層　109, 111, 114, 118, 123
　――地域　118
　――問題　118
フィルタリング　202
フォーマルな公的統制（public control）　154
不完全市場　110, 112
「不完全な」市場　110
複数均衡　70
フクヤマ　59

索　引

物的資本　83
負の外部性　245
負の公共財（public bads）　157
負の側面（downside of social capital）　157, 218
不平等　248
　　——の罠　249
ブランド価値　99
ブリッジング　133
　　——・ソーシャル・キャピタル　219
　　——社会関係資本　189
分断支配　93
文脈（contextual）効果　226
ベッカー，ゲーリー　57
便益の帰着　67
ベンチャー論　88
包摂的成長　72
保護者間ネットワーク　177, 181
ポジション　84
ポピュレーション戦略　24
ボランタリー団体　136
ボランティア　129
ボンディング　133
　　——・ソーシャル・キャピタル　219
　　——社会関係資本　189

ま 行

マクロ経済　61
「マクロ」な社会関係資本　119
マルチレベル分析　218, 254
「ミクロ」な社会関係資本　119
民主化度合い　40
民主主義　135
　　——体制　39
メカニズム　224

メデジン・カルテル　158
メトラー，スザンヌ　47
メンバーシップ結社（membership associations）　46

や・ら・わ行

弱い紐帯　92
　　——の強さ　117
リーヴィー，マーガレット　45
利益誘導集団　248
利他心　246
リンキング社会関係資本　189
ロケーション　84
ロジスティック回帰分析　225
悪い社会関係資本　245

欧 文

AGES（Aichi Gerontological Evaluation Study）　24
A-SCAT　227
CMC　201
CSR　65, 99
ecological fallacy　254
eコマース　209
G. I. 法　47
GIS　165, 166, 168
inclusive growth　72
NMORPG　209
NPO　129
　　——論　60
PTAネットワーク　177, 180
QOL　30
SECIモデル　99
SNS　208

261

執筆者紹介 (所属，執筆分担，執筆順，＊は編者)

＊稲葉陽二（日本大学法学部教授，序章，第1章，終章）

＊近藤克則（日本福祉大学社会福祉学部教授，第1章）

＊宮田加久子（明治学院大学社会学部教授，第1章）

＊矢野　聡（日本大学法学部教授，第1章）

＊吉野諒三（統計数理研究所調査科学研究センター長兼教授，第1章）

坂本治也（関西大学法学部准教授，第2章）

＊大守　隆（東京都市大学環境情報学部教授，第3章）

金光　淳（京都産業大学経営学部准教授，第4章）

坂田正三（アジア経済研究所地域研究センター主任調査研究員，第5章）

西出優子（東北大学大学院経済学研究科准教授，第6章）

高木大資（東京大学大学院人文社会系研究科博士課程，第7章）

露口健司（愛媛大学教育学部准教授，第8章）

柴内康文（同志社大学社会学部准教授，第9章）

高尾総司（岡山大学大学院医歯薬学総合研究科疫学・衛生学分野講師，第10章）

ソーシャル・キャピタルのフロンティア
──その到達点と可能性──

| 2011年3月30日　初版第1刷発行 | 〈検印省略〉 |
| 2014年1月30日　初版第3刷発行 | |

定価はカバーに
表示しています

編　者	稲葉　陽二
	大守　隆
	近藤　克則
	宮田　加久子
	矢野　聡
	吉野　諒三
発行者	杉田　啓三
印刷者	坂本　喜杏

発行所　株式会社　ミネルヴァ書房
607-8494　京都市山科区日ノ岡堤谷町1
電話代表　(075)581-5191
振替口座　01020-0-8076

©稲葉ほか, 2011　　冨山房インターナショナル・兼文堂

ISBN 978-4-623-05939-3
Printed in Japan

ソーシャル・キャピタル

──ナン・リン 著，筒井淳也・石田光規・桜井政成・三輪哲・土岐智賀子 訳　A5判　392頁　定価3780円

●社会構造と行為の理論　個人の地位達成から社会構造の創出まで幅広い現象を科学的に分析した代表的著作。

保健医療福祉政策の変容

矢野　聡 著　A5判　296頁　定価3675円

●官僚と新政策集団をめぐる攻防　誰が主導権を握ったのか。政策的攻防の実際と背景を鮮やかに描き出した1冊。

医療・福祉マネジメント

近藤克則 著　A5判　224頁　定価2520円

●福祉社会開発に向けて　医療福祉マネジメントに必要な知識・技術・過程をふまえ，臨床レベルの「医療・福祉の統合」から，事業体レベルの「サービスの質向上と経営の両立」「持続可能な社会」を目指す政策レベルまで，様々なマネジメントを科学する。

ローカル・ガバナンス

山本　隆 著　A5判　356頁　定価3990円

●福祉政策と協治の戦略　ローカル・ガバナンスの概念を整理し，今後の自治のあり方と民主主義の方向性を提示する。

現代自治体政策論

遠藤宏一 著　A5判　248頁　定価3675円

●地方制度再編下の地域経営　地方自治財政のあり方を地域経済・地域問題とのかかわりで位置づけ，「平成の大合併」を契機に出現した「都市でも農村でもない」行政体の諸問題への提言を行う。

――― ミネルヴァ書房 ―――

http://www.minervashobo.co.jp/